동영상과 함께 하는
실무설비
AutoCAD
14번에 CAD기술자 되기

김명호
강동식 지음
박세은

명인북스
Myungin Books

머리말

CAD(Computer Aided Design)는 컴퓨터에 기억되어 있는 설계정보를 그래픽 디스플레이 장치로 추출하여 화면을 보면서 복잡한 도면을 설계할 수 있도록 도와주는 프로그램으로써, 수기로 작성하던 설계도면을 1992년부터 CAD를 사용하여 설계하게 되었습니다.

2021년 현재 대한민국 건설업의 기술은 지속적으로 발전하여, 건축용도와 규모에 따라 디자인 및 구조뿐만 아니라, 기계설비와 전기·통신 시스템도 그에 맞게 복잡해지고 정밀해지고 있기 때문에, CAD프로그램도 그에 맞게 진화하고 있으며, CAD의 필요성도 말할 나위 없이 매우 큽니다.

따라서 설비엔지니어 희망자들도 필수적으로 CAD 프로그램을 오랜 기간 배우기는 하지만 정작 그 목표가 되는 설비 도면을 어떻게 그려야 되는지 모르는 학생들을 많이 봤습니다.

설비엔지니어들에게는 CAD 프로그램의 사용방법을 이해하는 것이 목표가 아니라 설비도면시스템을 설계하는 것이 목표입니다.

그러므로 CAD를 강의하면서 어떻게 하면 학생들이 CAD를 이용하여 설비 시스템을 쉽게 설계 할 수 있도록 하는지를 많이 생각하였습니다.

저자들의 오랜 CAD 강의 경험과 설계사무소와 건설사에서의 실무 경험을 바탕으로「동영상과 함께하는 실무설비 Auto CAD」를 만들었습니다.

기존의 서적과는 다르게, CAD 프로그램의 사용법 숙지가 아닌 CAD 명령어를 사용하여 설비 시스템을 쉽게 직접 설계할 수 있도록 하였고, 교재와 같은 순서로 진행되는 동영상을 제공하여, 동영상과 교재를 함께 보면서 스스로 반복·학습할 수 있도록 하였습니다.

모쪼록 설비와 CAD를 함께 접하게 될 제현동학들에게 조금이나마 도움이 되기를 바랍니다.

Thanks to.

이 책이 나오기까지 많은 도움을 주신 명인북스 관계자분들과 집필과정동안 아낌없이 노력해준 모든 분들에게도 진심으로 감사드립니다.

저 자

CONTENTS

CHAPTER 01
설계목표 및 건물개요 9

CHAPTER 02
AutoCAD의 명령어 17

CHAPTER 03
OUTLINE BOX에 도형그리기 37

CHAPTER 04
도면 목록표 설계 49

CHAPTER 05
범례표 설계 61

CHAPTER 06
공조덕트 흐름도 설계 71

CHAPTER 07
공조덕트 평면도 설계 93

CHAPTER 08
공조배관 흐름도 설계 119

CHAPTER 09
공조배관 평면도 설계 ——— 147

CHAPTER 10
급수급탕배관 계통도 설계 ——— 161

CHAPTER 11
급수급탕배관 평면도 설계 ——— 183

CHAPTER 12
가스배관 평면도 설계 ——— 197

CHAPTER 13
기계실 장비 기초도 설계 ——— 209

CHAPTER 14
소화배관 계통도 설계 ——— 219

CHAPTER 15
소화배관 평면도 설계 ——— 233

부 록 ——— 245

CHAPTER 01

설계목표 및 건물개요

CHAPTER 01 설계목표 및 건물개요

1-1 설계 목표

AutoCAD를 사용하여, 연면적 4,380[㎡], 지하 1층 지상 5층으로 신축되는 기숙사의 공조덕트, 공조배관, 급수급탕배관, 가스배관, 소화배관 및 기계실 등을 설계한다.

1-2 건물 개요

공 사 명	0000 기숙사 신축공사		
대지위치			
지역지구	2종 일반주거지역/ 일반미관지구/ 교육시설 보호지구		
대지면적	학교용지		
건축면적	9,707.38㎡ 중 5,032.4㎡		
연 면 적	4,380㎡	지상층 연면적	3,650㎡
		지하층 연면적	730㎡
용 도	교육연구시설		
구 조	철근콘크리트조		
층 수	지하1층, 지상 5층		
최고높이	26.5m		
조경면적	법정조경면적 = 대지면적의 18%		
주차개요	법정주차 15대(장애인 주차 1대) 〈 계획주차 54대(장애인 주차 5대)		
	〈산출근거〉 기타건축물 : 시설면적 250㎡ 당 1대 (4,380㎡-730㎡)/250 = 14.6대 15대 x 3% = 0.438 = 1대		
기 타	상기면적은 인허가시 변경될 수 있음.		

1-3 층별 개요

층 별		면 적(㎡)	용 도
지하층	1층	730	기계실, 전기실, 발전기실, MDF실, 중앙제어실, 휀룸
	소 계	730	
지상층	1층	730	기숙사실
	2층	730	기숙사실
	3층	730	기숙사실
	4층	730	기숙사실
	5층	730	기숙사실
	소 계	3,650	기숙사실
	합 계	4,380	

1-4 건축 도면

① 건축물 조감도

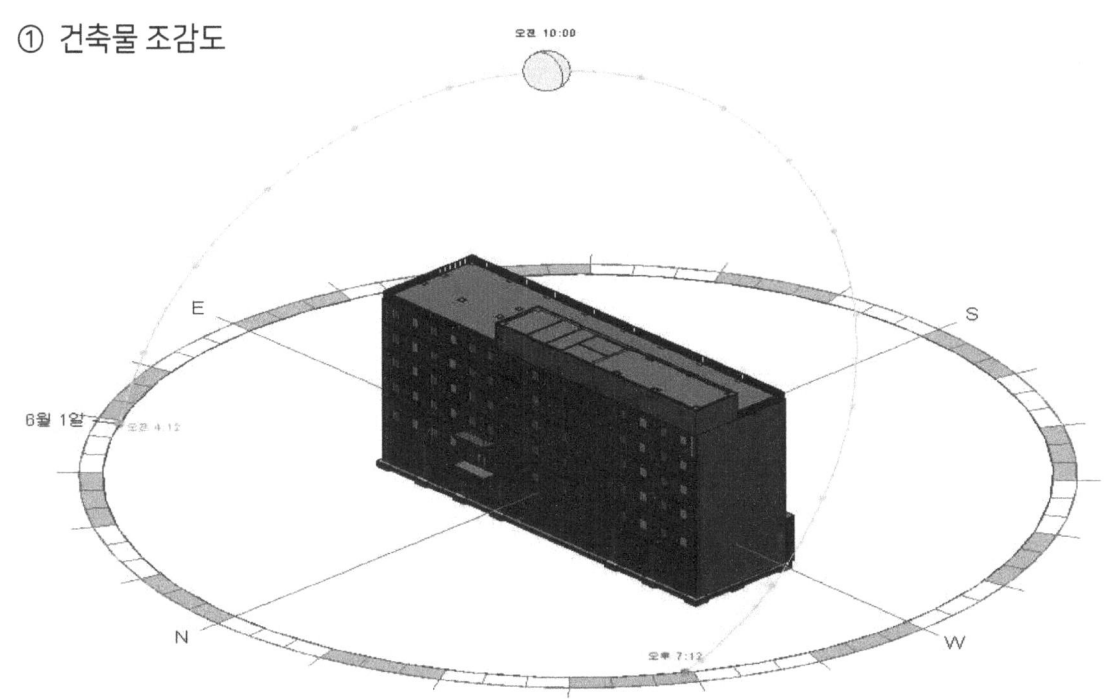

② 옥외 배치도 {A3 도면에 축척 400으로 설계한 도면}

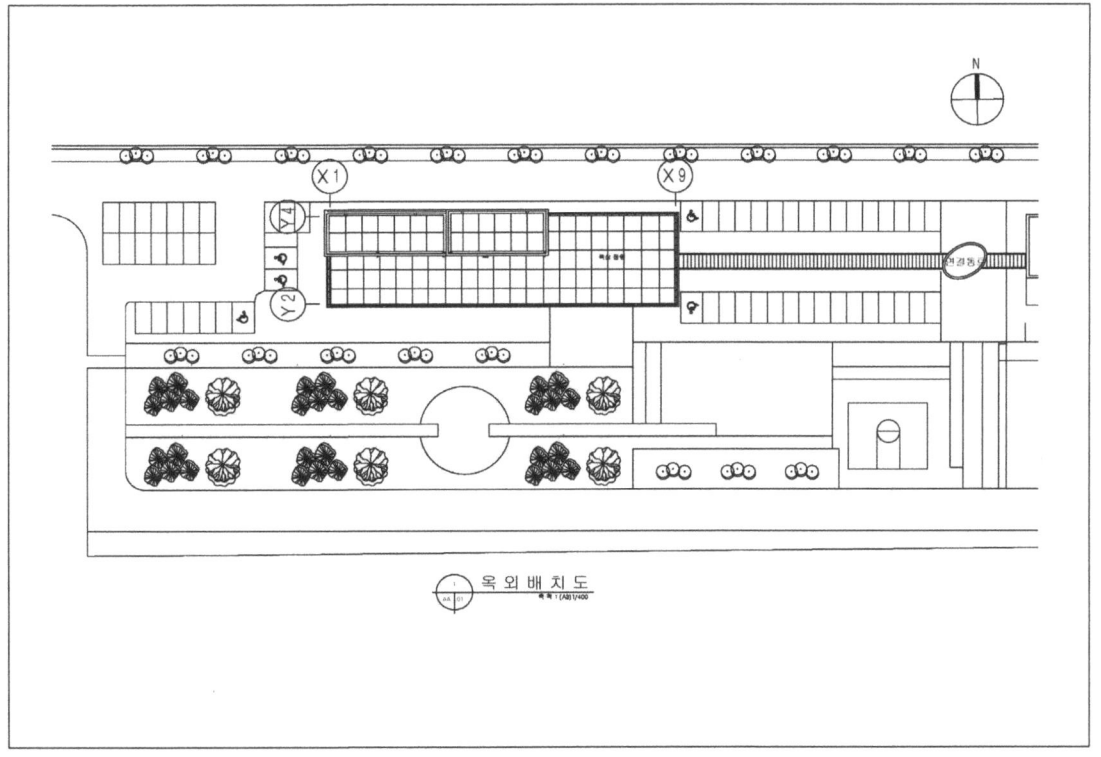

③ 지하 1층 평면도 {A3 도면에 축척 160으로 설계한 도면}

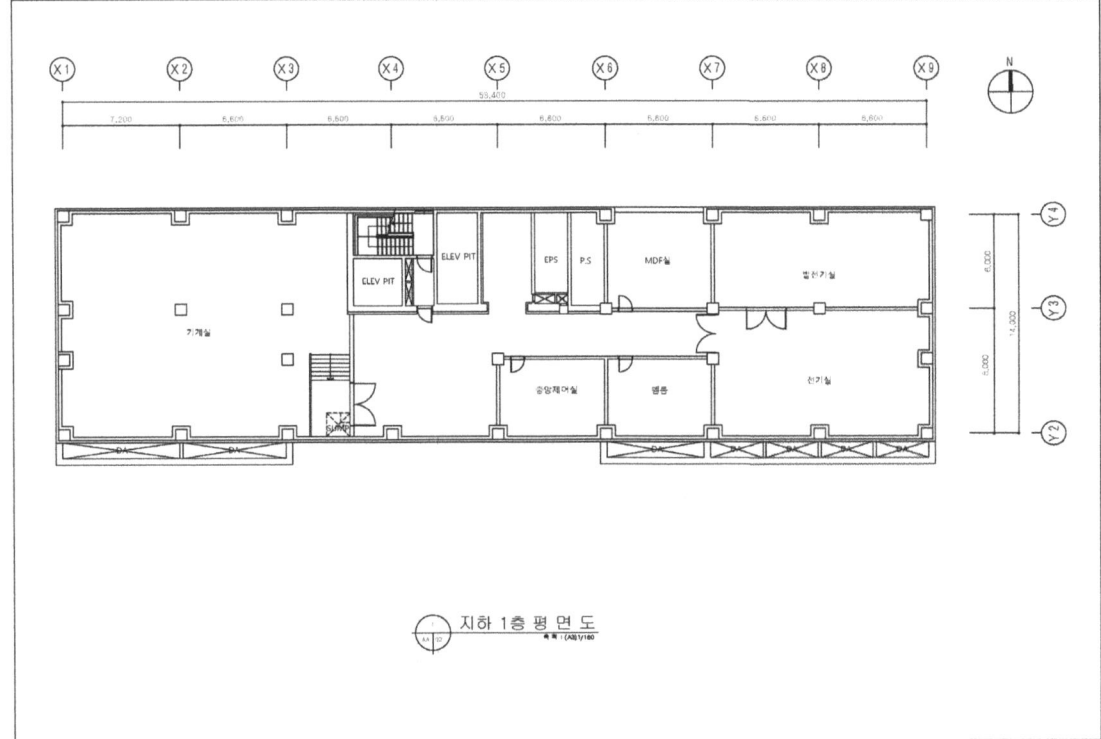

④ 1층 평면도 {A3 도면에 축척 160으로 설계한 도면}

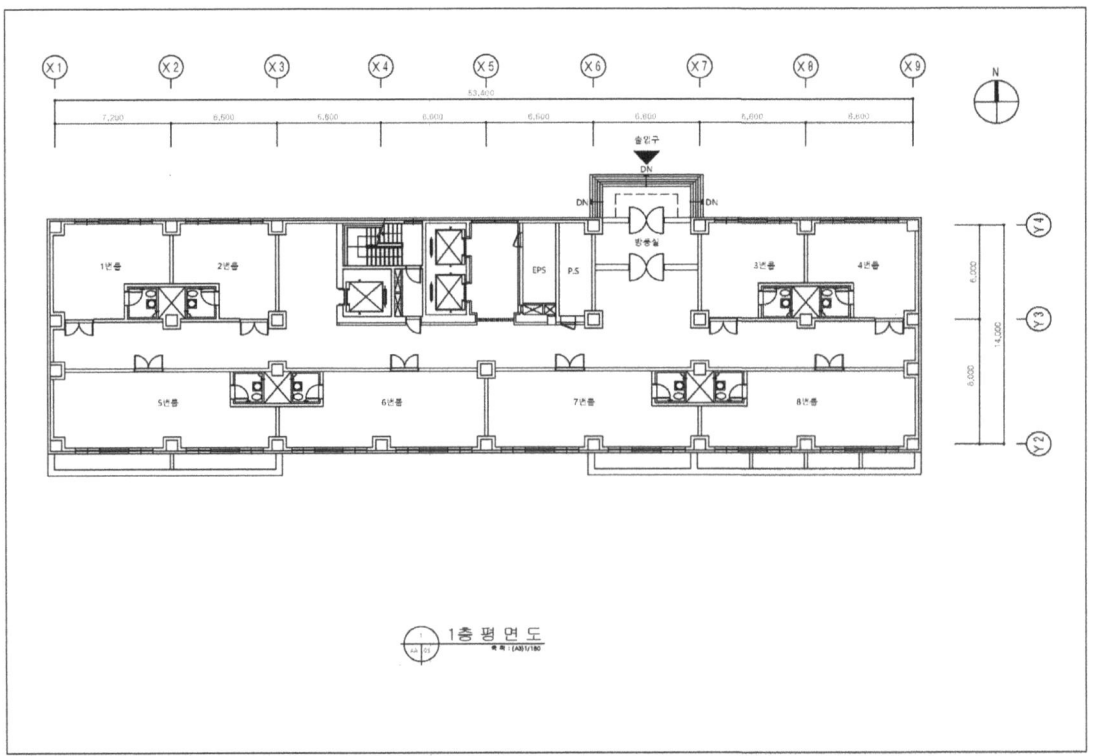

⑤ 2~5층 평면도(기준층) {A3 도면에 축척 160으로 설계한 도면}

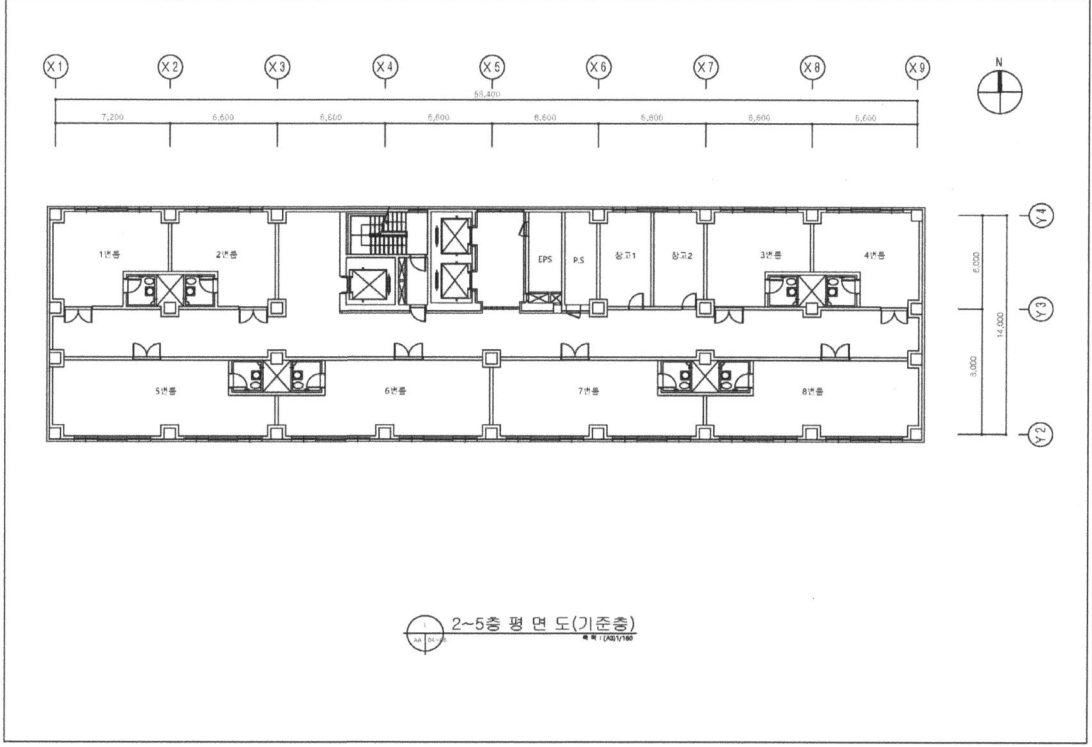

⑥ 옥상층 평면도 {A3 도면에 축척 160으로 설계한 도면}

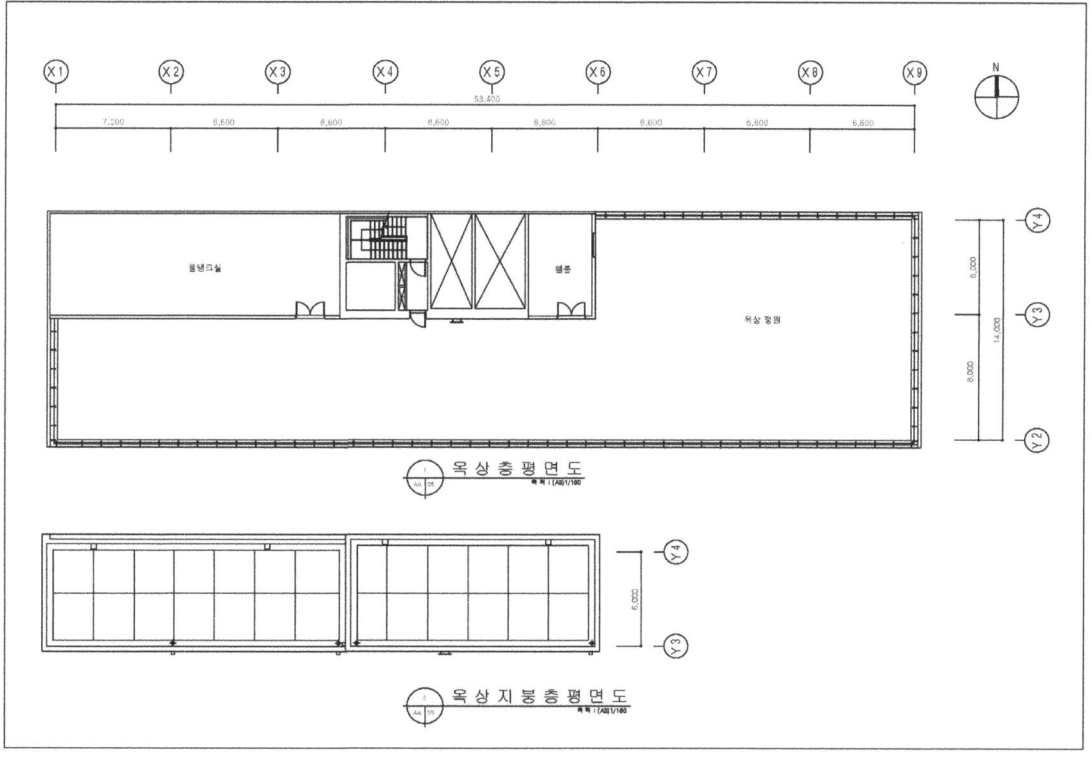

CHAPTER 02

AutoCAD의 명령어 기능

CHAPTER 02 AutoCAD의 명령어 기능

2-1 좌표계

①  : 4분면의 중심점 또는 X와 Y가 시작하는 지점을 원점(0,0) 이라고 한다.

② 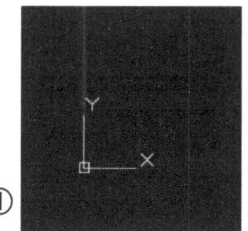 을 좌 클릭하면 [첫 번째 점 지정: 29.443 43.9437] 그림이 나타나는데, 첫 번째 수치는 X의 좌표, 두 번째 수치는 Y의 좌표를 의미한다.

(※ 선 을 좌 클릭 하였지만, [첫 번째 점 지정: 29.443 43.9437] 상태가 보이지 않을 경우 설정 창 하단에 [+] 좌 클릭 또는 F12 입력)

③ 예를 들어 원점을 기준으로 A3(420 x 297[mm])크기의 직사각형을 그린다면,

선 좌 클릭 → [첫 번째 점 지정: 29.443 43.9437] → 0 [,] 0 입력
→ [Enter↵] → 우측으로 마우스 이동 → 420 [,] 0 입력 → [Enter↵] → 위로 마우스 이동
→ 0 [,] 297 입력 → [Enter↵] → 좌측으로 마우스 이동 → [-] 420 [,] 0 입력 → [Enter↵]
→ 아래로 마우스 이동 0 [,] [-] 297입력 → [Enter↵] → [Enter↵]
(※ 사선이 아닌 직선으로 그릴 때에는 F8 (직교모드 단축키)입력)

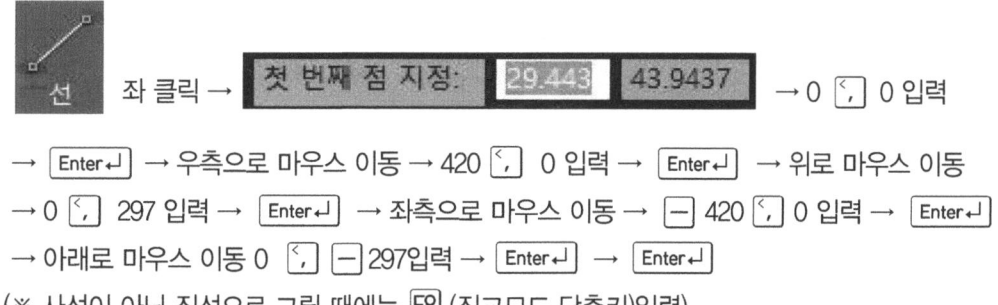

2-2 좌표의 방향

좌표계에서 각도의 기준인 0°는 X축과 평행한 방향을 말하며, 0°방향을 기준으로 반 시계 방향으로 각도를 입력한다.

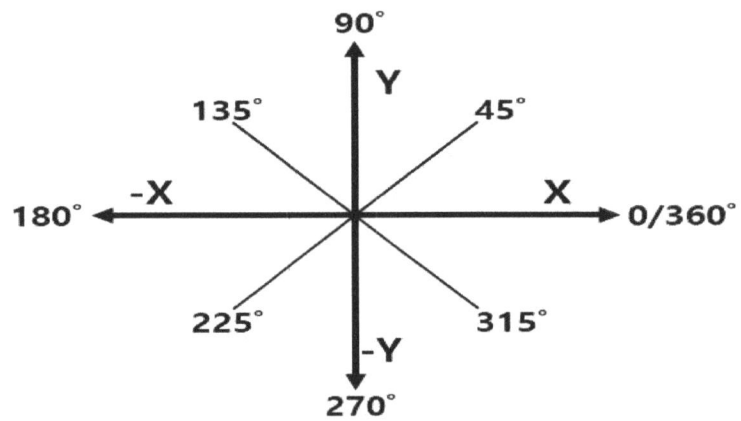

2-3 직선그리기(LINE)

① **직선그리기 시작점 지정** : [선] 좌 클릭 → 마우스 시작점 좌 클릭 또는 좌표(0 , 0) 입력
→ 마우스 드래그 이동

② **직선그리기 다음 점 지정** : 마우스 다음 점 좌 클릭 또는 좌표(0 , 420) 입력 → [Enter↵]

③ **명령취소(U)** : 좌표 입력이나 마우스 클릭을 잘못 하였을 경우는 [U] 입력 → [Enter↵]

④ **명령종료** : [Enter↵] , [Esc]

⑤ **가로-세로선 그리기** : [F8] 입력 → 〈직교켜기〉로 바뀐다.

⑥ **가로-세로선, 대각선 그리기** : [F8] 입력 → 〈직교끄기〉로 바뀐다.

⑦ **선의 굵기를 조절할 때** : 객체 좌 클릭 → PE 입력 → [Enter↵] → [Enter↵] → W 입력 → 원하는 굵기 수치 입력 → [Enter↵] → [Enter↵]

(※ 선, 폴리선, 호, 폴리곤, 사격형 객체는 이 방법으로 선의 굵기 조절이 가능하지만, 원형과 타원은 원 그리기 → 사분점으로 원을 반으로 나누기 → Esc 1번 입력 → TR 입력 → [Enter↵] → 객체선택 → [Enter↵] → 반원과 직선 삭제 → MI 입력 → [Enter↵] → 반원객체선택 → [Enter↵] → 위와 아래 끝점 좌 클릭 → [Enter↵] → PE 입력 → 선 굵기 조절 → Esc 1 입력 → PE 입력 → [Enter↵] → M 입력 → [Enter↵] → 객체 드래그 선택 → [Enter↵] → 결합(J) 좌 클릭 → [Enter↵] → [Enter↵])

⑧ **선의 형태를 변경하고자 할 때** : 2-23. 도면층 특성(LAYER) ⑦항 참조

CHAPTER 02 · AutoCAD의 명령어 기능

2-4 객체선택

① 일부 객체만 선택할 때
가. 마우스 좌측 버튼을 누른 상태로 좌에서 우로 이동 → 비선형 블록 내에 있는 객체만 선택된다.

나. 마우스 좌측 버튼을 클릭 후 좌에서 우로 이동 → 선형 블록 내에 있는 객체만 선택된다.

② 모든 객체를 선택할 때
가. 마우스 좌측 버튼을 누른 상태로 우에서 좌로 이동 → 비선형 블록에 걸쳐있는 모든 객체가 선택된다.

나. 마우스 좌측 버튼을 클릭 후 우에서 좌로 이동 → 선형 블록에 걸쳐있는 모든 객체가 선택된다.

2-5 지우기

① 전부 지우기(ERASE)
작성된 선, 원 또는 문자 등의 요소들을 지울 때 사용하는 명령어이다.

 좌 클릭 → 객체선택 → 좌 클릭 → [Enter↵]

② 일부 지우기(TRIM)

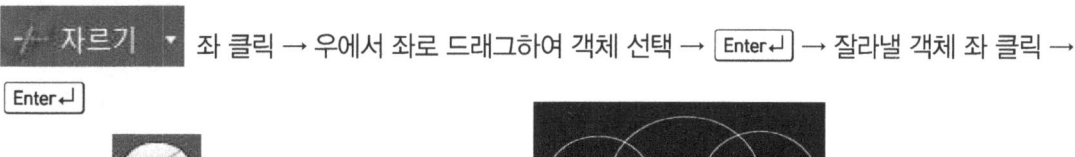

예를 들면 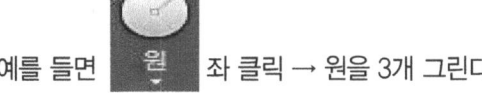 좌 클릭 → 원을 3개 그린다. →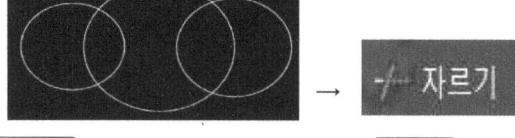

좌 클릭 → 우에서 좌로 드래그하여 객체 선택 → [Enter↵] → 잘라낼 객체 좌 클릭 → [Enter↵] →

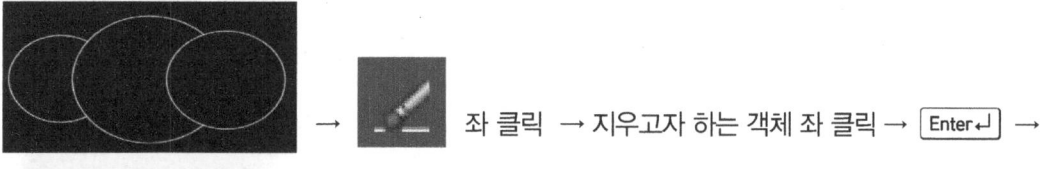

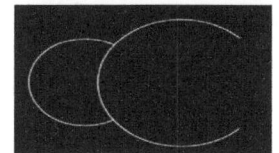

2-6 원 그리기(CIRCLE)

① **중심점과 반지름으로 원을 그리는 방법 :**

가. [중심점, 반지름] 좌 클릭 → 드래그 → 좌 클릭

나. [중심점, 반지름] 좌 클릭 → 드래그 → 반지름 수치 입력 → [Enter↵]

② **중심점과 지름으로 원을 그리는 방법 :**

가. [중심점, 지름] 좌 클릭 → 드래그 → 좌 클릭

나. [중심점, 지름] 좌 클릭 → 드래그 → 지름 수치 입력 → [Enter↵]

③ **2점으로 원을 그리는 방법 :**

 좌 클릭 → a지점 좌 클릭 → b지점 좌 클릭

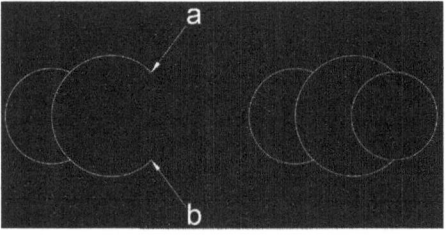

④ **3점으로 원을 그리는 방법 :**

 좌 클릭 → a지점 좌 클릭 → b지점 좌 클릭 → c지점 좌 클릭

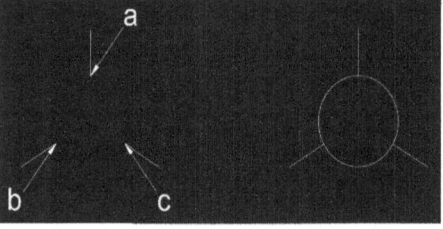

⑤ **접선, 접선, 반지름으로 원을 그리는 방법 :**

 좌 클릭 → a지점 좌 클릭 → b지점 좌 클릭 → 반지름 수치 입력 → [Enter↵]

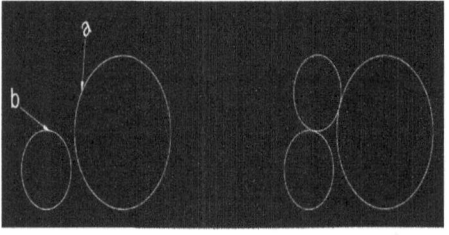

(※ 그리려는 원이 기존의 원보다 너무 작으면, 원이 생성되지 않는다.

그러므로  좌 클릭 → 원의 테두리 선택 → 마우스 드래그 → 좌 클릭 → 생성된 지시선의 끝

에 원의 반지름이 나타난다. 따라서  으로 원을 그리고자 할 때에는 전술한 방법으로 기존 원의 반지름을 확인해야 한다.)

⑥ 접선, 접선, 접선으로 원을 그리는 방법 :

 좌 클릭 → a지점 좌 클릭 → b지점 좌 클릭 → c지점 좌 클릭

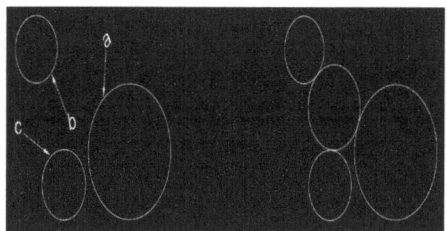

2-7 호 그리기(ARC)

① 3점으로 호를 그리는 방법 :

 좌 클릭 → 원하는 지점 좌 클릭 → 원하는 지점 좌 클릭 → 원하는 지점 좌 클릭

② 시작점, 중심점 그리고 끝점으로 호를 그리는 방법 :

 좌 클릭 → 원하는 시작점 좌 클릭 → 원하는 중심점 좌 클릭 → 원하는 끝점 좌 클릭

③ 시작점, 중심점 그리고 각도수치 입력으로 호를 그리는 방법 :

 좌 클릭 → 원하는 시작점 좌 클릭 → 원하는 중심점 좌 클릭 → 원하는 호의 각도 입력 → Enter↵

④ 시작점, 중심점 그리고 길이 입력으로 호를 그리는 방법 :

 좌 클릭 → 원하는 시작점 좌 클릭 → 원하는 중심점 좌 클릭 → 원하는 호의 길이 입력 → Enter↵

⑤ 시작점, 끝점 그리고 각도 입력으로 호를 그리는 방법 :

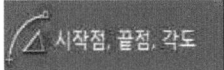 좌 클릭 → 원하는 시작점 좌 클릭 → 원하는 끝점 좌 클릭 → 원하는 호의 각도 입력 → Enter↵

⑥ 시작점, 끝점 그리고 방향으로 호를 그리는 방법 :

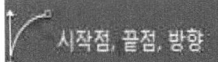 좌 클릭 → 원하는 시작점 좌 클릭 → 원하는 끝점 좌 클릭 → 원하는 호의 방향으로 마우스 드래그 → 좌 클릭

⑦ 시작점, 끝점 그리고 반지름으로 호를 그리는 방법 :

 좌 클릭 → 원하는 시작점 좌 클릭 → 끝점 좌 클릭 → 원하는 호의 반지름 입력 → Enter↵

(※ 시작점과 끝점의 거리에 비해 반지름의 수치가 너무 크거나 작으면 호가 생성되지 않는다.)

⑧ 중심점, 시작점 그리고 끝점지정으로 호를 그리는 방법 :

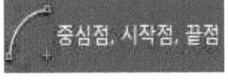 좌 클릭 → 원하는 중심점 좌 클릭 → 원하는 호의 시작점 좌 클릭 → 원하는 호의 끝점 좌 클릭

⑨ 중심점, 시작점 그리고 각도입력으로 호를 그리는 방법 :

 좌 클릭 → 원하는 중심점 좌 클릭 → 원하는 호의 시작점 좌 클릭 → 원하는 호의 각도 입력 → Enter↵

⑩ 중심점, 시작점 그리고 길이입력으로 호를 그리는 방법 :

 좌 클릭 → 원하는 중심점 좌 클릭 → 원하는 호의 시작점 좌 클릭 → 원하는 호의 길이 입력 → Enter↵

⑪ 연속으로 호를 그리는 방법 :

 좌 클릭 → 원하는 호의 끝점 좌 클릭 →  좌 클릭 → 원하는 호의 추가점 좌 클릭

2-8 간격띄우기(OFFSET)

① 객체 간에 원하는 거리를 띄워 복사할 때 사용

좌 클릭 → 간격 띄우기 거리 입력 → [Enter↵] → 간격 띄우기 할 객체 좌 클릭 → 원하는 방향으로 마우스 이동 → 좌 클릭 → [Enter↵]

② 객체 간에 원하는 거리를 띄워 연속으로 복사할 때 사용

좌 클릭 → 간격 띄우기 거리 입력 → [Enter↵] → 간격 띄우기 할 객체 좌 클릭 → 원하는 방향으로 마우스 이동 → 원하는 횟수만큼 반복 → [Enter↵] → [Enter↵]

2-9 모깎기(FILLET)

① 수직과 수평으로 교차되는 객체를 직각으로 만들 때 사용

모깎기 ▼ 좌 클릭 → 수직객체 좌 클릭 → 수평객체 좌 클릭

② 수직과 수평으로 교차되는 객체를 호를 가지는 직각으로 만들 때 사용

모깎기 ▼ 좌 클릭 → R 입력 → [Enter↵] → 원하는 반지름 입력 → [Enter↵] → 수직객체 좌 클릭 → 수평객체 좌 클릭

③ 블록해제(Explode) : X → [Enter↵] → 객체 좌 클릭 → [Enter↵]

2-10 모따기(CHAMFER)

수직과 수평으로 교차되는 객체를 대각선으로 연결할 때 사용

모따기 ▼ 좌 클릭 → D 입력 → [Enter↵] → 원하는 첫 번째 거리(수직거리) 입력 → [Enter↵] →

원하는 두 번째 거리(수평거리) 입력 → [Enter↵] → 수직객체 좌 클릭 → 수평객체 좌 클릭

2-11 끊기(BREAK)

객체를 원하는 부분만 삭제 할 때 사용

수정패널의 [아이콘] 좌 클릭 → 객체에서 잘라낼 첫 번째 지점 좌 클릭 → 객체에서 잘라낼 두 번째 지점 좌 클릭

(※ 오스냅이 꺼져 있는 상태이여야 한다. [F3] 입력)

2-12 연장하기(EXTEND)

떨어져 있는 가로객체와 세로객체를 연결할 때 사용

(가로객체 먼저 선택 후 세로객체 선택)

[연장 아이콘] 좌 클릭 → 목표 객체 좌 클릭 → [Enter↵] → 연장할 객체 좌 클릭 → [Enter↵]

2-13 이동하기(MOVE)

① 객체를 임의의 지점으로 이동시킬 때 사용

[이동 아이콘] 좌 클릭 → 이동시키고 싶은 객체를 드래그 선택(우에서 좌 : 드래그 범위 내에 완전히 들어가 있는 객체만 선택, 좌에서 우 : 드래그 범위에 걸쳐지는 객체가 선택) → [Enter↵] → 이동시키고자 하는 객체 좌 클릭 → 마우스를 원하는 지점으로 이동 → 좌 클릭

② 객체를 목표지점으로 하여 이동시킬 때 사용

이동 좌 클릭 → 이동시키고 싶은 객체를 드래그 선택(우에서 좌 : 드래그 범위 내에 완전히 들어가 있는 객체만 선택, 좌에서 우 : 드래그 범위에 걸쳐지는 객체가 선택) → [Enter↵] → 이동시키고자 하는 객체의 기준점 좌 클릭 → 목표지점 좌 클릭

(※ 오스냅이 켜져 있는 상태이여야 한다. [F3] 입력)

2-14 복사하기(COPY)

① 객체를 임의의 지점으로 복사할 때 사용

복사 좌 클릭 → 복사하고 싶은 객체를 드래그 선택(우에서 좌 : 드래그 범위 내에 완전히 들어가 있는 객체만 선택, 좌에서 우 : 드래그 범위에 걸쳐지는 객체가 선택) → [Enter↵] → 복사하고자 하는 객체를 좌 클릭 → 마우스를 원하는 지점으로 이동 → 좌 클릭 → [Enter↵]

② 객체를 목표지점으로 하여 복사할 때 사용

복사 좌 클릭 → 복사하고 싶은 객체를 드래그 선택(우에서 좌 : 드래그 범위 내에 완전히 들어가 있는 객체만 선택, 좌에서 우 : 드래그 범위에 걸쳐지는 객체가 선택) → [Enter↵] → 복사하고자 하는 객체의 기준점 좌 클릭 → 목표지점 좌 클릭 → [Enter↵]

(※ 오스냅이 켜져 있는 상태이여야 한다. [F3] 입력)

2-15 회전시키기(ROTATE)

객체를 원하는 각도로 회전시킬 때 사용

회전 좌 클릭 → 회전시키고자 하는 객체 좌 클릭 (또는 우에서 좌, 좌에서 우 드래그 선택) → [Enter↵] → 좌 클릭 상태에서 마우스를 위나 아래방향으로 이동 → 좌 클릭

(※ 직교모드가 꺼져 있는 상태에서는 대각선으로 회전이 가능하다. [F8] 입력)

2-16 대칭 만들기(MIRROR)

객체를 대칭으로 이동(원본을 지울 때)시키거나 복사(원본을 남길 때)할 때 사용

▲ 대칭 좌 클릭 → 대칭시키고자 하는 객체 좌 클릭 (또는 우에서 좌, 좌에서 우 드래그 선택) → Enter↵ → 대칭시키고자 하는 경계선의 시작점 좌 클릭 → 대칭시키고자 하는 경계선의 끝점 좌 클릭 → (Y 입력 : 원본객체를 지우고자 할 때, N 입력 : 원본객체를 남길 때) → Enter↵

(※ 직교모드가 켜져 있는 상태에서 해야 정확한 대칭이 가능하다. F8 클릭)

2-17 확대 및 축소하기(SCALE)

객체를 원하는 크기로 확대하거나 축소시킬 때 사용

 좌 클릭 → 확대 및 축소시키고자 하는 객체 좌 클릭 (또는 우에서 좌, 좌에서 우 드래그 선택) → Enter↵ → 기준점 좌 클릭 → R 입력 → Enter↵ → 기준 수치 입력 → Enter↵ → 확대(앞에서 입력한 기준수치보다 큰 배수로 입력한 경우) 또는 축소(앞에서 입력한 기준수치보다 작은 배수로 입력한 경우) → Enter↵

(기준 20 확대 40 누르면 2배 확대가 되며, 기준 20 확대 10 누르면 1배 축소가 된다)

2-18 신축시키기(STRETCH)

객체를 원하는 방향으로 늘리거나 줄일 때 사용

▶ 신축 좌 클릭 → 신축시키고자 하는 객체 끝 부분 드래그(우에서 좌 드래그 선택) 선택 → Enter↵ → 기준점 좌 클릭 → 신축시키고자 하는 방향으로 마우스 이동 → 좌 클릭

(※ 1. 신축시키고자 하는 객체를 드래그해서 선택하지 않고, 좌 클릭으로 선택하면 객체는 신축되지 않고 이동된다.

2. 직교모드가 꺼져 있는 상태에서는 대각선 방향으로 신축이 가능하다. F8 클릭

3. 치수선은 신축되지 않는다. 치수선을 신축하고자 할 때에는 치수선의 사각점을 클릭한 상태로 마우스를 이동 시킨다.)

2-19 사각형그리기(RECTANG)

사각형을 만들 때 사용

 좌 클릭 → 시작점 좌 클릭 → 끝점 좌 클릭

2-20 문자(TEXT)

① 문자를 쓸 때 사용

 좌 클릭 → 시작점 좌 클릭 → 끝점 좌 클릭 → 문자쓰기 →  → 좌 클릭

(※ 글자가 보이지 않으면 마우스의 휠을 더블 클릭하거나,  에서 글자 크기의 수치를 크게 한다.)

② 문자 확대 및 축소

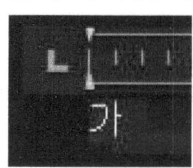 마우스로 입력한 문자를 드래그 →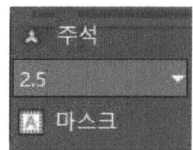

③ 특수문자 쓰기

가. 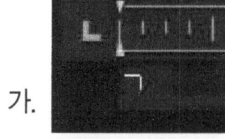 한자키 → 좌 클릭으로 원하는 특수문자 선택

나.  한자키 → 좌 클릭으로 원하는 원문자 선택

<그림 2-1> 특수문자표

④ 문자글씨체 변경

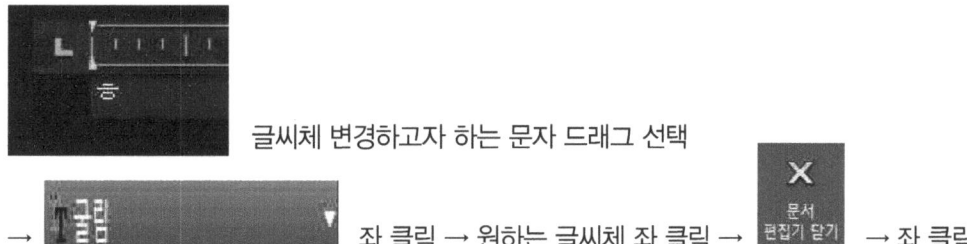

글씨체 변경하고자 하는 문자 드래그 선택

→ 좌 클릭 → 원하는 글씨체 좌 클릭 → 문서 편집기 닫기 → 좌 클릭

⑤ 문자색 변경

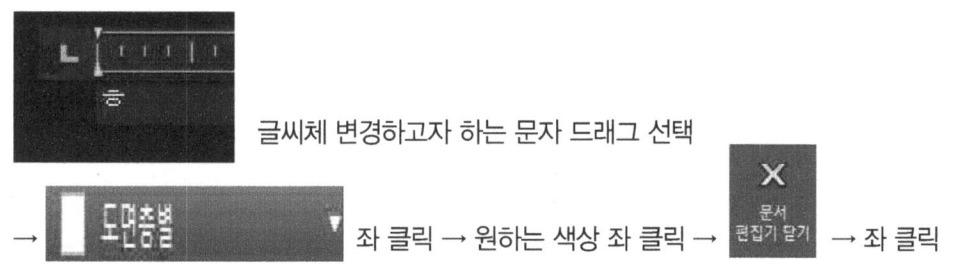

글씨체 변경하고자 하는 문자 드래그 선택

→ 좌 클릭 → 원하는 색상 좌 클릭 → 문서 편집기 닫기 → 좌 클릭

2-21 지시선 그리기

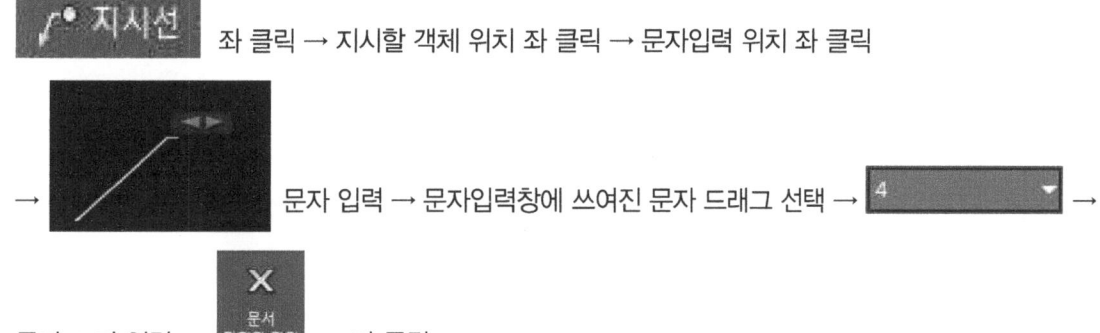

지시선 좌 클릭 → 지시할 객체 위치 좌 클릭 → 문자입력 위치 좌 클릭

→ 문자 입력 → 문자입력창에 쓰여진 문자 드래그 선택 → 4 →

문자 크기 입력 → 문서 편집기 닫기 → 좌 클릭

(※ F3 이 켜져 있다면 모서리에만 지시선이 위치한다.)

(화살표 크기 변경 : 화살표 좌 클릭 → 우 클릭 → 특성 → 화살촉 크기 → 수치 변경 → 문서 편집기 닫기)
(=치수선의 화살표도 동일하다.)

2-22 치수기입 명령어

① **치수선의 크기 조절** :
DDIM 입력 → Enter↵ → 수정(M)... 좌 클릭 → 맞춤 좌 클릭

→ 치수 피쳐 축척
　　☐ 주석(A)
　　◯ 배치할 치수 축척
　　◉ 전체 축척 사용(S):　1　→ 축적 치수 입력 → Enter↵

→ 확인 좌 클릭 → 닫기 좌 클릭

(수치 크기 변경 : 수치 더블 좌 클릭 → 수치 드래그 → 크기 입력 → 화면 좌 클릭)

② **가로 또는 세로** : 선형 좌 클릭 → 첫 번째 치수 기입점 좌 클릭 → 두 번째 치수 기입점 좌 클릭 → 원하는 거리까지 마우스 드래그 좌 클릭

(※ 객체 스냅 F3 이 켜져 있어야 한다.)

③ **대각선** : 정렬 좌 클릭 → 첫 번째 치수 기입점 좌 클릭 → 두 번째 치수 기입점 좌 클릭 → 원하는 위치에서 마우스 좌 클릭

④ **지름** : 지름 좌 클릭 → 원의 테두리 좌 클릭 → 원하는 위치에서 마우스 좌 클릭

⑤ **반지름** : 반지름 좌 클릭 → 원의 테두리 좌 클릭 → 원하는 위치에서 마우스 좌 클릭

⑥ **각도** : 각도 좌 클릭 → 첫 번째 치수 기입점 좌 클릭 → 두 번째 치수 기입점 좌 클릭(커서를 치수선의 중앙에 위치시켜야 한다.) → 원하는 거리까지 마우스 드래그 좌 클릭

2-23 도면층 특성(LAYER)

복잡한 도면의 경우는 하나의 영역에 모든 객체를 펼쳐서 보기 어려운 경우가 많다. 이를 객체의 종류 및 성격 등으로 분류한 것이 '도면층(LAYER)' 이다.

① **도면층이란?**

설계자의 의도에 여러 종류의 도면을 따라 분류하고, 목적에 맞는 이름을 부여하고 다양한 조건을 부여할 수 있다. 이러한 여러 종류의 도면층을 필요에 따라 보이게 하거나 보이지 않게 할 수도 있으며 '색상(COLOR)' 또는 '선종류(LINETYPE)'를 달리 표현할 수 있다.

② 도면층 특성 관리자(LAYER)

도면층을 추가, 삭제 및 이름을 바꿀 수 있고 도면층의 특성을 변경하거나 설명을 추가한다.

가.  좌 클릭 또는 LA 명령입력 → 도면층 특성 관리자 창 생성

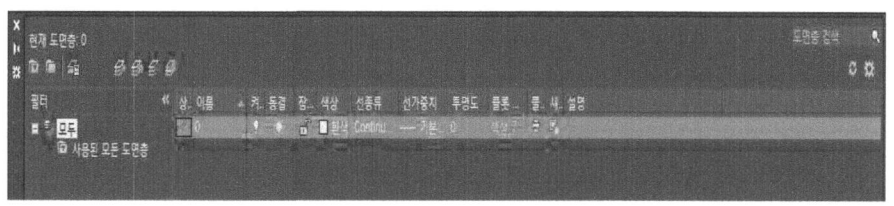

〈 그림 2-1 도면층 특성 관리자 창 〉

나. 좌 클릭 또는 [Alt] + N 입력 → 신규 도면층 생성

'설비'와 '소방'이라는 이름으로 두 개의 도면층을 신규 작성한다. 도면층 '설비'의 색상은 '빨간색'으로, '소방'의 색상은 '파란색'으로 설정한다.

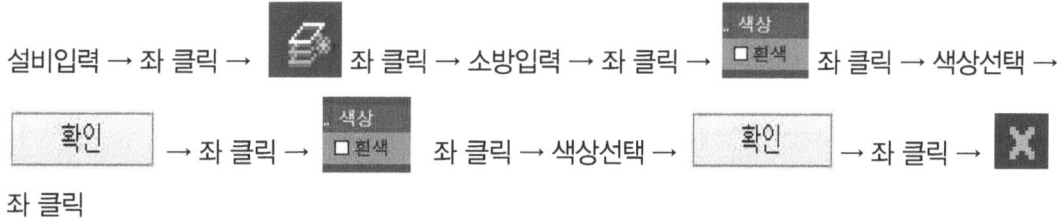

다. 도면층 '설비'를 현재 도면층으로 설정한다. 설정방법은 도면층 도구막대의 항목 상자에서 '설비'를 좌 클릭한다. 지금부터 작도되는 객체는 '설비' 라는 도면층에 작도된다.

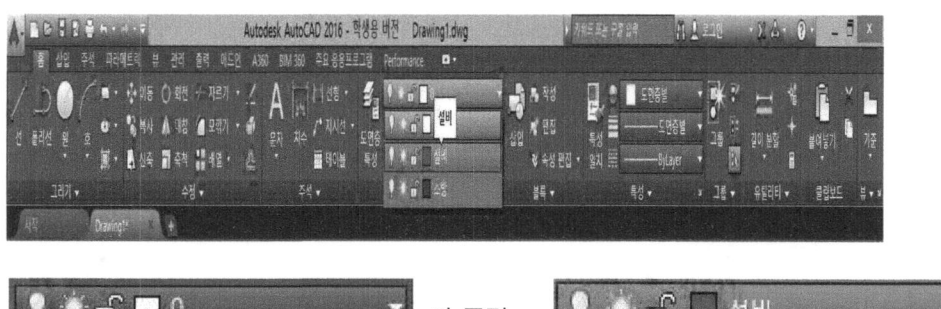

→ 선을 그리면 설비에서 지정한 색상의 선이 그려진다. 또는  좌 클릭 → 선을 그리면 소방에서 지정한 색상의 선이 그려진다.

③ 객체 잠그기

잠그고자 하는 객체 좌 클릭 → [설비] → 좌 클릭 → 🔓 좌 클릭
(※ 잠긴 객체는 지워지지 않는다.)

④ 객체 잠그기 해제

잠그기 해제 하고자 하는 객체 좌 클릭 → [설비] → 좌 클릭 → 🔒 좌 클릭

⑤ 객체 감추기

감추고자 하는 객체 좌 클릭 → [설비] → 좌 클릭 → 💡 좌 클릭

⑥ 객체 감추기 해제

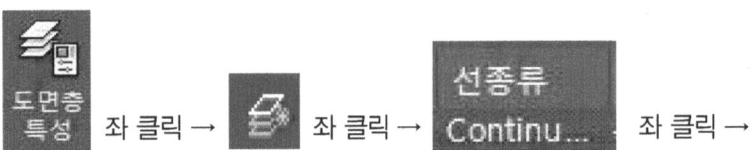 → 좌 클릭 → 💡 좌 클릭

⑦ 선의 형태 변경

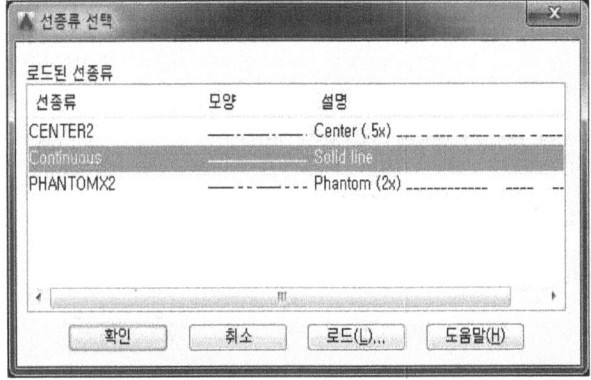 좌 클릭 → 🗂 좌 클릭 → [선종류 Continu...] 좌 클릭 →

→ 하고자 하는 선의 형태를 좌 클릭 →

2-24 환경설정 명령어

① 스냅(F9) : F9 을 켜면 바탕화면의 그리드 눈금간격에 맞추어 마우스의 커서가 움직인다.

② 그리드(F7) : F7 의 클릭에 따라 그리드 눈금이 화면에서 나타나기도 하고, 없어지기도 한다.

③ 오소(F8) : F8 이 켜져 있는 상태에서는 가로와 세로 직선만 그릴 수 있으며, 꺼져있는 상태에서는 대각선도 그릴 수 있다.

④ 극좌표 추적(F10) : F10 이 켜져 있는 상태에서는 선을 그릴 때 예상 이동선이 나타나며, 꺼져있는 상태에서는 이 선이 나타나지 않는다.

⑤ 객체스냅(F3) : F3 이 켜져 있는 상태에서는 객체의 끝점, 중심점, 교차점이 화면에 나타나며, 꺼져있는 상태에서는 이러한 점들이 나타나지 않는다.

⑥ 동적입력(F12) : F12을 켜면 커서 옆에 좌표창이 나타난다.

(※ F12 의 켜짐과 꺼짐 상태가 화면 하단의 가 파란색과 흰색으로 보일 수도 있다.)

CHAPTER 03

OUTLINE BOX에 도형그리기

OUTLINE BOX에 도형그리기

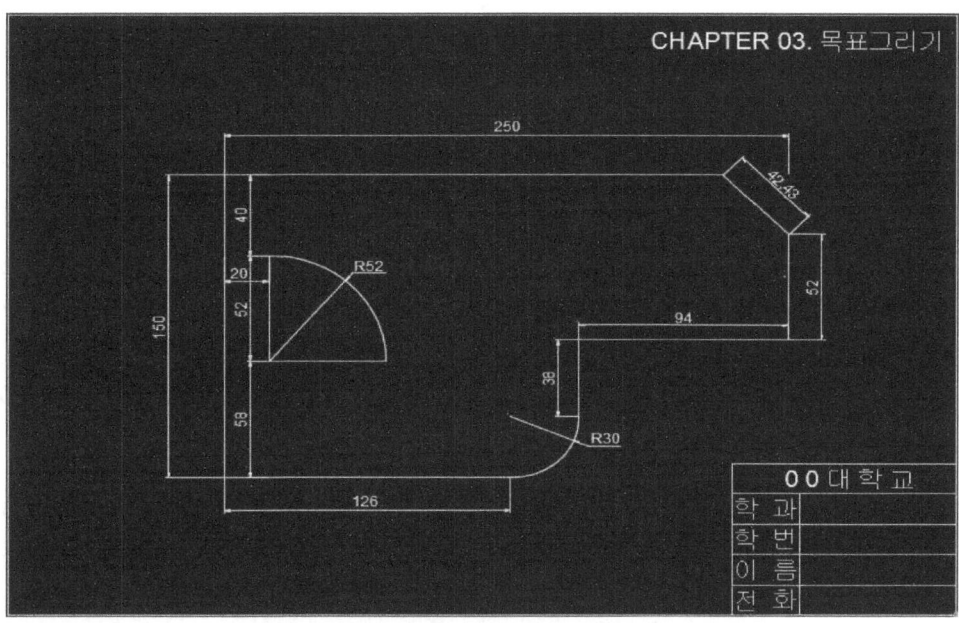

그림 3-1 목표 그리기
(부록 1 참조)

방법	화 면
[그림 3-2] 마우스 휠 더블 클릭 (※ 그림 3-2와 같이 화면 크기를 맞춘다.)	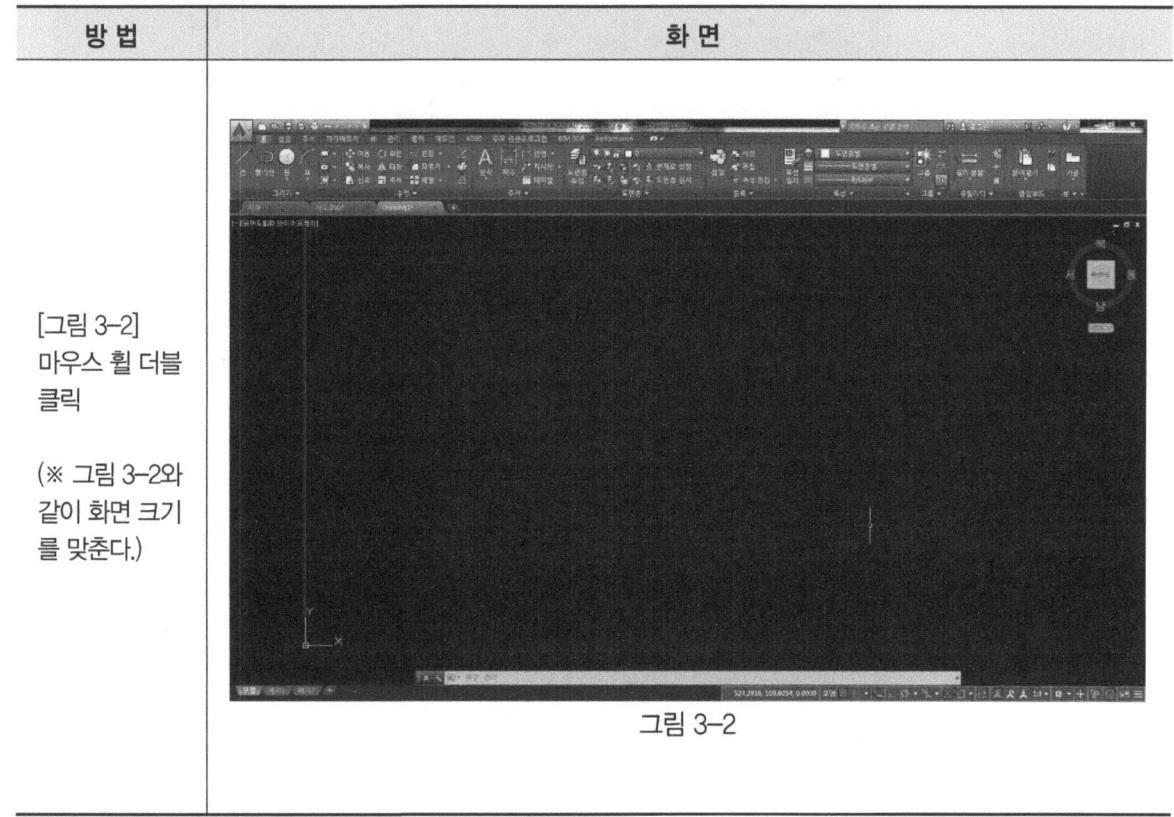 그림 3-2

[그림 3-3] 좌 클릭 (※ LINE 첫 번째 점 지정이라는 문자 생성)	그림 3-3
[그림 3-4] 0 [,] 0 입력 → [Enter↵] (※ 그림 3-4와 같이 첫 점 지정됨)	그림 3-4
[그림 3-5] [F8] 키 입력, 직교모드로 전환한다	그림 3-5
[그림 3-6] → 마우스 우측이동 → 420입력 → [Enter↵]	그림 3-6
[그림 3-7] → 마우스 위로이동 → 297 입력 → [Enter↵] → 마우스 좌측이동 → 420 입력 → [Enter↵] → 마우스 아래이동 → 297 입력 → [Enter↵] → [Enter↵]	그림 3-7

[그림 3-8]
COPY(단축명령어 CO) 명령어 입력
→ Enter↵ → ①객체 좌 클릭
→ Enter↵ → ①객체 좌 클릭
→ 마우스 위로 이동
→ 간격 15 입력 → Enter↵
→ ②객체 생성

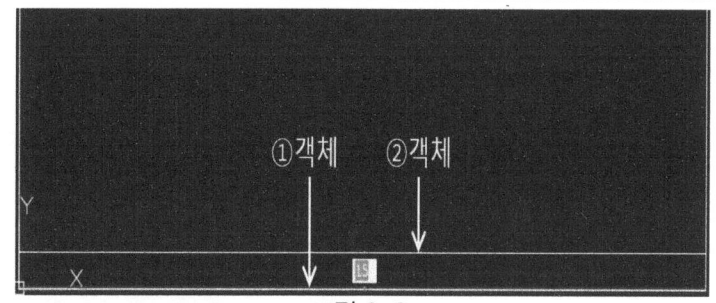
그림 3-8

[그림 3-9]
COPY(단축명령어 CO) 명령어 입력
→ Enter↵ → ②객체 좌 클릭
→ Enter↵ → ②객체 좌 클릭
→ 마우스 위로 이동 → 15 입력
→ Enter↵ → ③객체 생성

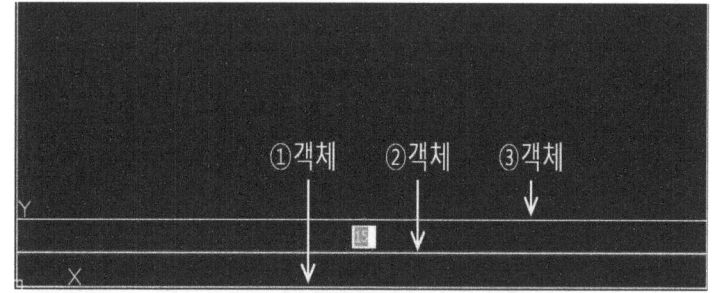
그림 3-9

[그림 3-10]
COPY(단축명령어 CO) 명령어 입력
→ Enter↵ → ①객체 좌 클릭
→ Enter↵ → ①객체 좌 클릭
→ 마우스 좌측이동 → 100 입력
→ Enter↵ → ②객체 생성

그림 3-10

[그림 3-11]
COPY(단축명령어 CO) 명령어 입력
→ Enter↵ → ①객체 좌 클릭
→ Enter↵ → ①객체 좌 클릭
→ 마우스 좌측이동 → 70 입력
→ Enter↵ → ③객체 생성

그림 3-11

[그림 3-12]
TRIM(단축명령어 TR) 명령어 입력
→ Enter↵
→ 객체 드래그 전체 좌 클릭
(※ 객체가 선택이 될 경우 그림 3-13 와 같이 파란선으로 변경됨)
→ Enter↵

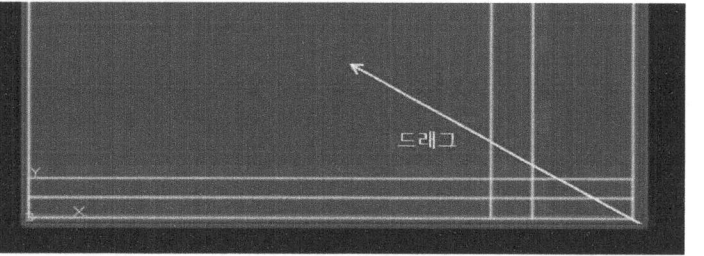
그림 3-12

→ 필요 없는 객체 좌 클릭

[그림 3-13~3-15]

→ 객체 삭제가 완료되면 Enter↵

그림 3-13

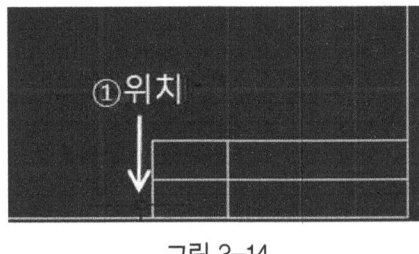
그림 3-14

그림 3-15

[그림 3-14]

그림 3-14와 같이 ①위치에서 마우스 휠을 돌린다.

그림 3-15와 같이 그림을 확대한다.

[그림 3-16~3-17]

 좌 클릭 →

시작지점 좌 클릭 → 끝점 좌 클릭

→ 이름 입력 → "이름" 드래그 좌 클릭

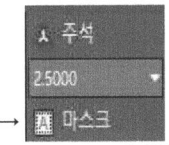 숫자가 쓰인 부분 좌 클릭

→ 8 입력 → Enter↵ → OUTLINE 박스 안의

빈 공간 좌 클릭(문자입력란의 빈 공간이 아님) → M(MOVE)입력 → Enter↵ → "이름"

좌 클릭 → Enter↵ → "이름" 좌 클릭

→ 원하는 위치 마우스 이동 → 좌 클릭

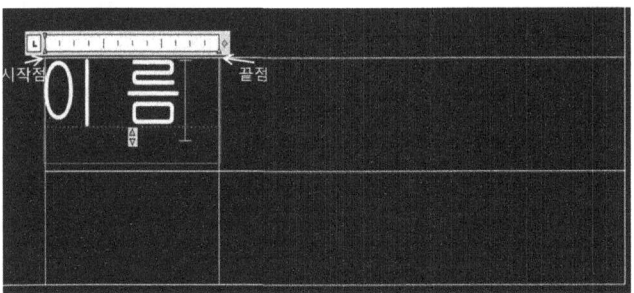
그림 3-16

그림 3-17

※ 주의사항 ※

1. 동일한 방법으로 그림 3-16, 3-17과 같이 만드시오. 칸 안에 들어가지 않을 경우 크기를 6으로 한다.
2. 원하는 방향으로 이동이 안 될 경우 F8 입력 후 직교모드를 해제하여 위치를 이동시키도록 한다.

[그림 3-18]
그림 3-18과 같이 목표그리기 도면을 완성하시오.

그림 3-18

※ 칸을 넘어가는 문자는 그림 3-18과 같이 문자의 폭 비율을 조정한다.

[그림 3-19]
문자의 폭 비율을 조정하려면 문자가 블록화되어 있으므로 문자를 블록해제 시켜야 한다.

〈블록화 해제 방법〉
EXPLODE(단축명령어 X) 명령어 입력 → [Enter↵]
→ 문자 객체 좌 클릭 → [Enter↵]

〈글자 폭 비율 조정 방법〉
문자 객체 좌 클릭 → [Ctrl] + 1 같이 누름
→ 특성문자 팝업창 생성 → 문자 폭 비율 0.8
입력 → [Enter↵] → ❌ 좌 클릭 → [Esc]

그림 3-19

[그림 3-20]

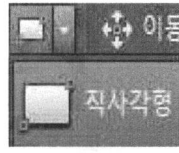 좌 클릭

(※ 첫 번째 구석 점 지정이라는 문장이 생성)
→ 그림 3-20과 같이 Outline BOX안의 하단
부 좌 클릭 → [Shift] 2 (250 [,] 150) 입력 →
[Enter↵]
그림 3-20과 같이 직사각형이 생성된다.
(※ 사각형을 이루는 각 선을 하나의 객체로 인식시키기 위해 블록화가 되어 있는 직사각형을 블록해제 시켜야 한다.)

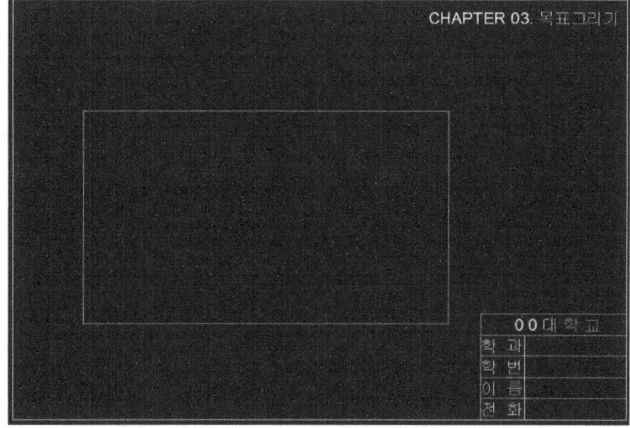
그림 3-20

〈블록화 해제 방법〉
EXPLODE(단축명령어 X) 명령어 입력 → [Enter↵] → 직사각형 객체 좌 클릭 → [Enter↵]

[그림 3-21]
OFFSET(단축명령어 O) 명령어 입력
→ Enter↵ → 40 입력
→ Enter↵ → 사각형의 ①객체 좌 클릭
→ 마우스 아래이동 → 좌 클릭
→ ②객체 생성 → Enter↵

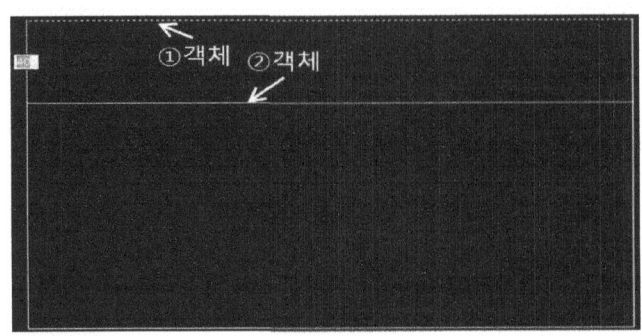

그림 3-21

[그림 3-22]
OFFSET(단축명령어 O) 명령어 입력
→ Enter↵ → 52 입력
→ Enter↵ → ②객체 좌 클릭
→ 마우스 아래이동 → 좌 클릭
→ ③객체 생성 → Enter↵

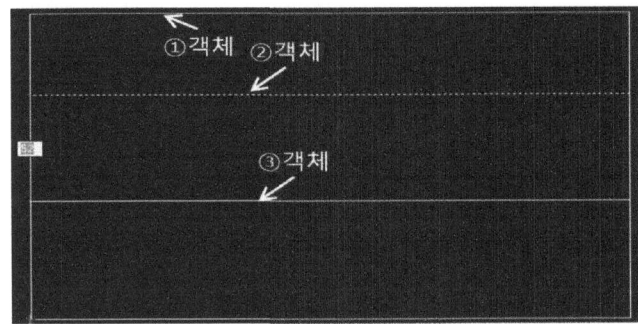

그림 3-22

[그림 3-23]
OFFSET(단축명령어 O) 명령어 입력
→ Enter↵ → 20 입력
→ Enter↵ → ④객체 좌 클릭
→ 마우스 우측이동 → 좌 클릭
→ ⑤객체 생성 → Enter↵

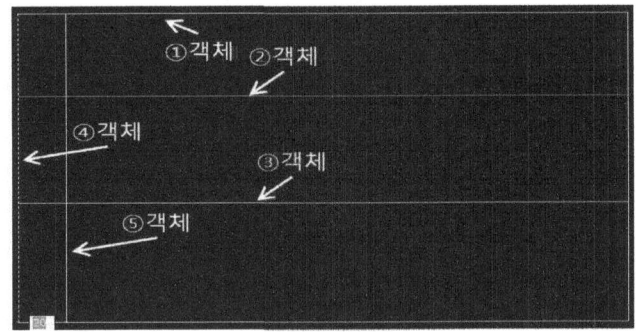

그림 3-23

[그림 3-24]

 → 좌 클릭

(※ 화면 하단에 중심점 또는 [3점(3P), 2점(2P), Ttr-접선 접선반지름(T)지정이라는 문구 생성)

[그림 3-25~3-26]
마우스 교차점에 위치하면 그림 3-24와 같이 초록색 × 모양 생성
→ 교차점 좌 클릭

그림 3-24

그림 3-25

→ 52 입력
→ Enter↵

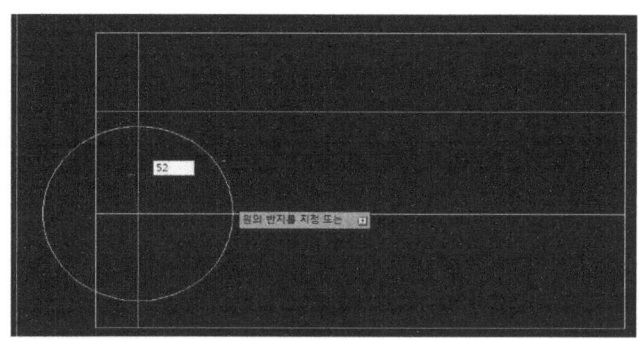
그림 3-26

[그림 3-27~3-28]
TRIM(단축명령어 TR) 명령어 입력
→ Enter↵ → 그림 3-27과 같이 1에서 2로 드래그 → Enter↵ → 필요 없는 객체 좌 클릭
→ 그림 3-28과 같이 객체 삭제 → Enter↵

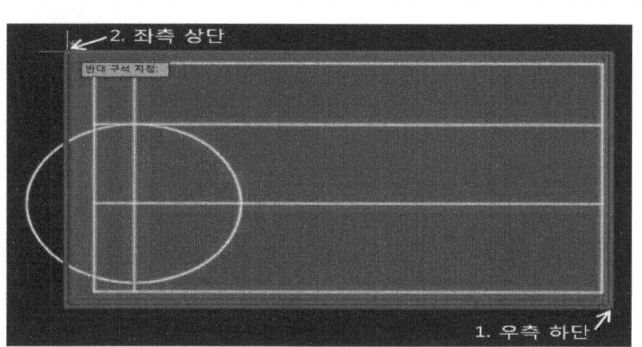
그림 3-27

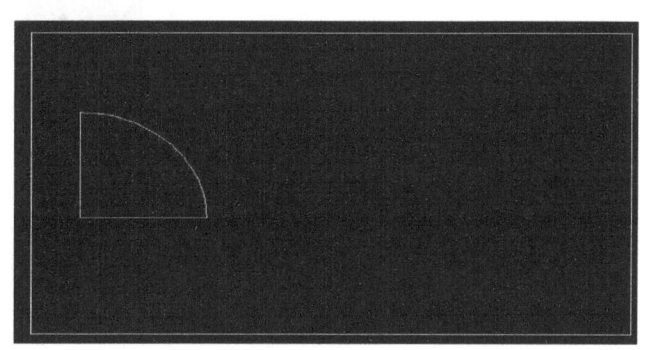
그림 3-28

※ 주의사항 ※
삭제되지 않는 객체는 좌 클릭으로 객체 선택 후 Del 로 삭제한다.

[그림 3-29]
OFFSET(단축명령어 O) 명령어 입력
→ Enter↵ → 126 입력 → Enter↵
→ ①객체 좌 클릭 → 마우스 우측이동
→ 좌 클릭 → ②객체 생성 → Enter↵

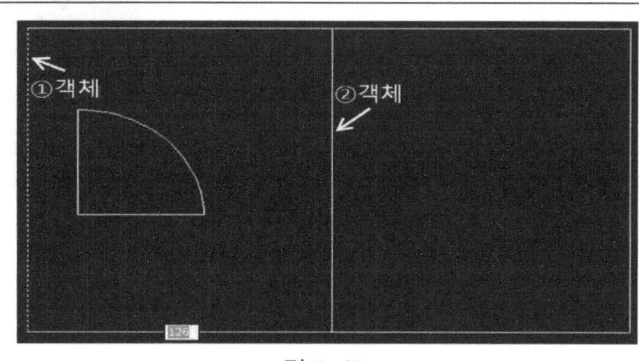
그림 3-29

[그림 3-30]
OFFSET(단축명령어 O) 명령어 입력
→ Enter↵ → 30 입력 → Enter↵
→ ②객체 좌 클릭 → 마우스 우측이동
→ 좌 클릭 → ③객체 생성

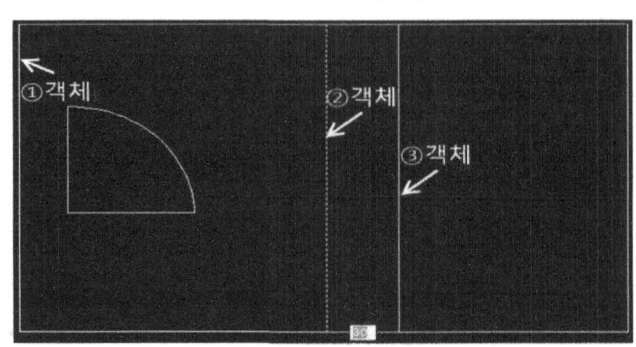
그림 3-30

[그림 3-31]
→ ④객체 좌 클릭 → 마우스 위로이동
→ 좌 클릭 → ⑤객체 생성 → Enter↵

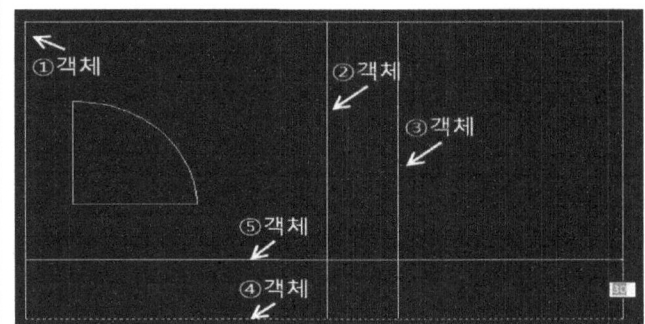
그림 3-31

[그림 3-32]
OFFSET(단축명령어 O) 명령어 입력
→ Enter↵ → 38 입력 → Enter↵
→ ⑤객체 좌 클릭 → 마우스 위로이동
→ 좌 클릭 → ⑥객체 생성 → Enter↵

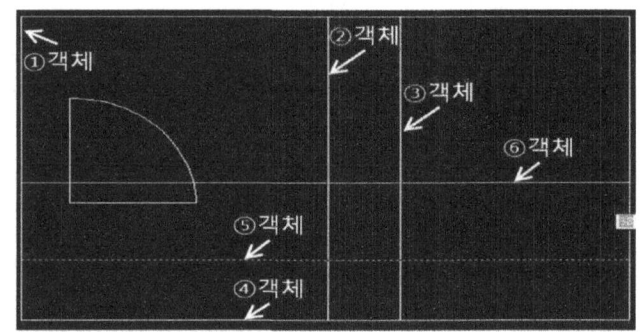
그림 3-32

[그림 3-33~3-34]

 → 좌 클릭

(※ FILLET 첫 번째 객체선택 이라는 창이 화면 하단에 생성)

→ R 입력 → Enter↵ → 30 입력 → Enter↵
→ ①객체 좌 클릭 → ②객체 좌 클릭

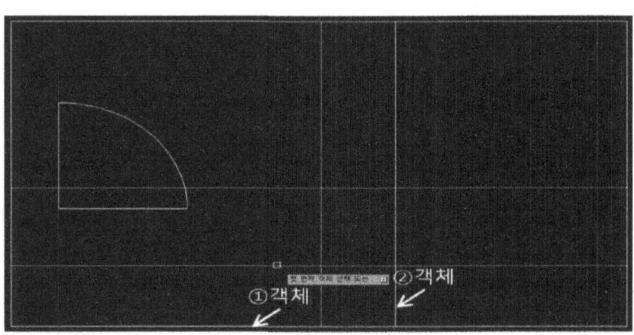
그림 3-33

그림 3-34

[그림 3-35]
→ 곡선 생성

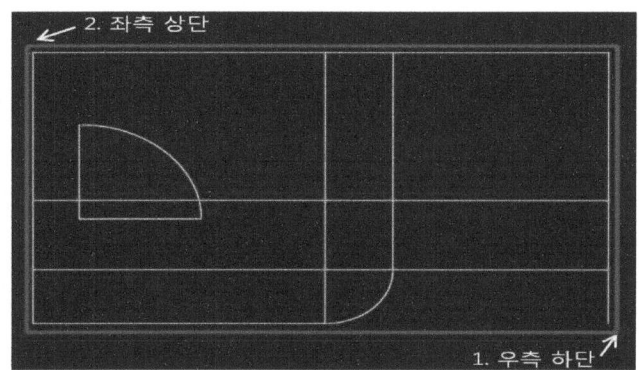
그림 3-35

[그림 3-36~3-37]
TRIM(단축명령어 TR) 명령어 입력
→ Enter↵ → 그림 3-36과 같이 1에서 2로 드래그 → Enter↵ → 그림 3-37과 같이 필요없는 객체 좌 클릭 → 객체 삭제 완료되면 Enter↵

※ 주의사항 ※
삭제되지 않는 객체는 좌 클릭으로 객체 선택 후 Del 로 삭제한다.

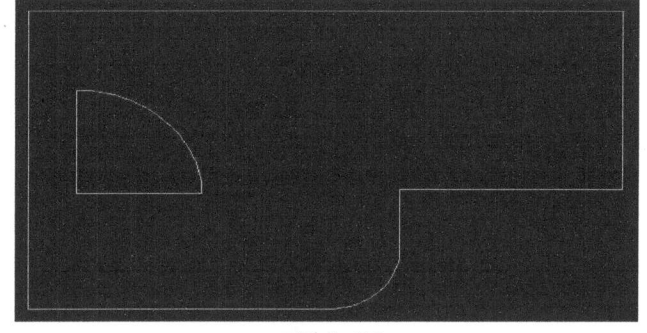
그림 3-36

그림 3-37

[그림 3-38]

→ 좌 클릭 → D 입력
→ Enter↵
(※ 첫 번째 모따기 거리 지정 창 생성) → 30 입력 → Enter↵
(※ 두 번째 모따기 거리 지정 문구생성) → 30 입력 → Enter↵ → ①객체 좌 클릭 → ②객체 좌 클릭

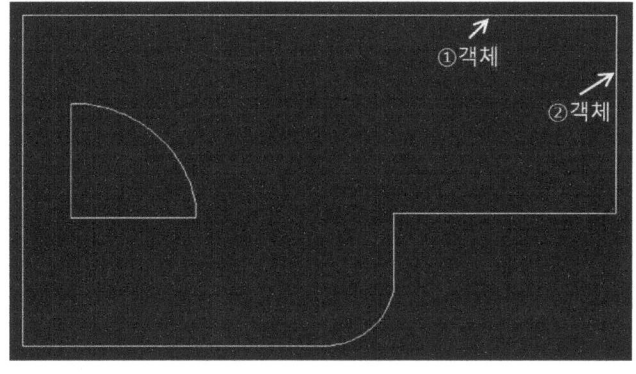
그림 3-38

[그림 3-39]
→ 대각선 생성

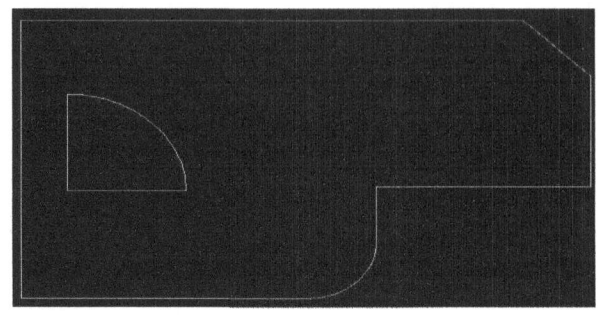

그림 3-39

※CHAPTER 02. AutoCAD와 명령어 2-22. 치수 기입 명령어를 확인) 목표그리기 도면을 완성하시오. 완성된 도면을 다음의 파일명으로 저장한다.

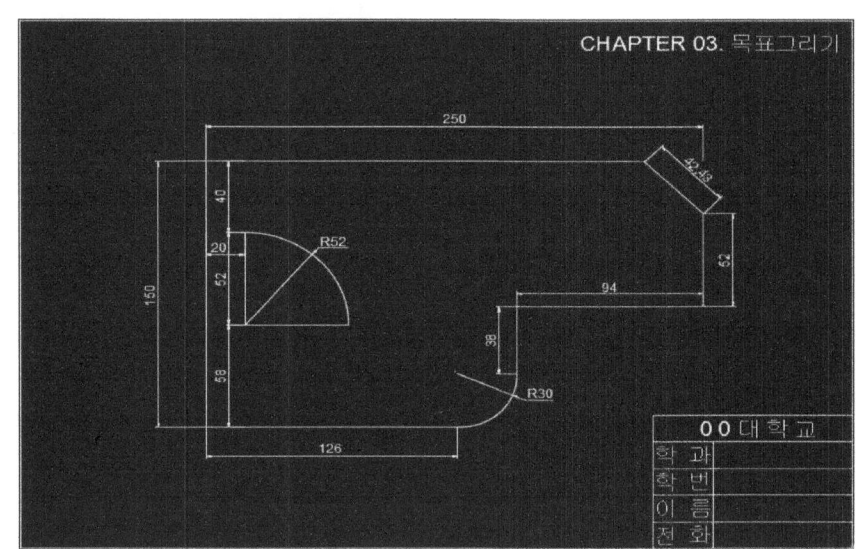

파일명 : CHAPTER03_학번_홍길동(년/월/일)

CHAPTER 04

도면 목록표 설계

CHAPTER 04 도면 목록표 설계

4-1 도면 목록표

진행 프로젝트에 있어서 공종별 도면 번호, 도면 이름 및 도면 축척들을 한눈에 알 수 있도록 표 형식으로 만들어 놓은 것. 도면 목록표를 이용하여 설계의 진행사항을 점검한다.
글씨크기 및 형식등은 표준으로 정해진 것은 없지만, 각 회사들은 독자적으로 정한 내규에 따라 설계한다.

4-2 도면 목록표 설계하기

그림 4-1 목표 그리기
(부록 2 참조)

방 법	화 면
[그림 4-2] 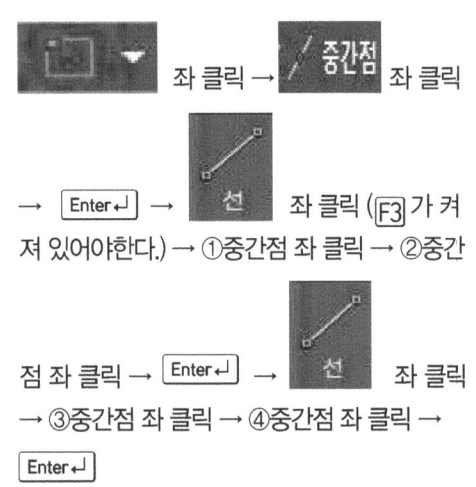 좌 클릭 → 중간점 좌 클릭 → Enter↵ → 선 좌 클릭 (F3 가 켜져 있어야한다.) → ①중간점 좌 클릭 → ②중간점 좌 클릭 → Enter↵ → 선 좌 클릭 → ③중간점 좌 클릭 → ④중간점 좌 클릭 → Enter↵	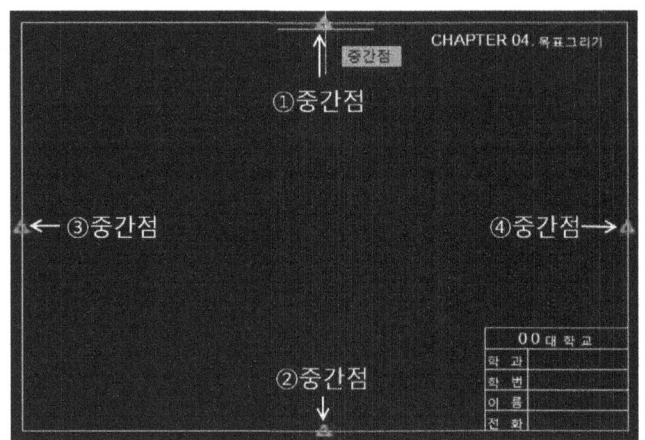 그림 4-2

[그림 4-3]
OFFSET(단축명령어 O) 명령어 입력
→ Enter↵ → 45 입력
→ Enter↵ → ①객체 좌 클릭 → 마우스 우측이동 → 좌 클릭 → ①객체 좌 클릭 → 마우스 좌측이동 → 좌 클릭 → Enter↵

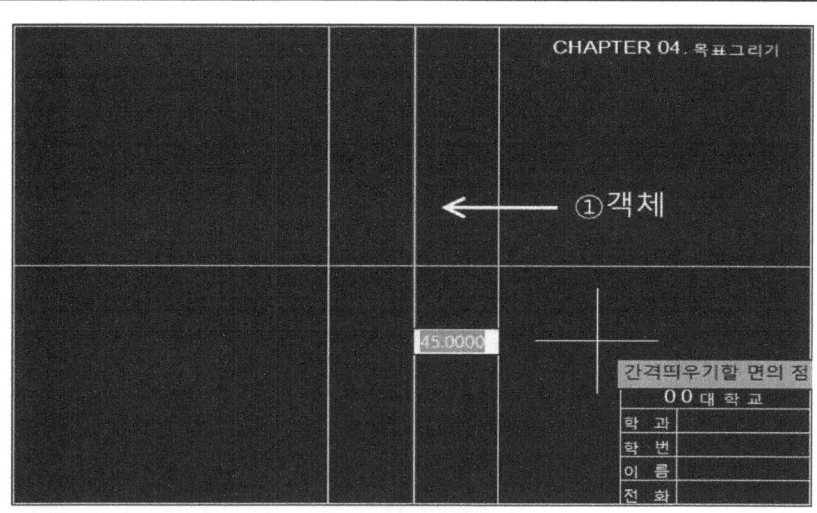

그림 4-3

[그림 4-4]
OFFSET(단축명령어 O) 명령어 입력
→ Enter↵ → 10 입력
→ Enter↵ → ①객체 좌 클릭 → 마우스 아래이동 → 좌 클릭 → Enter↵

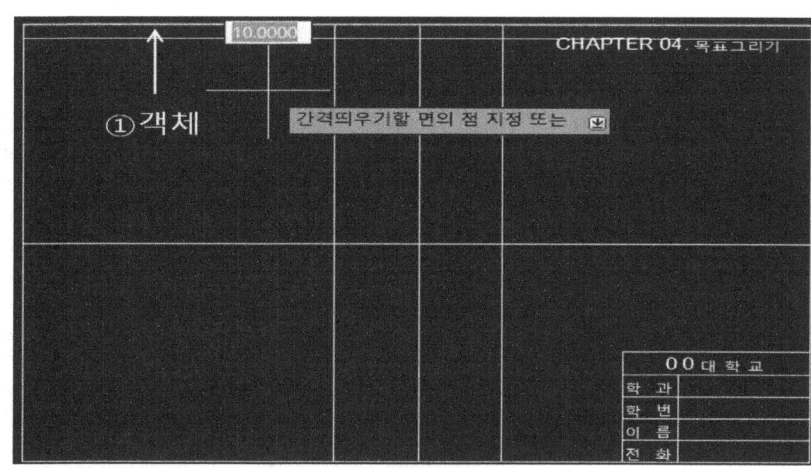

그림 4-4

[그림 4-5]
OFFSET(단축명령어 O) 명령어 입력
→ Enter↵ → 15 입력
→ Enter↵ → ①객체 좌 클릭 → 마우스 아래이동 → 좌 클릭 → Enter↵

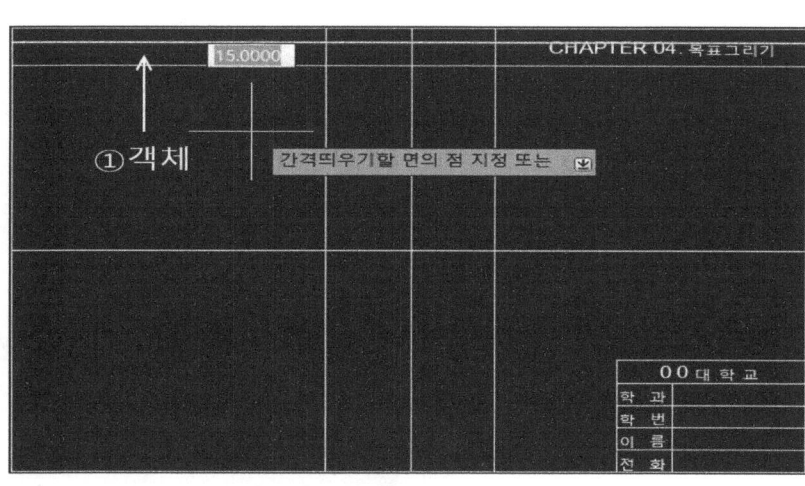

그림 4-5

[그림 4-6]
COPY(단축명령어 CO) 명령어 입력
→ [Enter↵]
그림 4-6과 같이 1에서 2로 드래그(위에서 두 번째 객체와 세 번째 객체를 선택한다)
→ [Enter↵] → 좌 클릭

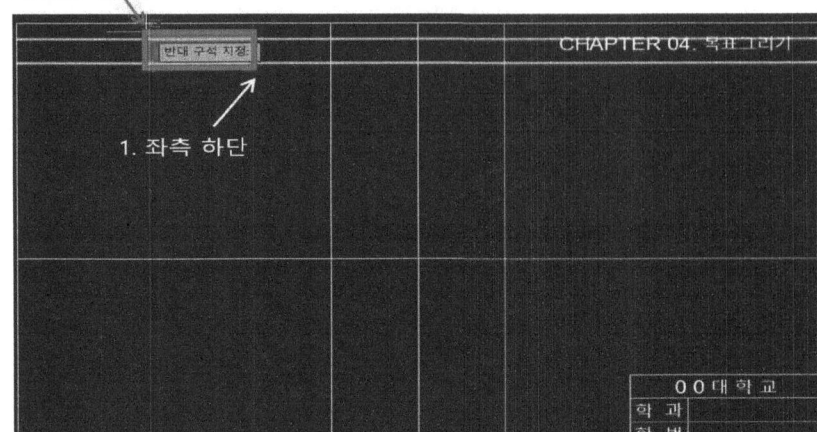

그림 4-6

[그림 4-7]
→ 마우스 아래이동
([F8] 직교모드가 켜져 있어야한다) → 7.5 입력 → [Enter↵]

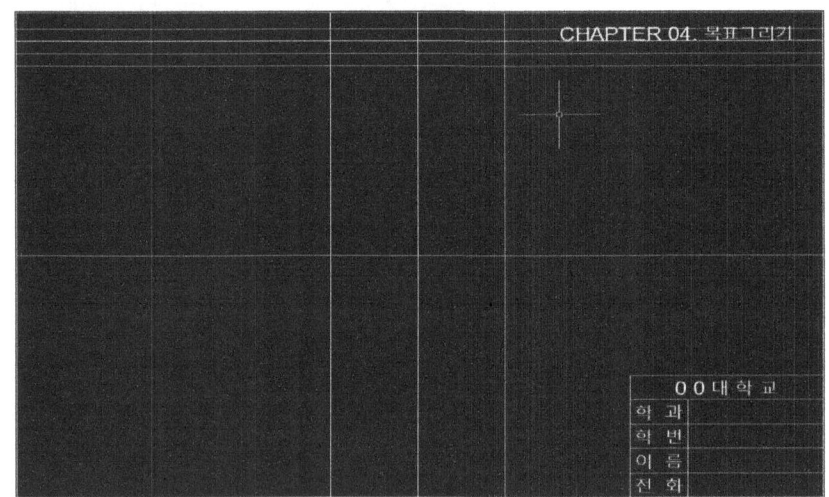

그림 4-7

[그림 4-8]
OFFSET(단축명령어 O) 명령어 입력
→ [Enter↵] → 30 입력 → [Enter↵]
→ ①객체 좌 클릭 → 마우스 좌측이동
→ 좌 클릭 → ②객체 좌 클릭 → 마우스 우측이동 → 좌 클릭 → [Enter↵]

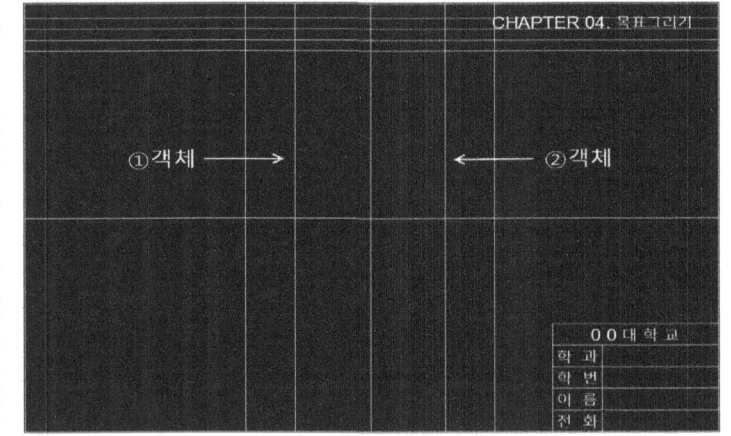

그림 4-8

[그림 4-9]
COPY(단축명령어 CO) 명령어 입력
→ Enter↵ → 그림 4-9와 같이 1에서 2로 드래그 →
Enter↵

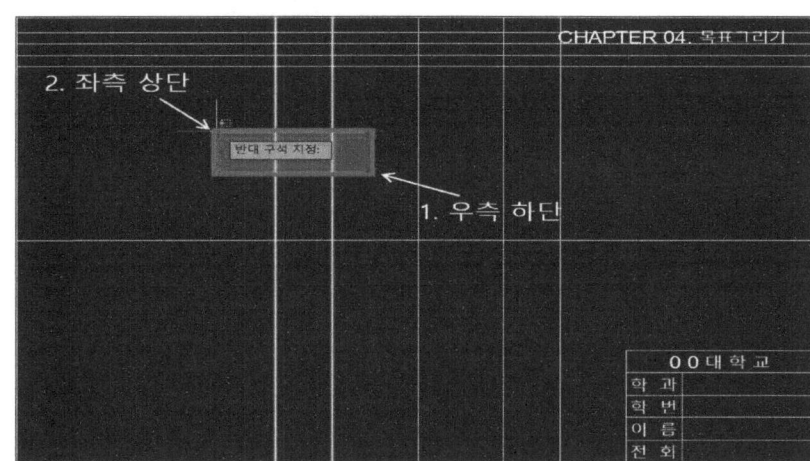
그림 4-9

[그림 4-10~4-11]
→ 좌 클릭
→ 마우스 우측이동
→ 10 입력 → Enter↵

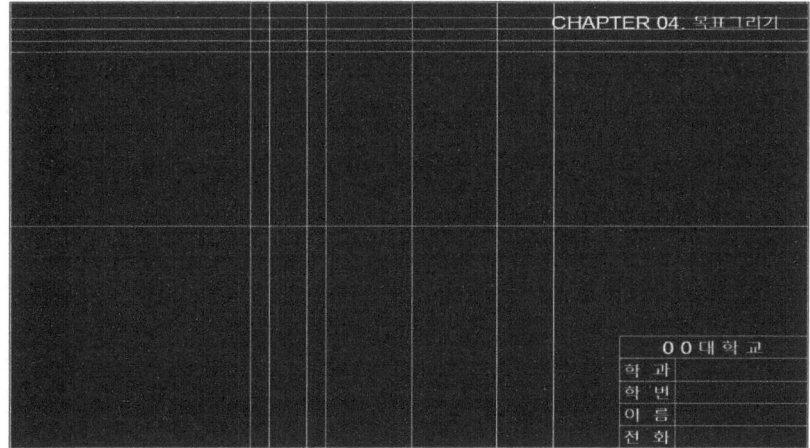
그림 4-10

반복하여 그림 4-11과 같이 만드시오.

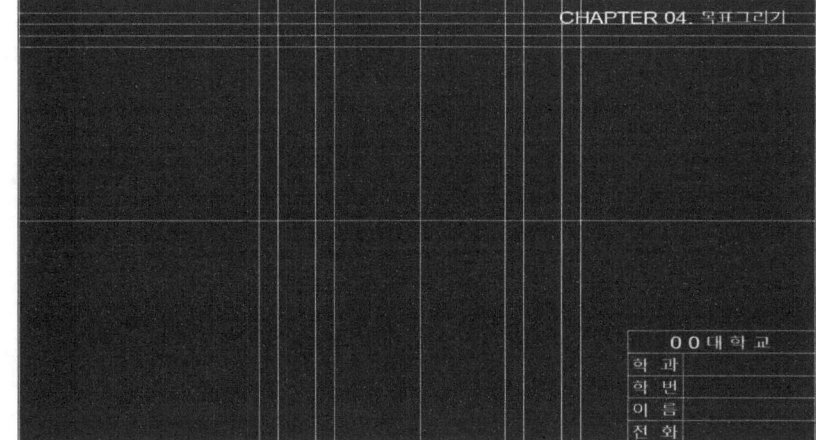
그림 4-11

[그림 4-12]
TRIM(단축명령어 TR) 명령어 입력
→ [Enter↵] → 그림 4-12와 같이 1에서 2로 드래그하여 객체의 전체를 선택한다.
(※ 그림 4-12와 같이 푸른색 선으로 변경됨) 그림 4-12와 같이 굵은 선으로 표시되어 있는 객체를 제외하고 객체를 지우시오.

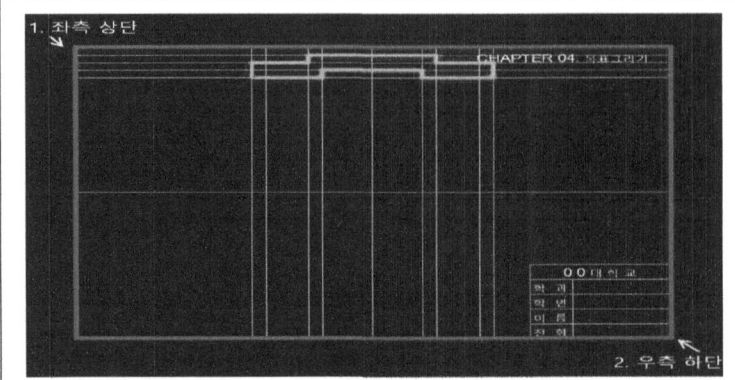
그림 4-12

[그림 4-13]
→ [Enter↵] → 필요 없는 객체 좌 클릭 → 객체 삭제 완료시 [Enter↵]
※ 주의사항 ※
삭제되지 않는 객체는 좌 클릭으로 객체 선택 후 [Del] 로 삭제한다.

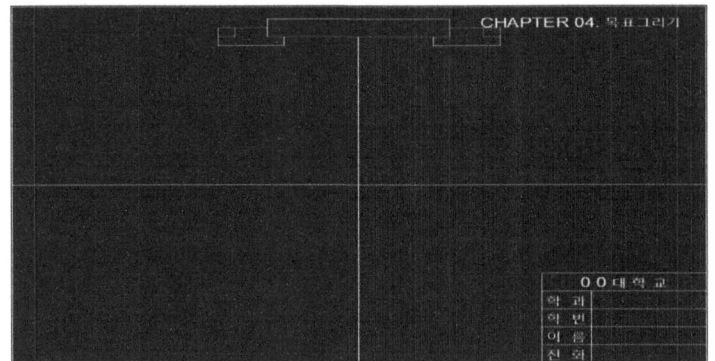
그림 4-13

[그림 4-14]
 으로 그림 4-14와 같이 그린다.

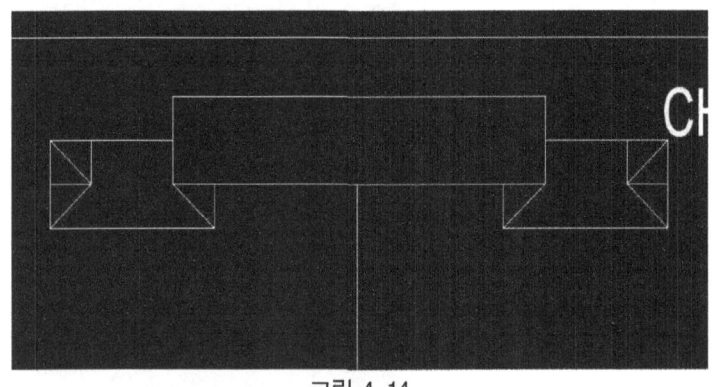
그림 4-14

[그림 4-15]
객체 좌 클릭 후 [Del] 입력 또는 ERASE (단축명령어 E)를 입력 → [Enter↵]

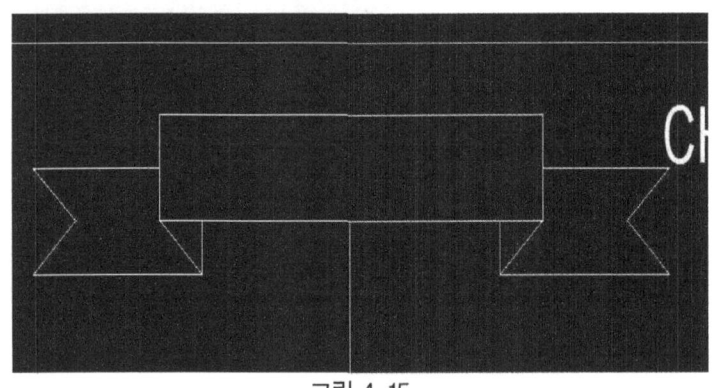
그림 4-15

[그림 4-16]
OFFSET(단축명령어 O) 명령어 입력
→ Enter↵ → 30 입력 → Enter↵
→ ①객체 좌 클릭 → 마우스 우측이동 → 좌 클릭 → Enter↵

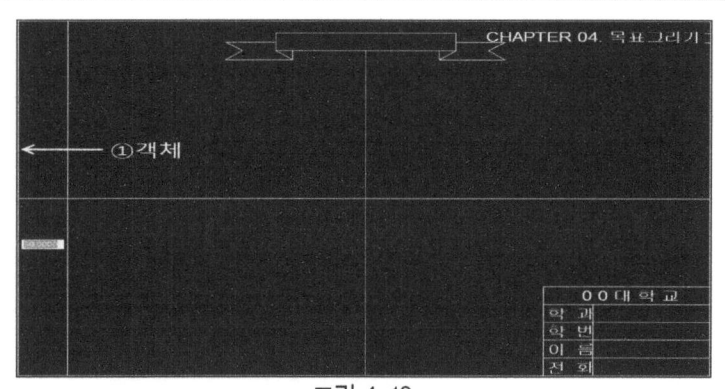
그림 4-16

[그림 4-17]
OFFSET(단축명령어 O) 명령어 입력
→ Enter↵ → 30 입력 → Enter↵
→ ①객체 좌 클릭 → 마우스 우측이동
→ 좌 클릭 → Enter↵

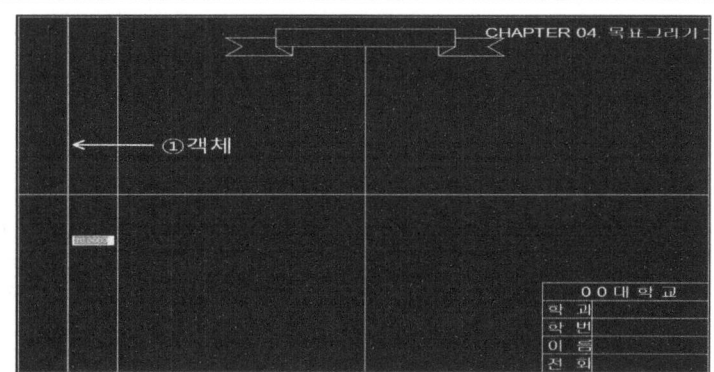
그림 4-17

[그림 4-18]
OFFSET(단축명령어 O) 명령어 입력
→ Enter↵ → 82 입력 → Enter↵
→ ①객체 좌 클릭 → 마우스 우측이동
→ 좌 클릭 → Enter↵

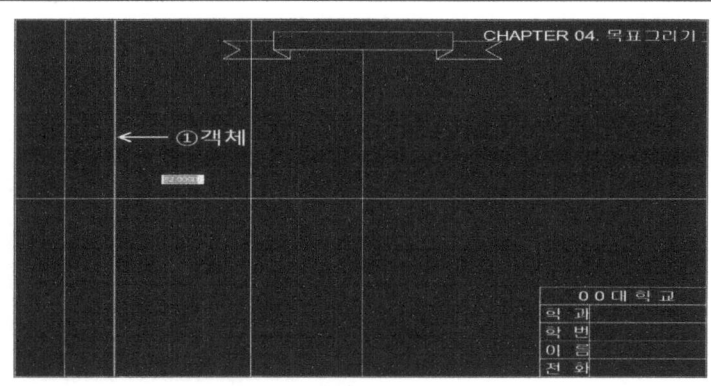
그림 4-18

[그림 4-19]
OFFSET(단축명령어 O) 명령어 입력
→ Enter↵ → 38 입력 → Enter↵
→ ①객체 좌 클릭 → 마우스 우측이동
→ 좌 클릭 → Enter↵

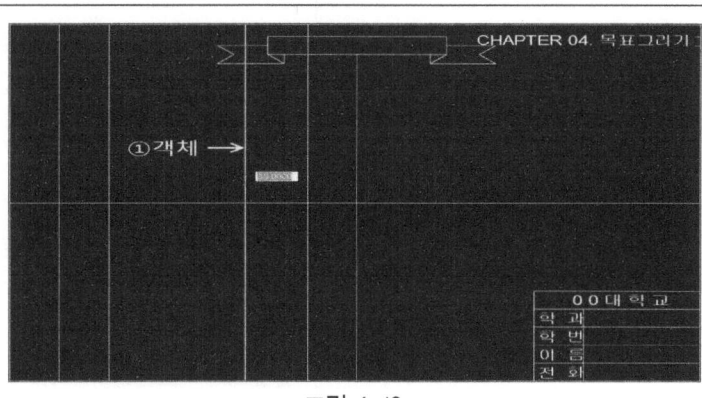
그림 4-19

[그림 4-20]
OFFSET(단축명령어 O) 명령어 입력
→ [Enter↵] → 25 입력 → [Enter↵]
→ ①객체 좌 클릭 → 마우스 우측이동
→ 좌 클릭 → [Enter↵]

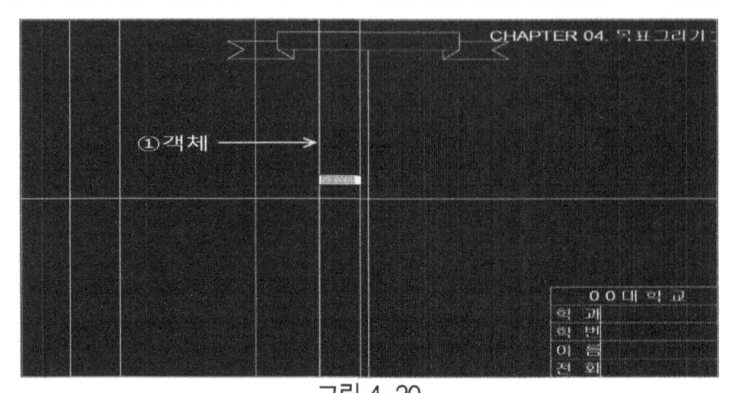
그림 4-20

[그림 4-21]
OFFSET(단축명령어 O) 명령어 입력
→ [Enter↵] → 104.5 입력 → [Enter↵]
→ ①객체 좌 클릭 → 마우스 위로이동
→ 좌 클릭 → [Enter↵]

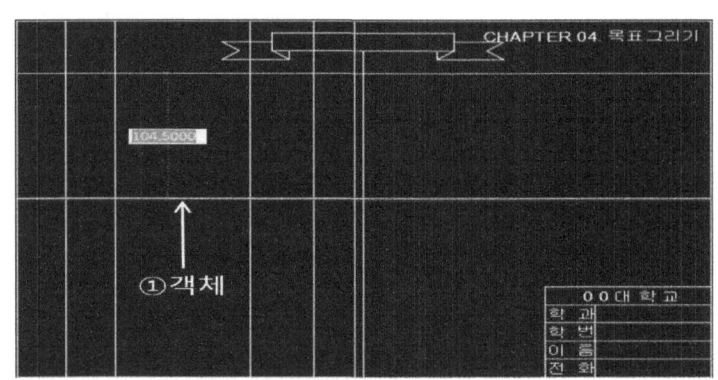
그림 4-21

[그림 4-22]
OFFSET(단축명령어 O) 명령어 입력
→ [Enter↵] → 133 입력 → [Enter↵]
→ ①객체 좌 클릭 → 마우스 아래이동
→ 좌 클릭 → [Enter↵]

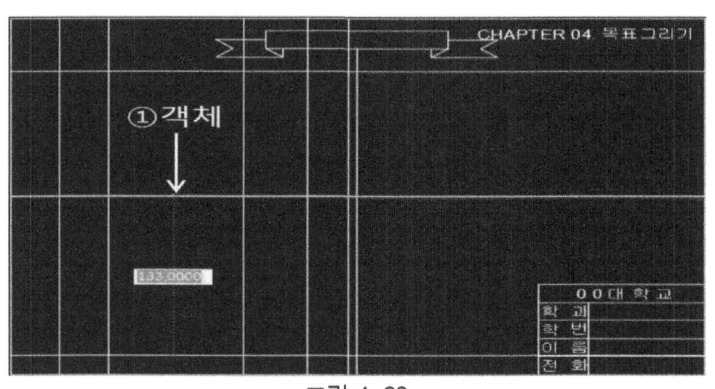
그림 4-22

[그림 4-23]
TRIM(단축명령어 TR) 명령어 입력
→ [Enter↵] → 그림 4-23과 같이 1에서 2로 드래그 → [Enter↵] → 객체를 좌 클릭하여 그림 4-23과 같이 만드시오. → 객체 삭제 완료시 [Enter↵]

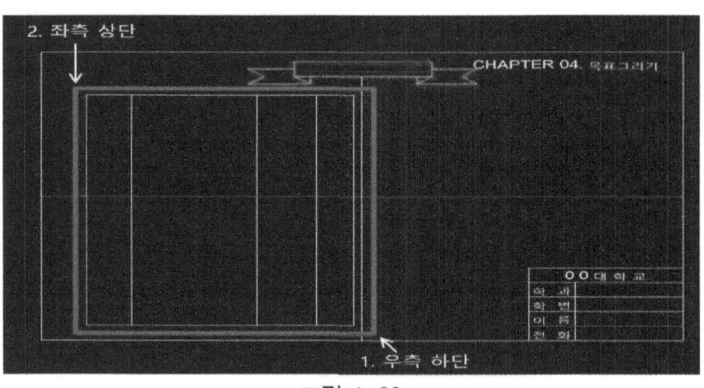
그림 4-23

[그림 4-24]
OFFSET(단축명령어 O) 명령어 입력
→ Enter↵ → 9.5 입력 → Enter↵
→ ①객체 좌 클릭 → 마우스 아래이
동 → 좌 클릭 → Enter↵

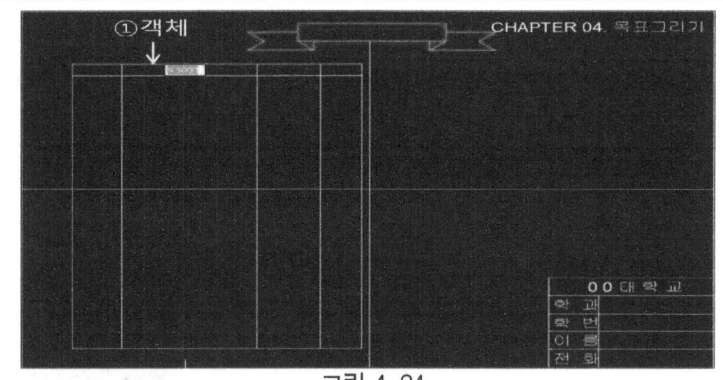
그림 4-24

[그림 4-25]
그림 4-24와 같은 방법으로 25칸이
되도록 만드시오.
(한번의 OFFSET 명령을 좌 클릭하여
입력하면 객체를 반복하여 선을 생성
할 수 있다.)

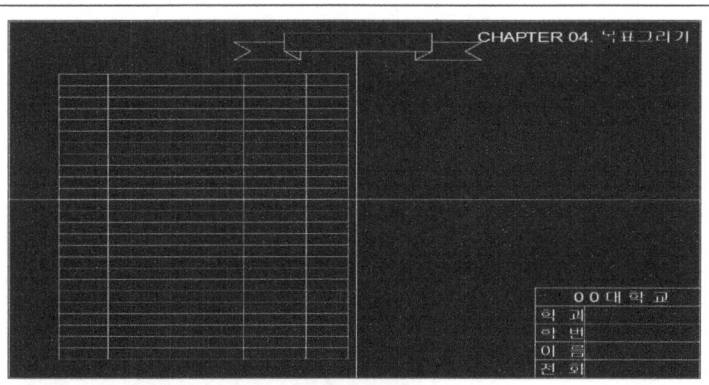
그림 4-25

[그림 4-26]
TRIM을 사용하여 그림 4-26과 같이
표의 상단 부분을 삭제하시오.

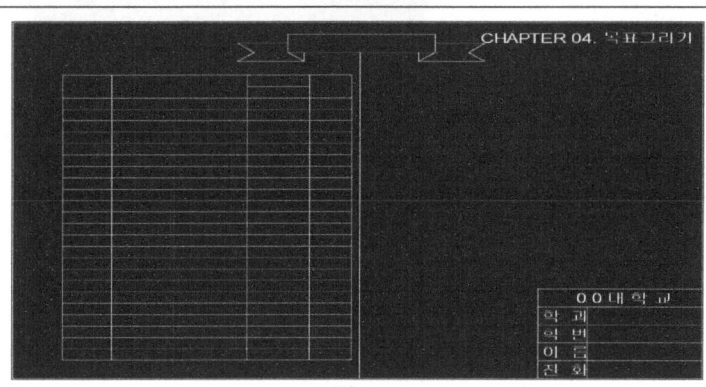
그림 4-26

[그림 4-27~4-28]
그림 4-2와 같이
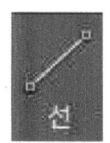 좌 클릭
→ ①객체생성
그림 4-27과 같이 만드시오.

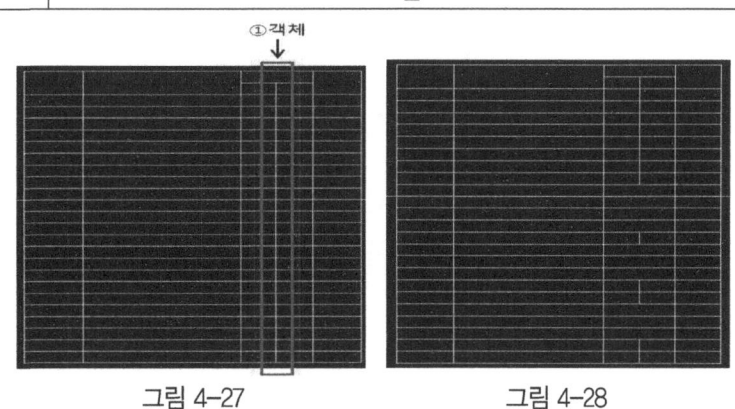
그림 4-27 　　　그림 4-28

※ TRIM을 사용하여 그림 4-28과 같이 표의 중간부분을 삭제하시오.

[그림 4-29]

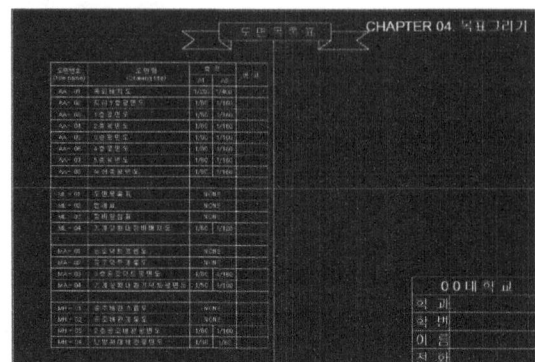

그림 3-16과 같이 좌 클릭하여 그림 4-29와 같이 만드시오.
(※ 도면목록표 문자크기는 7, 나머지 문자크기는 3.5로 하시오.)

그림 4-29

[그림 4-30]
(Chapter. 2 AutoCAD와 명령어 2-22 ②의 도면층 특성 관리자(LAYER)를 사용) 문자는 별도의 도면층을 만들어 노란색으로 작성하고, 표의 테두리로 별도의 도면층을 만들어 갈색으로 작성한다.

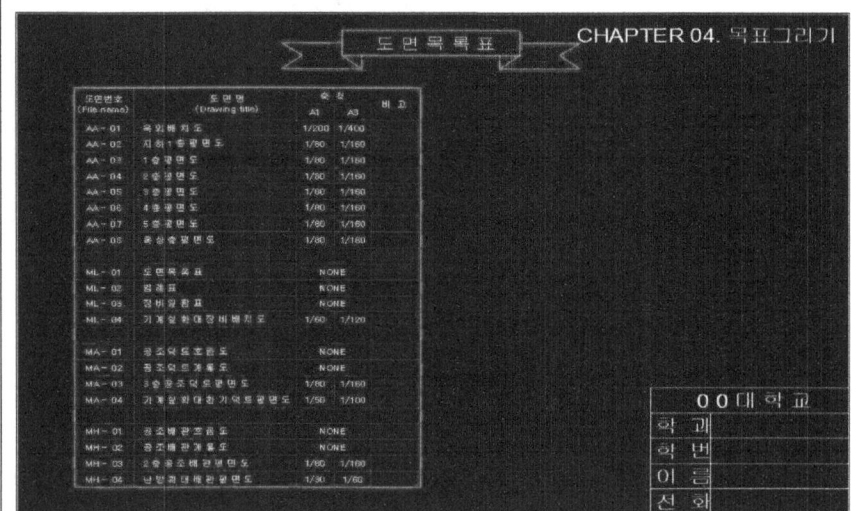

그림 4-30

파일명 : CHAPTER04_학번_홍길동(년/월/일)

CHAPTER 05

범례표 설계

CHAPTER 05 범례표 설계

5-1 범례표

범례표란 도면에서 사용하는 다양한 설비 및 자재의 이름, 기호, 종류 및 재질등에 대한 세부사항을 기입한 표이다.

5-2 범례표 설계하기

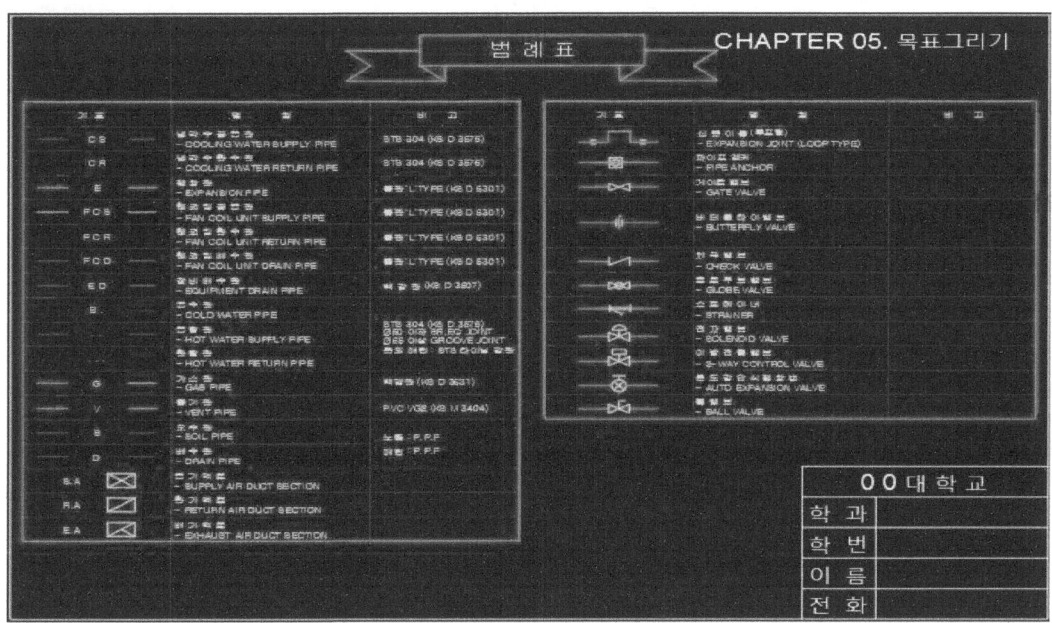

그림 5-1 목표 그리기
(부록 3 참조)

방법	화면
[그림 5-2] 420x297 Outline BOX를 만든 다음 CHAPTER 04. 그림 4-2와 동일한 방법으로 십자선을 만들어준다. (※ F3 가 켜져 있어야 한다.)	그림 5-2

[그림 5-3]
CHAPTER 04. 그림 4-3~4-15와 동일한 방법으로 그림 5-3과 같이 만드시오.

(※ 범례표 문자크기는 7)

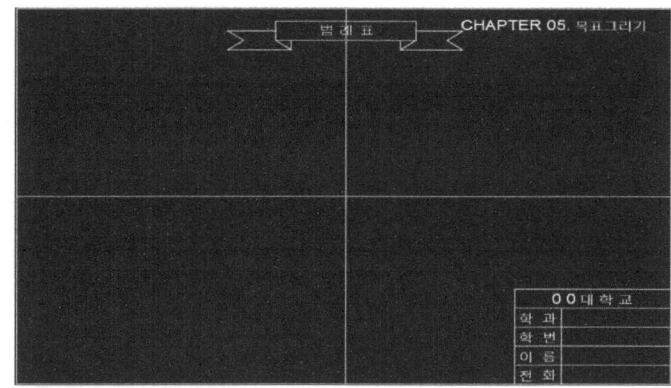
그림 5-3

[그림 5-4]
OFFSET(단축명령어 O) 명령어 입력
→ Enter↵ → 40.5 입력 → Enter↵
→ ①객체 좌 클릭 → 마우스 아래이동
→ 좌 클릭 → Enter↵

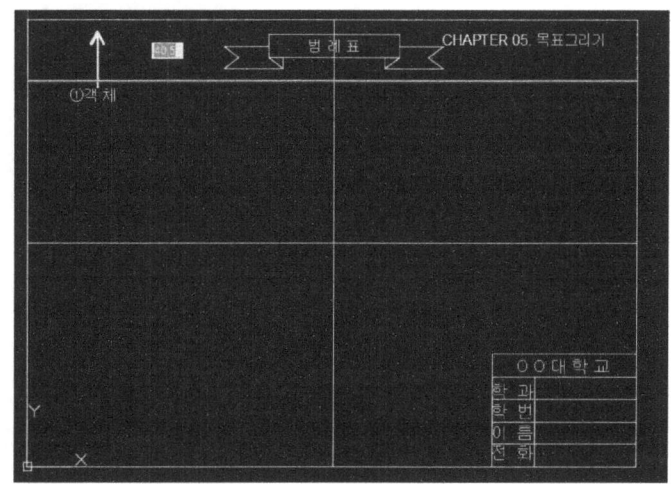
그림 5-4

[그림 5-5]
OFFSET(단축명령어 O) 명령어 입력
→ Enter↵ → 5 입력 → Enter↵
→ ①객체 좌 클릭 → 마우스 우측이동
→ 좌 클릭 → Enter↵

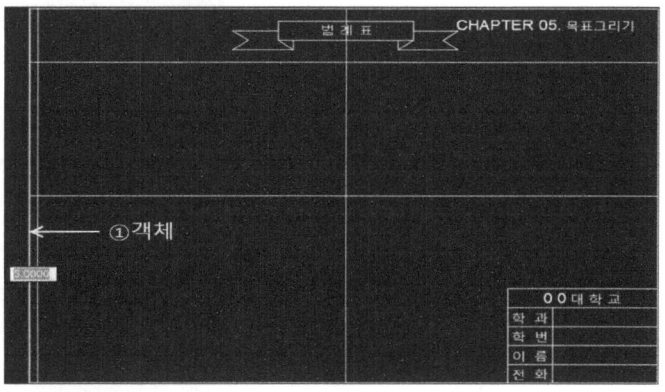
그림 5-5

[그림 5-6]
OFFSET(단축명령어 O) 명령어 입력 → Enter↵ → 5 입력 → Enter↵ → ①객체 좌 클릭 → 마우스 좌측이동 → 좌 클릭 → Enter↵

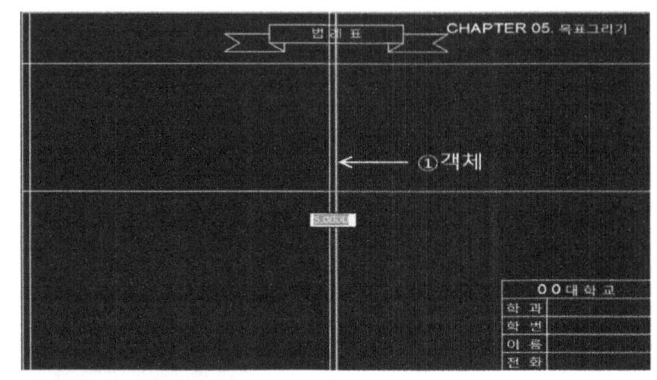
그림 5-6

[그림 5-7]
OFFSET(단축명령어 O) 명령어 입력 → Enter↵ → 12 입력 → ①객체 좌 클릭 → 마우스 아래이동 → 좌 클릭 → Enter↵

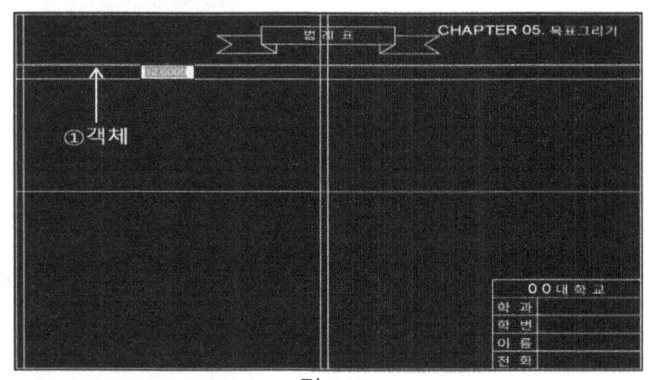
그림 5-7

[그림 5-8]
그림 5-7과 같은 방법으로 OFFSET 명령어를 이용하여 간격 12를 띄워 그림 5-8과 같이 18칸이 되도록 만드시오.

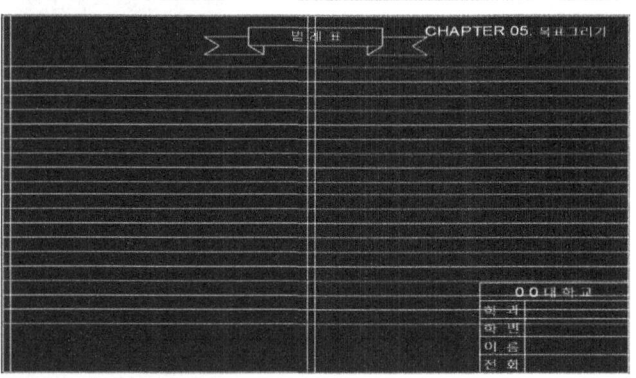
그림 5-8

[그림 5-9]
TRIM(단축명령어 TR)명령어 입력 → Enter↵ → 그림 5-9와 같이 1에서 2로 드래그 → Enter↵ → 필요없는 객체 좌 클릭 → Enter↵
※ 주의사항 ※
삭제되지 않는 객체는 좌 클릭으로 객체 선택 후 Del 로 삭제한다.

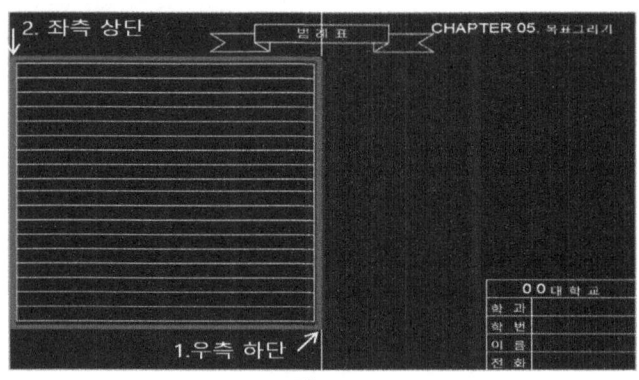
그림 5-9

[그림 5-10]
OFFSET(단축명령어 O) 명령어 입력
→ Enter↵ → 60 입력 → Enter↵ →
①객체 좌 클릭 → 마우스 우측이동 →
좌 클릭 → Enter↵

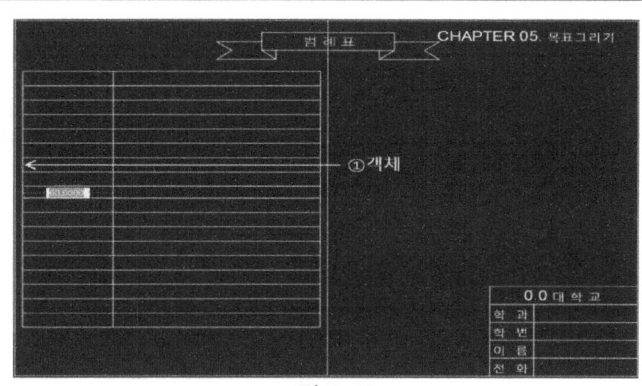
그림 5-10

[그림 5-11]
OFFSET(단축명령어 O) 명령어 입력
→ Enter↵ → 60 입력 → Enter↵ →
①객체 좌 클릭 → 마우스 좌측이동 →
좌 클릭 → Enter↵

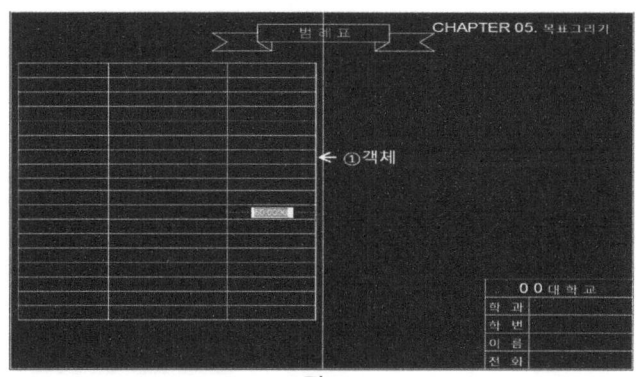
그림 5-11

[그림 5-12]
OFFSET(단축명령어 O) 명령어 입력
→ Enter↵ → 6 입력 → Enter↵ →
①객체 좌 클릭 → 마우스 아래이동
→ 좌 클릭 → Enter↵

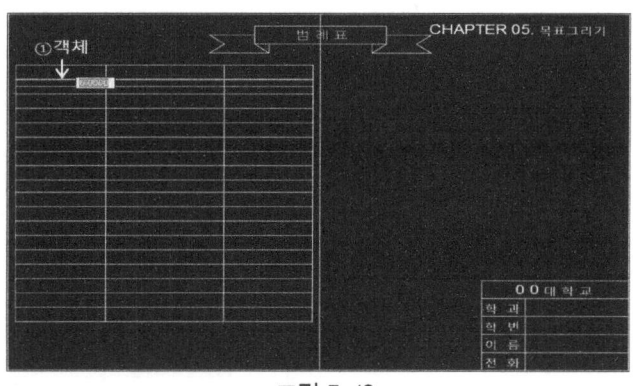
그림 5-12

[그림 5-13]
그림 5-12와 동일한 방법으로 ①객체
와 ②객체를 화살표 방향으로 6만큼
간격띄우기 한다.

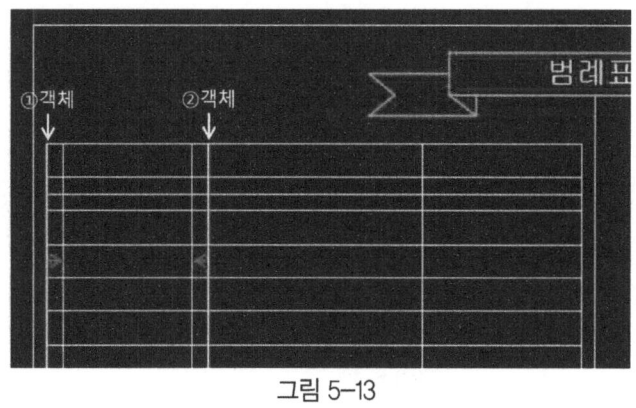
그림 5-13

[그림 5-14]
그림 5-7과 동일한 방법으로 12만큼 간격띄우기 한다.

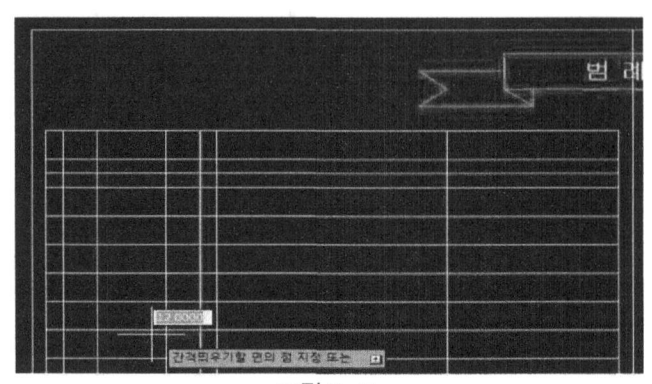
그림 5-14

[그림 5-15]
TRIM(단축명령어 TR)명령어 입력
→ Enter↵ → 그림 5-15와 같이 1에서 2로 드래그 → Enter↵ → 필요없는 객체 좌 클릭 → Enter↵
※ 주의사항 ※
삭제되지 않는 객체는 좌 클릭으로 객체 선택 후 Del 로 삭제한다.

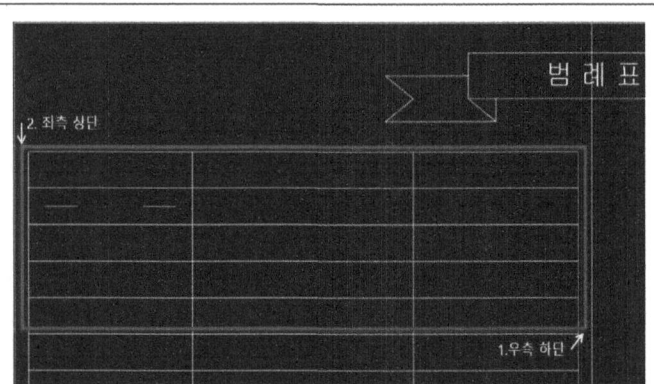
그림 5-15

[그림 5-16]

그림 3-16과 동일한 방법으로 좌 클릭하여 만드시오.
(※ 범례표 문자크기는 7, 나머지 문자크기는 3으로 하시오.)

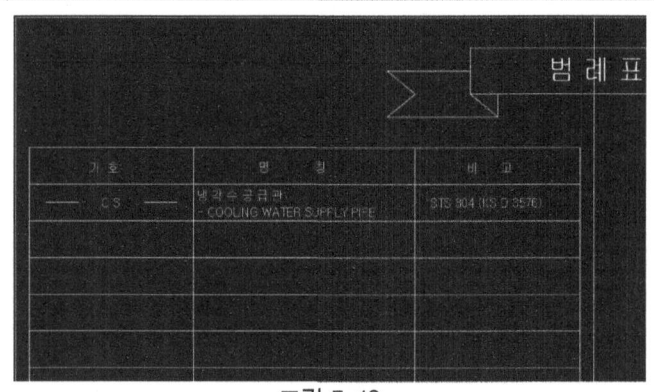
그림 5-16

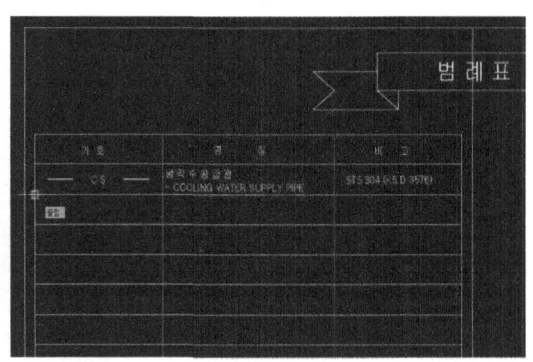
그림 5-17   그림 5-18

CHAPTER 05 · 범례표 설계

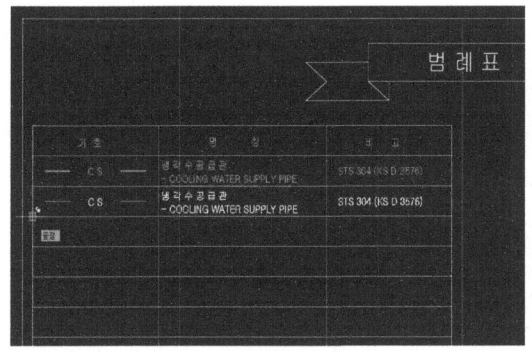

그림 5-19

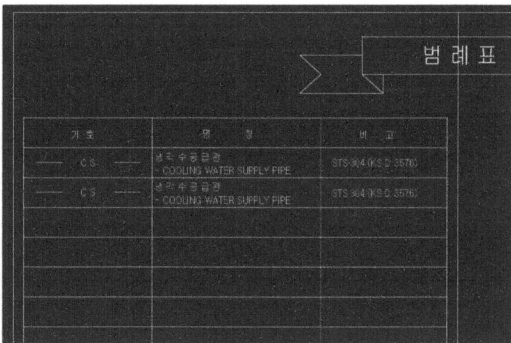

그림 5-20

[그림 5-17~5-20]
COPY(단축명령어 CO) 명령어 입력
→ Enter↵ → 그림 5-17과 같이 1에서 2로 드래그 → Enter↵ → 끝(ㅁ)점 좌 클릭 → 마우스 아래이동
→ 끝(ㅁ)점 좌 클릭 → Enter↵ → 객체 생성

[그림 5-21]
그림 5-17~5-19와 동일한 방법으로 CO명령어를 이용하여 그림 5-21과 같이 만드시오.

COPY 명령어를 실행하고 를 Enter↵ 를 치지 않고 끝 점 좌 클릭을 하면 COPY명령이 반복해서 실행된다.

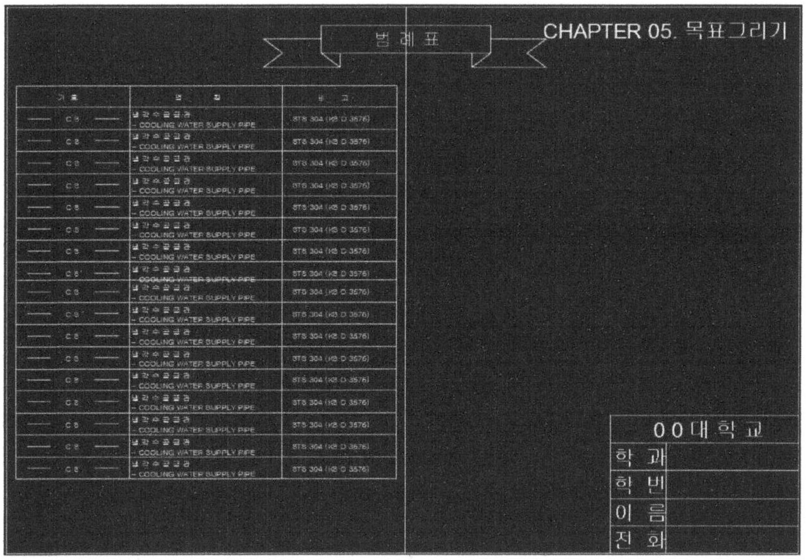

그림 5-21

그림 5-22와 같이 완성하시오.

완성된 도면을 다음의 파일명으로 저장한다.

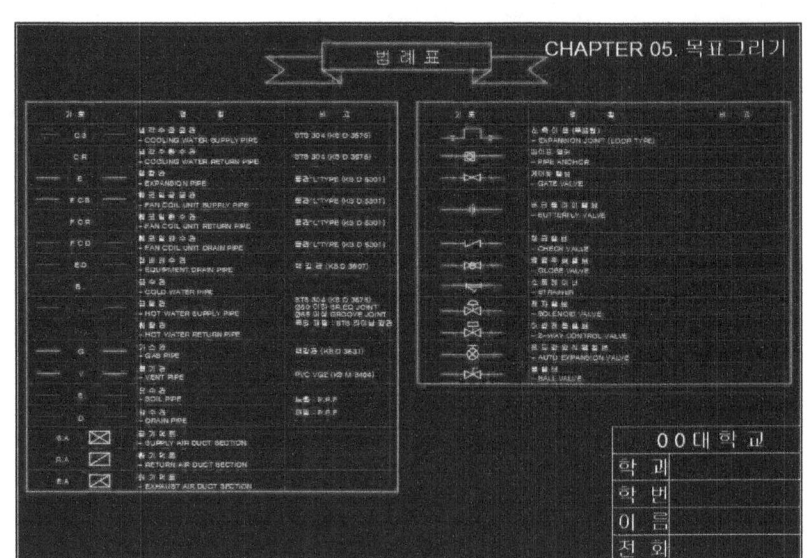

그림 5-22

파일명 : CHAPTER05_학번_홍길동(년/월/일)

CHAPTER 06

공조덕트 흐름도 설계

CHAPTER 06 공조덕트 흐름도 설계

6-1 공조덕트

공기조화기, 냉동기, 냉온수기, 냉각탑, 팬코일유니트 및 부속장비에 의해 건물의 냉난방 및 환기가 되는 송풍관을 공조덕트라고 한다. 평면도는 각실에 설치되는 공조덕트의 세부상황을 나타내며, 덕트의 물량을 산출할 때 사용한다.

6-2 공조덕트 흐름도 설계하기

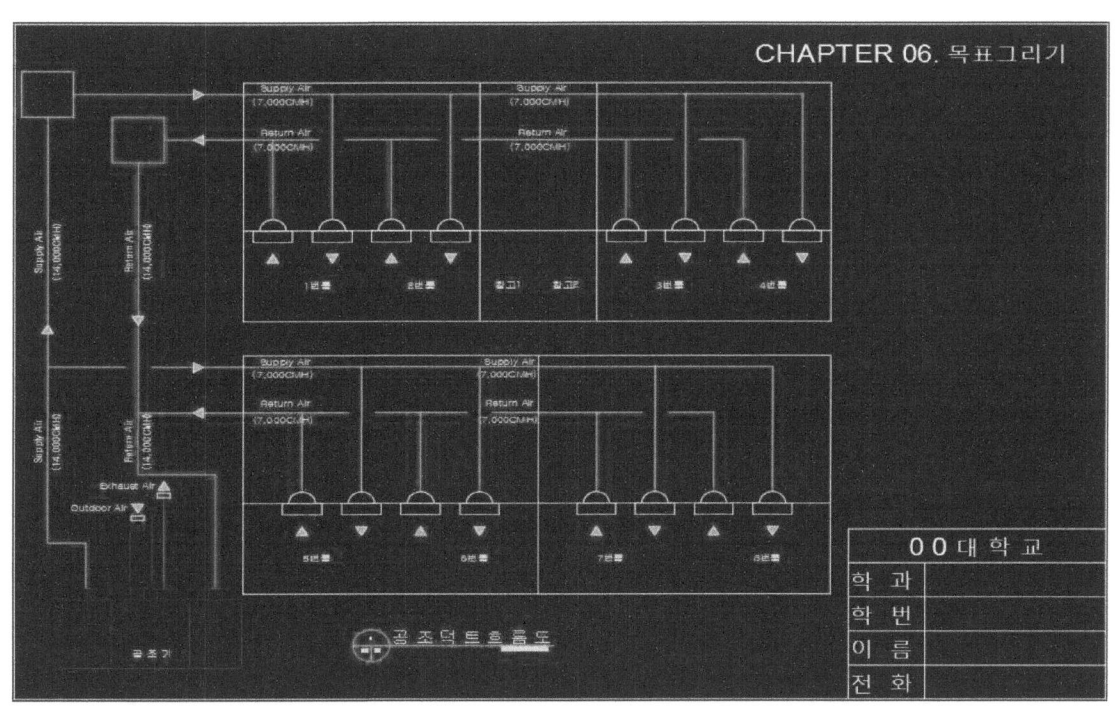

그림 6-1 목표 그리기
(부록 4 참조)

방 법	화 면
[그림 6-2]  좌 클릭 → 임의의 첫 점 좌 클릭 → Shift 2 (70 , 30) 입력 → Enter↵	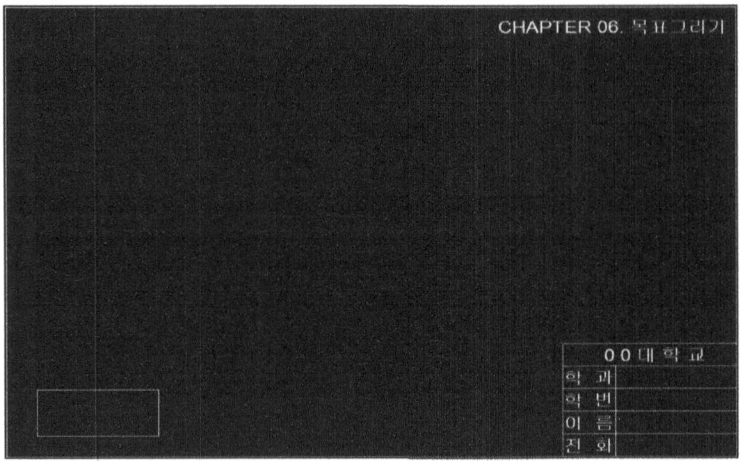 CHAPTER 06. 목표그리기 ○○대학교 학 과 학 번 이 름 전 화 그림 6-2

[그림 6-3]

 좌 클릭

→ 임의의 첫점 좌 클릭
→ Shift 2 (225 , 105) 입력
→ Enter↵

그림 6-3

[그림 6-4]
COPY(단축명령어 CO) 명령어 입력
→ Enter↵ → 그림 6-4와 같이 1에서 2로 드래그 → Enter↵

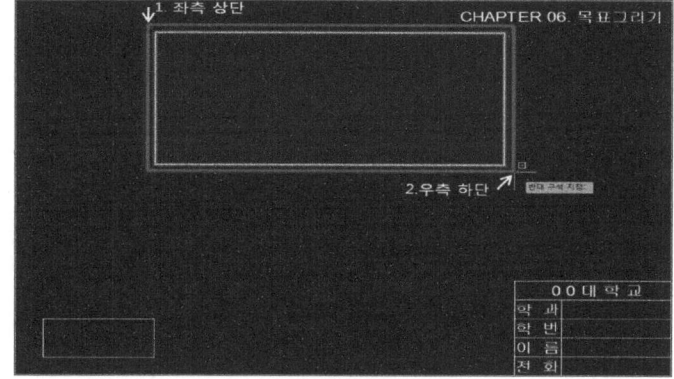
그림 6-4

[그림 6-5]
→ 끝(ㅁ)점 좌 클릭 → 마우스 아래이동 → 120 입력 → Enter↵

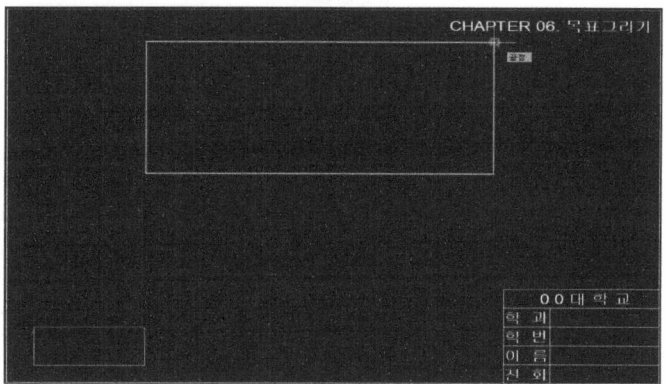
그림 6-5

[그림 6-6]
→ 3개의 직사각형 객체를 분해하기 위하여 EXPLODE(단축명령어 X) 명령어 입력 → Enter↵ → 그림 6-6과 같이 1에서 2로 드래그 → Enter↵

그림 6-6과 같이 되지 않으면 MOVE 명령어를 이용하여 그림 6-6과 같이 만든다.

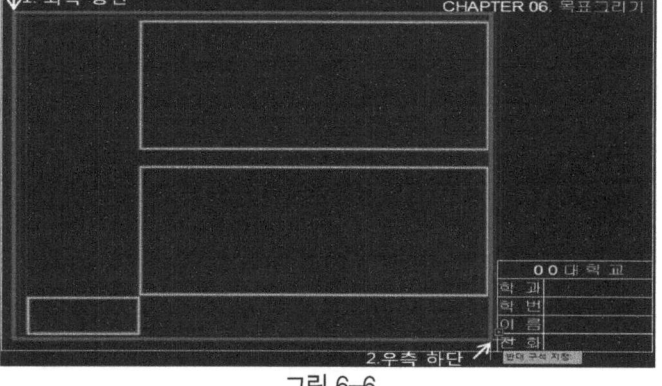
그림 6-6

[그림 6-7]
OFFSET(단축명령어 O) 명령어 입력
→ Enter↵ → 65 입력 → Enter↵
→ ①객체 좌 클릭 → 마우스 아래이동
→ 좌 클릭 → Enter↵

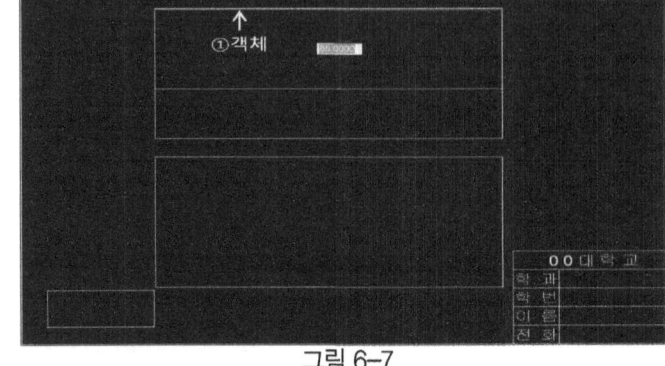
그림 6-7

[그림 6-8]
OFFSET(단축명령어 O) 명령어 입력
→ Enter↵ → 65 입력 → Enter↵
→ ①객체 좌 클릭 → 마우스 아래이동
→ 좌 클릭 → Enter↵

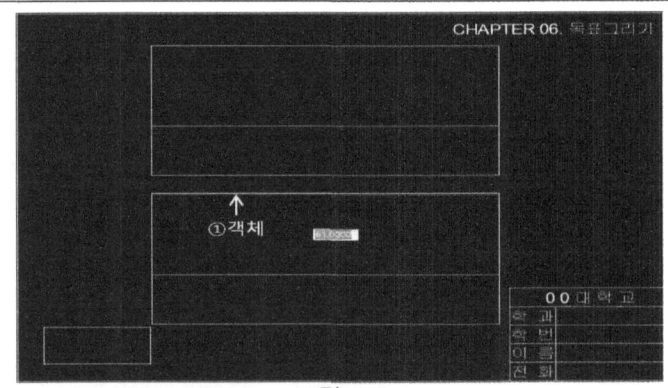
그림 6-8

[그림 6-9]
OFFSET(단축명령어 O) 명령어 입력
→ Enter↵ → 90 입력 → Enter↵
→ ①객체 좌 클릭 → 마우스 우측이동 → 좌 클릭 → Enter↵

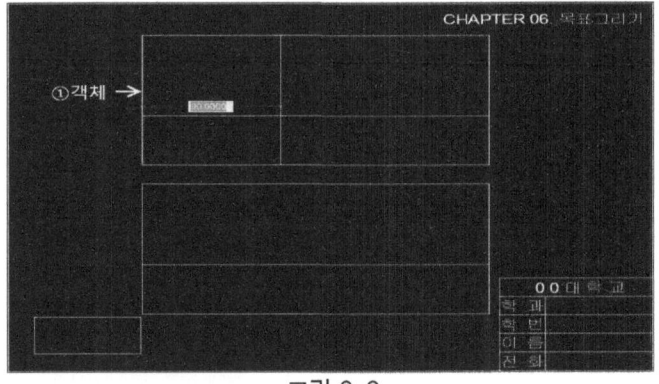
그림 6-9

[그림 6-10]
OFFSET(단축명령어 O) 명령어 입력
→ Enter↵ → 90 입력 → Enter↵
→ ①객체 좌 클릭 → 마우스 좌측이동
→ 좌 클릭 → Enter↵

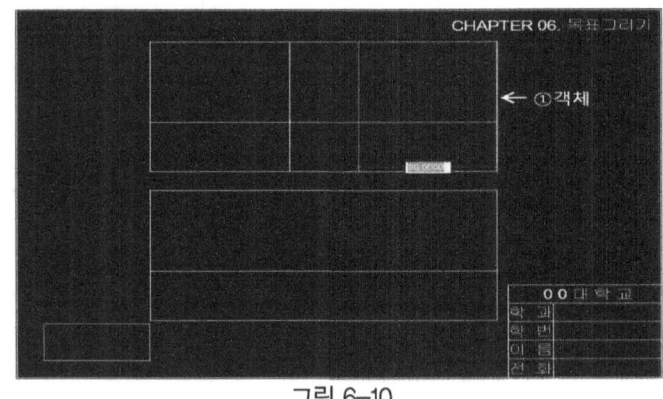
그림 6-10

[그림 6-11]
OFFSET(단축명령어 O) 명령어 입력
→ Enter↵ → 112.5 입력 → Enter↵
→ ①객체 좌 클릭 → 마우스 우측이동
→ 좌 클릭 → Enter↵

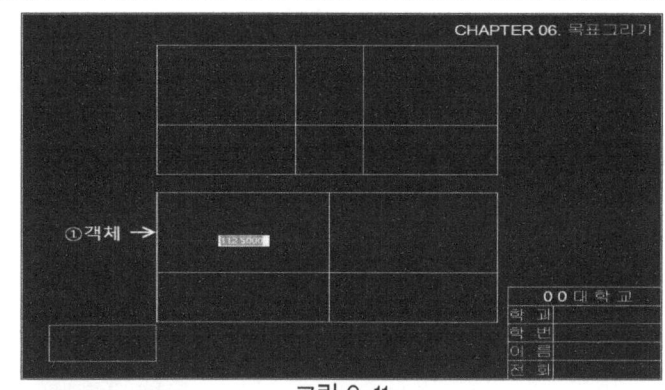
그림 6-11

[그림 6-12]
OFFSET(단축명령어 O) 명령어 입력
→ Enter↵ → 20 입력 → Enter↵
→ ①객체 좌 클릭 → 마우스 우측이동
→ 좌 클릭 → Enter↵

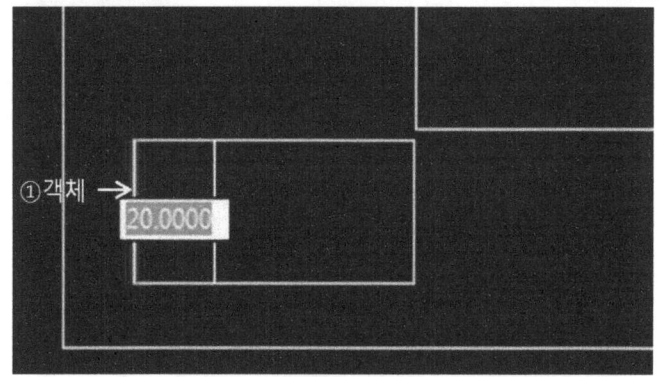
그림 6-12

[그림 6-13]
OFFSET(단축명령어 O) 명령어 입력
→ Enter↵ → 20 입력 → Enter↵
→ ①객체 좌 클릭 → 마우스 좌측이동
→ 좌 클릭 → Enter↵

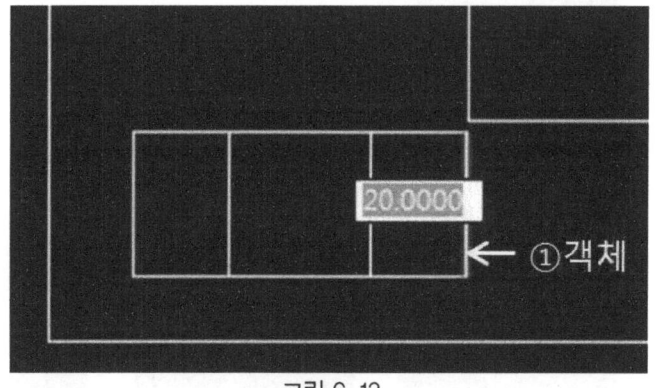
그림 6-13

[그림 6-14]
 좌 클릭
→ 임의의 첫점 좌 클릭
→ Shift 2 (15 `,` 5) 입력
→ Enter↵
(그림 6-14와 같이 하단에 직사각형을 그린다.)

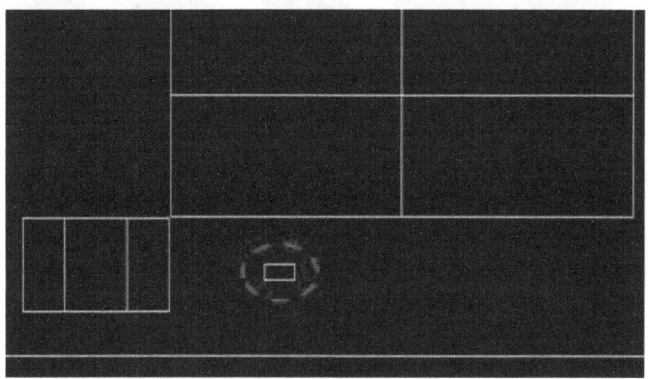
그림 6-14

[그림 6-15~6-16]

 좌 클릭 → 중간점 좌 클릭 → 5 입력 → Enter↵

그림 6-15

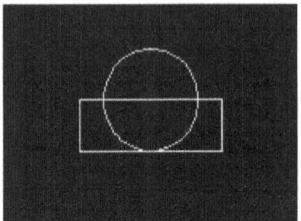
그림 6-16

[그림 6-17]

TRIM(단축명령어 TR) 명령어 입력 → Enter↵ → 그림 6-17과 같이 1에서 2로 드래그 → Enter↵ → 필요 없는 객체 좌 클릭 → Enter↵
(삭제되지 않는 객체는 좌 클릭으로 객체 선택 후 Del 로 삭제한다.)

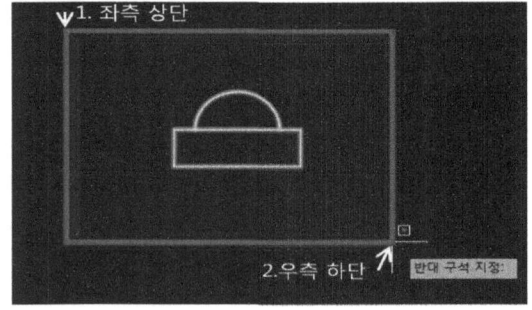
그림 6-17

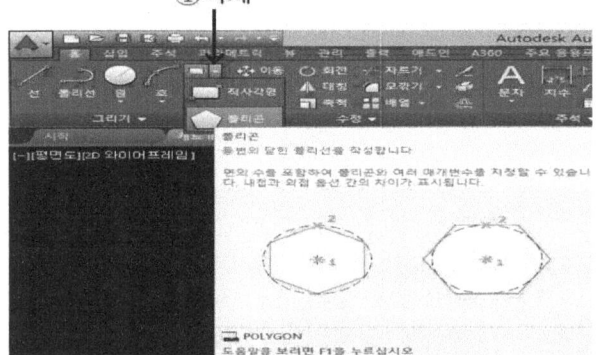
그림 6-18

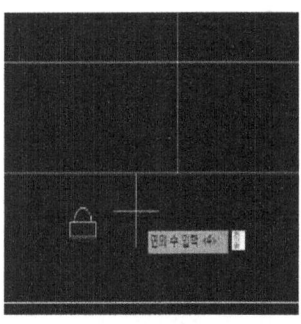
그림 6-19

그림 6-20

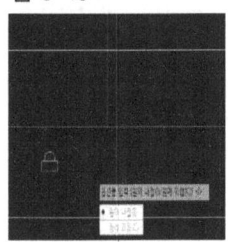
그림 6-21

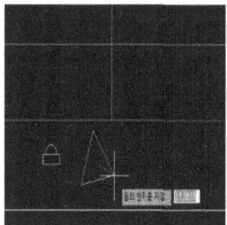
그림 6-22

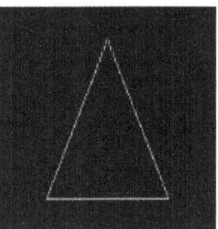
그림 6-23

[그림 6-18]

 폴리곤 좌 클릭

[그림 6-19~6-23]

면의 수 입력 창 생성
→ 3 입력 → Enter↵ → 폴리곤의 중심 지정 창 생성 → 좌 클릭 → 옵션 창 생성 → Enter↵
→ 원의 반지름 지정 창 생성 → 2.5 입력 → Enter↵ → 그림 6-23과 같이 정삼각형이 생성된다.

[그림 6-24]

 좌 클릭

→ 메뉴 상단에 해치작성 창 생성

[그림 6-25]

 좌 클릭 → 마우스를 삼각형 중앙으로 이동 → 좌 클릭

→ 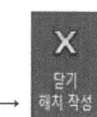 좌 클릭

그림 6-24

그림 6-25

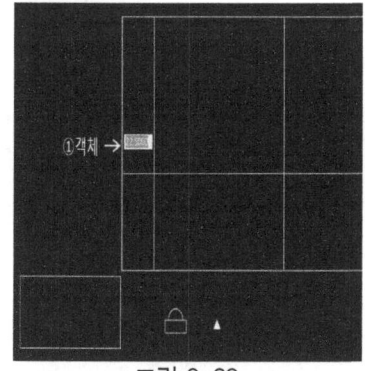

그림 6-26

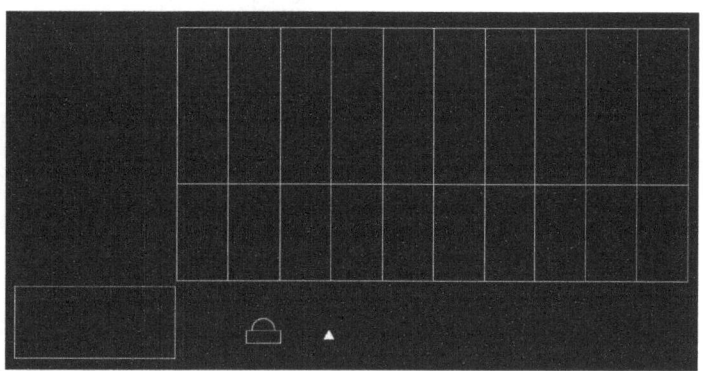

그림 6-27

[그림 6-26~6-27]

OFFSET(단축명령어 O) 명령어 입력

→ [Enter↵] → 22.5 입력 → [Enter↵] → ①객체 좌 클릭 → 마우스 좌측이동 → 좌 클릭 → [Enter↵]

OFFSET을 이용하여 그림 6-27과 같이 만드시오.

그림 6-28

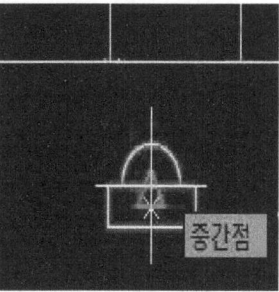

그림 6-29

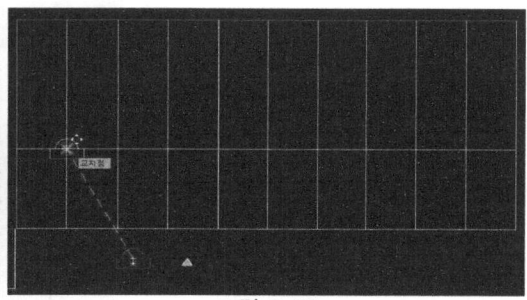

그림 6-30

[그림 6-28~6-30]

MOVE(단축명령어 M) 명령어 입력

→ [Enter↵] → 그림 6-28과 같이 1에서 2로 드래그 → [Enter↵] → 중간점 좌 클릭 → 이동예정 위치로 이동

→ 교차점 좌 클릭

[그림 6-31]
COPY를 이용하여 그림 6-31과 같이 만드시오.

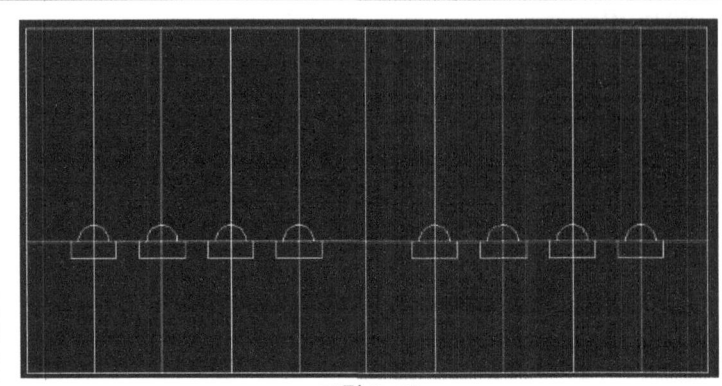

그림 6-31

[그림 6-32]
OFFSET(단축명령어 O) 명령어 입력
→ Enter↵ → 40 입력 → Enter↵
→ ①객체 좌 클릭 → 마우스 위로이동
→ 좌 클릭 → Enter↵

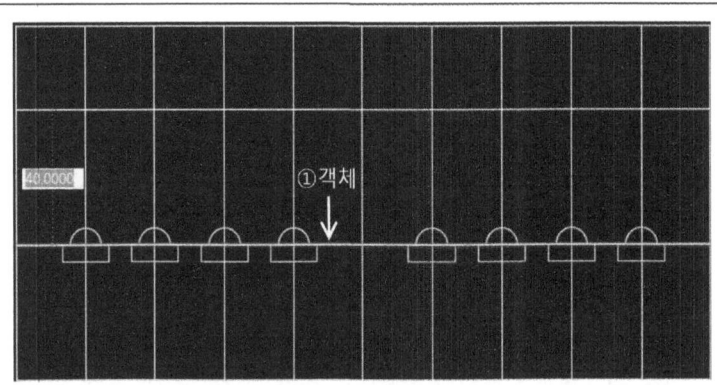

그림 6-32

[그림 6-33]
OFFSET (단축명령어 O) 명령어 입력
→ Enter↵ → 20 입력 → Enter↵
→ ①객체 좌 클릭 → 마우스 위로이동
→ 좌 클릭 → Enter↵

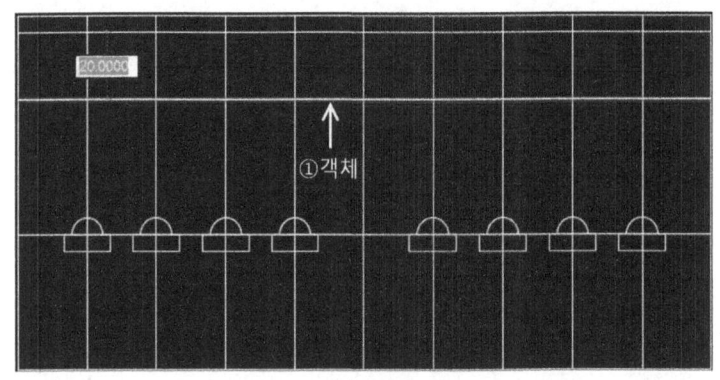

그림 6-33

[그림 6-34]
TRIM(단축명령어 TR) 명령어 입력
→ Enter↵ → 그림 6-34와 같이 1에서 2로 드래그 → Enter↵ → 필요 없는 객체 좌 클릭
(삭제되지 않는 객체는 좌 클릭으로 객체 선택 후 Del 로 삭제한다.)

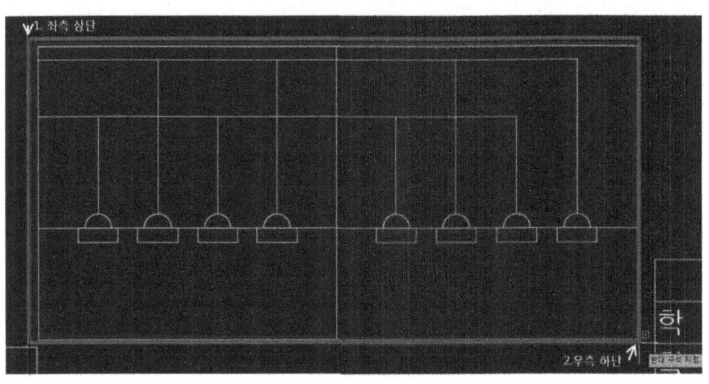

그림 6-34

[그림 6-35]
OFFSET(단축명령어 O) 명령어 입력
→ Enter↵ → 11.25 입력 → Enter↵
→ ①객체 좌 클릭 → 마우스 우측이동
→ 좌 클릭 → Enter↵

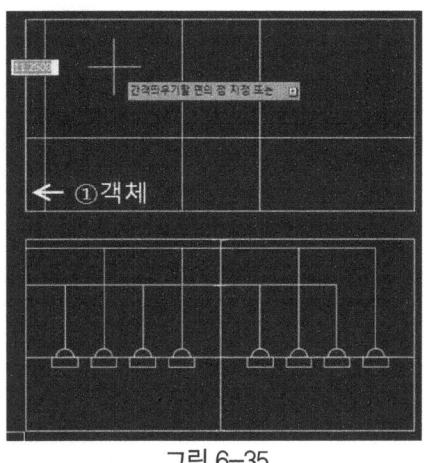

그림 6-35

[그림 6-36~6-37]
OFFSET(단축명령어 O) 명령어 입력
→ Enter↵ → 22.5 입력 → Enter↵
→ ①객체 좌 클릭 → 마우스 우측이
동 → 좌 클릭 → Enter↵
→ OFFSET 22.5로 그림 6-37과 같이
만드시오.

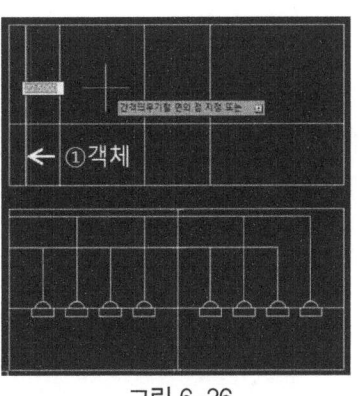 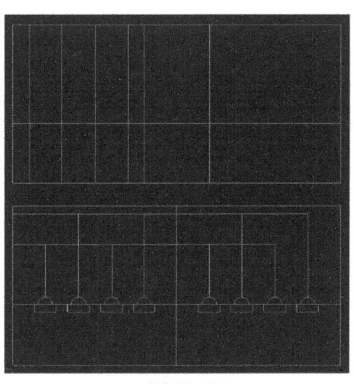

그림 6-36   그림 6-37

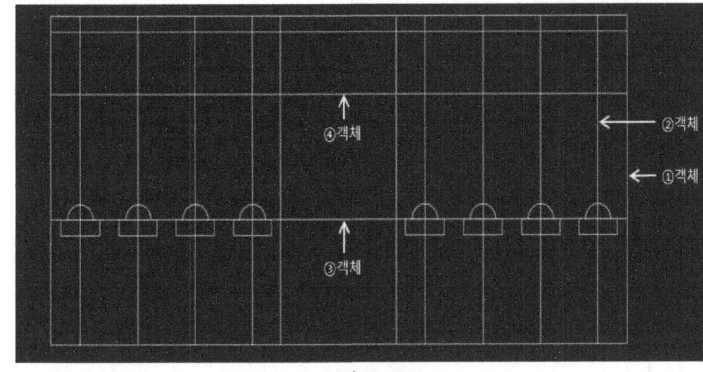 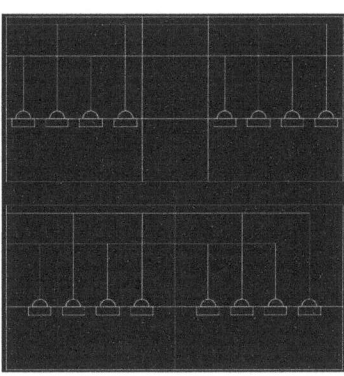

그림 6-38   그림 6-39

[그림 6-38~6-39]
COPY명령어로 도형을 복사하고 OFFSET을 이용하여 ①객체에서 11.5, ②객체에서 22.5, ③객체에서 40 그리고 ④객체에서 20을 입력하여 그림 6-38과 같이 만드시오. → TRIM으로 그림 6-39와 같이 만드시오.

[그림 6-40]
OFFSET(단축명령어 O) 명령어 입력
→ Enter↵ → 5 입력 → Enter↵
→ ①객체 좌 클릭 → 마우스 위로이동
→ 좌 클릭 → Enter↵

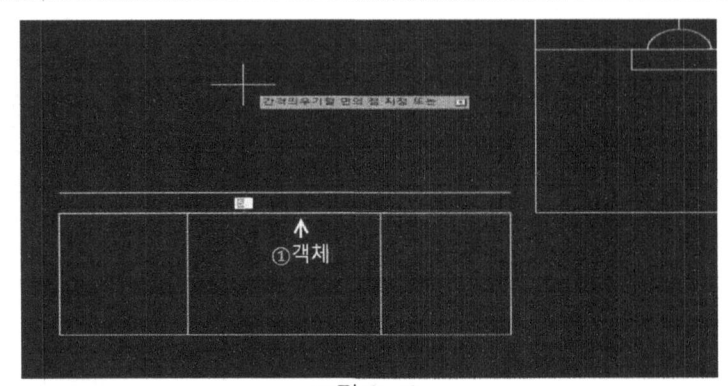

그림 6-40

[그림 6-41]
EXTEND(단축명령어 EX) 명령어 입력
→ Enter↵ → ①객체 좌 클릭

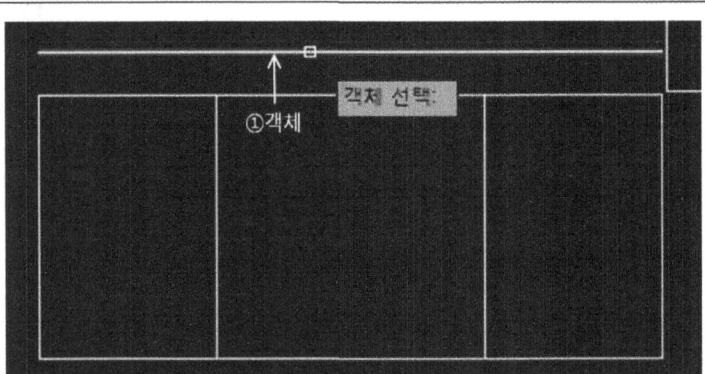

그림 6-41

[그림 6-42]
→ Enter↵ → 그림 6-42와 같이 1에서 2로 드래그

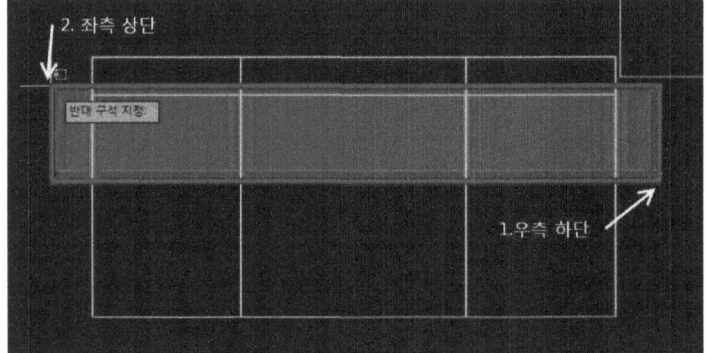

그림 6-42

[그림 6-43]
→ Enter↵

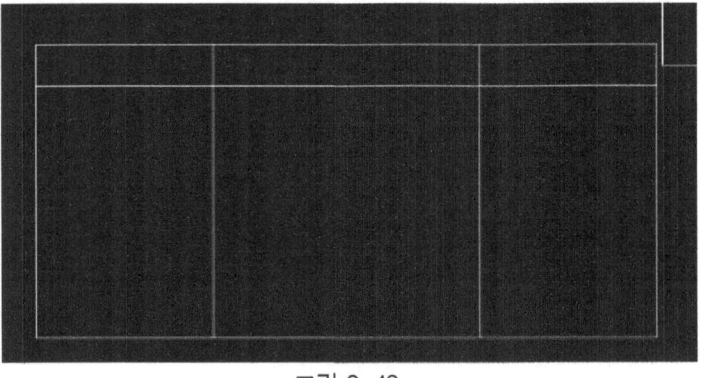

그림 6-43

[그림 6-44]
OFFSET(단축명령어 O) 명령어 입력
→ Enter↵ → 7.5 입력 → Enter↵
→ ①객체 좌 클릭 → 마우스 우측이동
→ 좌 클릭 → Enter↵

그림 6-44

[그림 6-45]
OFFSET(단축명령어 O) 명령어 입력
→ Enter↵ → 7.5 입력 → Enter↵
→ ①객체 좌 클릭 → 마우스 좌측이동
→ 좌 클릭 → Enter↵

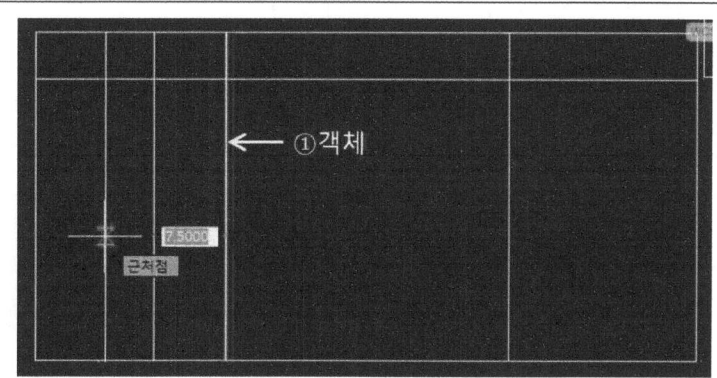

그림 6-45

[그림 6-46]
OFFSET(단축명령어 O) 명령어 입력
→ Enter↵ → 7.5 입력 → Enter↵
→ ①객체 좌 클릭 → 마우스 우측이동
→ 좌 클릭 → Enter↵

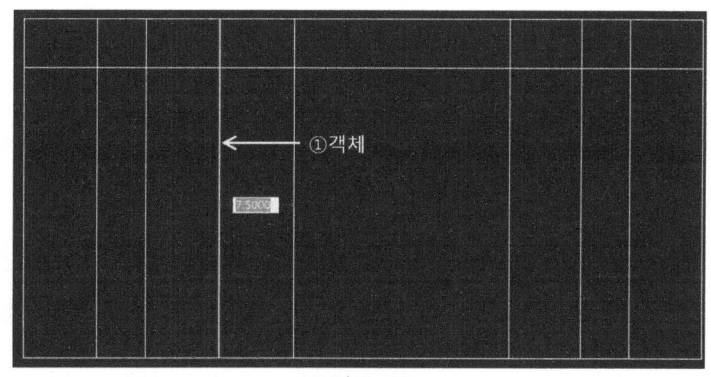

그림 6-46

[그림 6-47]
OFFSET으로 그림 6-46과 대칭이
되도록 그림 6-47과 같이 만드시오.

그림 6-47

[그림 6-48]
OFFSET(단축명령어 O) 명령어 입력 → Enter↵ → 5 입력 → 화살표로 가리키는 세로선을 좌 클릭하여 만든다. → Enter↵

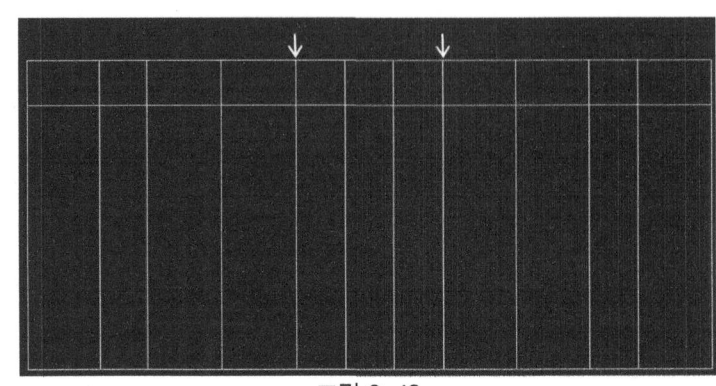
그림 6-48

[그림 6-49]
OFFSET(단축명령어 O) 명령어 입력 → Enter↵ → 2 입력 → 화살표로 가리키는 세로선을 좌 클릭 하여 만든다. → Enter↵

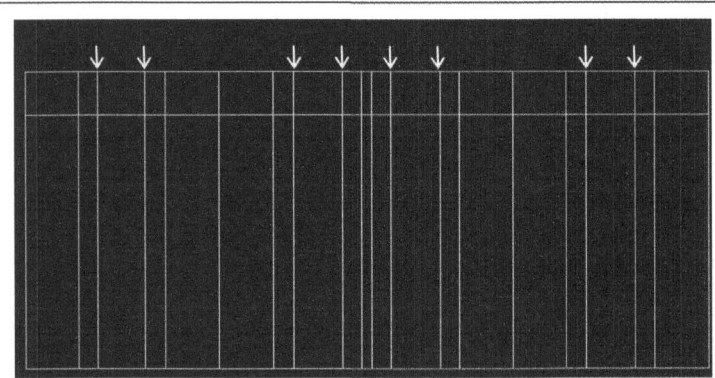
그림 6-49

[그림 6-50]
TRIM(단축명령어 TR) 명령어 입력 → Enter↵ → 그림 6-50과 같이 1에서 2로 드래그 → Enter↵ → 필요없는 객체 좌 클릭 → Enter↵

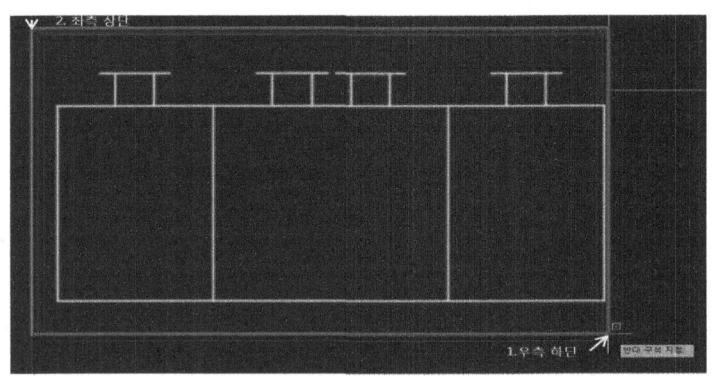
그림 6-50

[그림 6-51]
EXTEND(단축명령어 EX) 명령어 입력
→ Enter↵ → ①객체 좌 클릭
→ Enter↵ → ②객체 좌 클릭
→ ③객체 좌 클릭 → ④객체 좌 클릭
→ ⑤객체 좌 클릭 → Enter↵

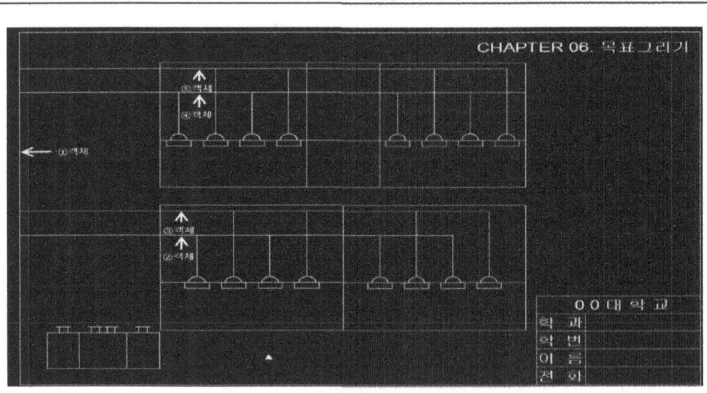
그림 6-51

[그림 6-52]
OFFSET(단축명령어 O) 명령어 입력
→ Enter↵ → 80 입력 → Enter↵
→ ①객체 좌 클릭 → 마우스 아래이동
→ 좌 클릭 → Enter↵

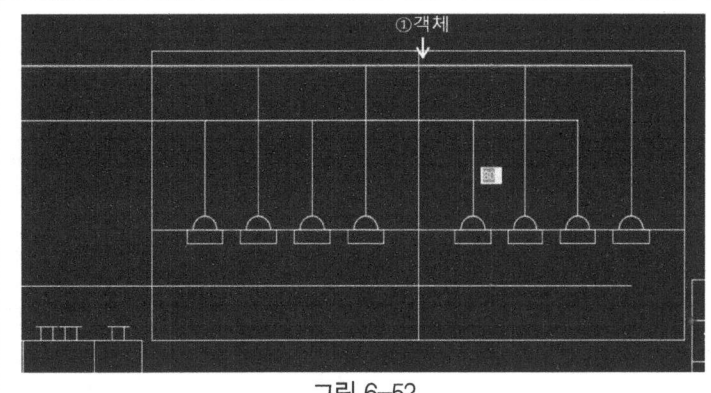
그림 6-52

[그림 6-53~6-55]

 좌 클릭 → 중간점 좌 클릭
→ 마우스 위로 이동 → 230 입력
→ Enter↵

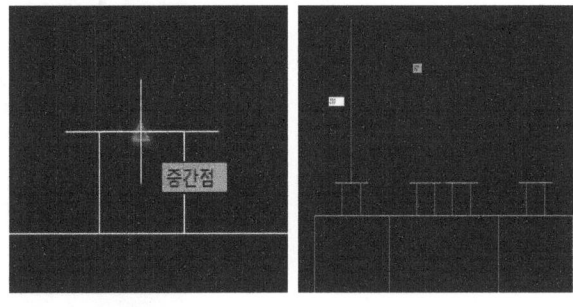
그림 6-53   그림 6-54

그림 6-53과 6-54와 동일한 방법으로
그림 6-55와 같이 만드시오.

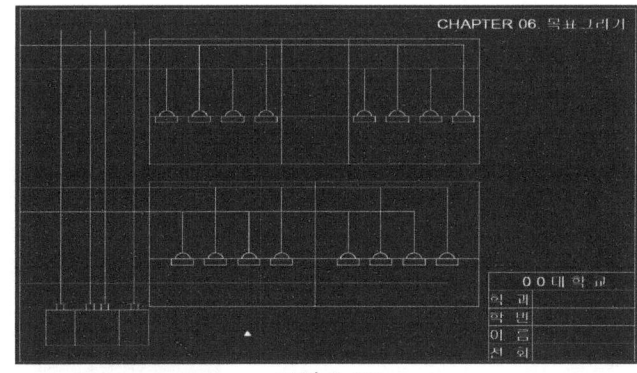
그림 6-55

[그림 6-56]
OFFSET(단축명령어 O) 명령어 입력
→ Enter↵ → 15 입력 → Enter↵
→ ①객체 좌 클릭 → 마우스 좌측이동
→ 좌 클릭 → Enter↵

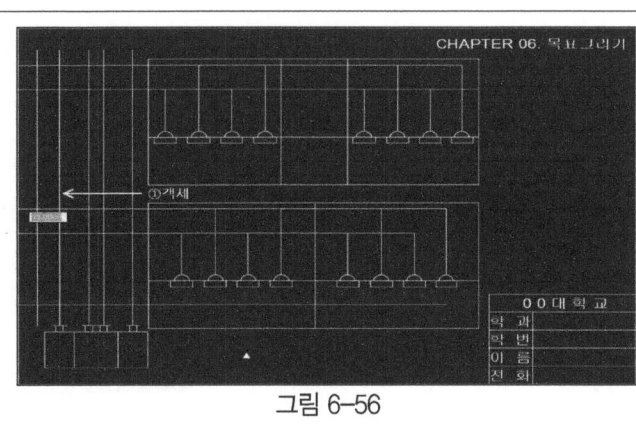
그림 6-56

[그림 6-57]
OFFSET(단축명령어 O) 명령어 입력
→ Enter↵ → 10 입력 → Enter↵
→ ①객체 좌 클릭 → 마우스 위로이동
→ 좌 클릭 → Enter↵

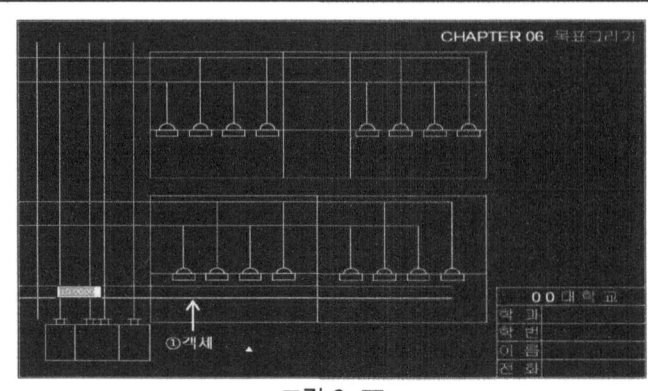
그림 6-57

[그림 6-58]
그림 6-57과 동일한 방법으로
10만큼 위로 간격띄우기 2번 한다.

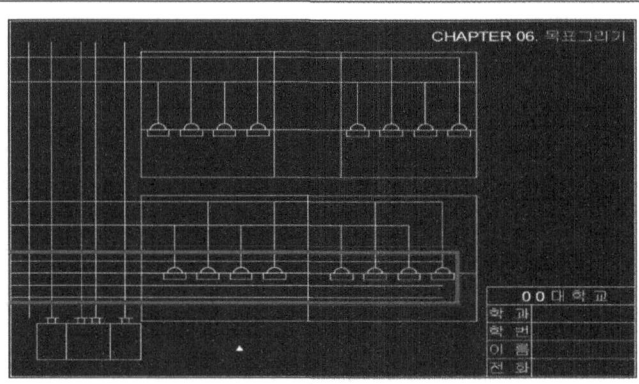
그림 6-58

[그림 6-59]
TRIM(단축명령어 TR) 명령어 입력
→ Enter↵ → 객체 드래그 전체좌클릭
→ Enter↵ → 필요없는 객체 좌 클릭
→ Enter↵
(삭제되지 않는 객체는 좌 클릭으로 객체 선택 후 Del 로 삭제한다.)

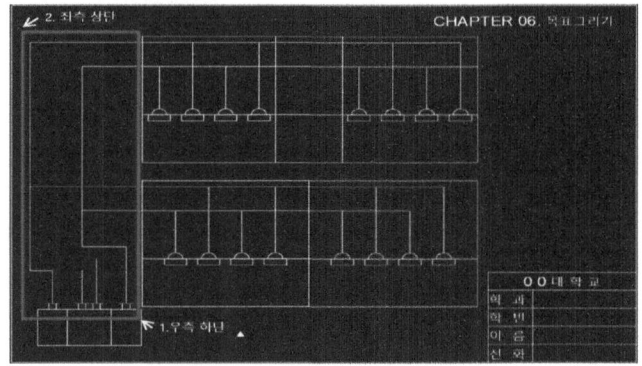
그림 6-59

[그림 6-60]
 좌 클릭 → 임의의 첫 점 좌 클릭 → Shift 2 (20 , 20) 입력 → Enter↵
도면 빈 공간 하단에 정사각형을 만들어 준다.

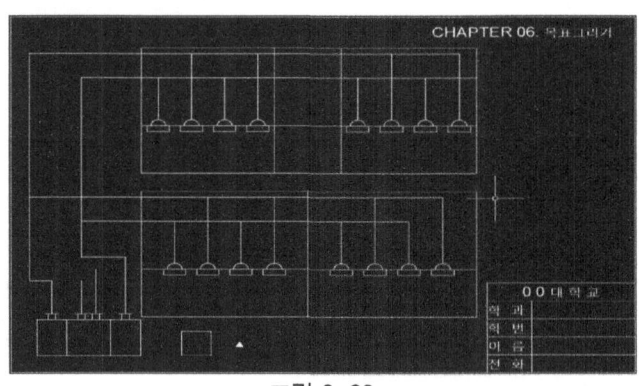
그림 6-60

[그림 6-61]
 좌 클릭 → 좌 클릭 → 좌 클릭 → Enter↵

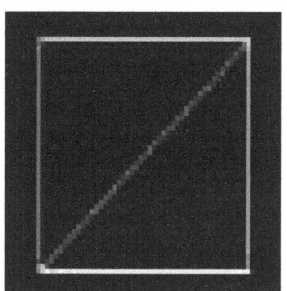
그림 6-61

[그림 6-62]
MOVE(단축명령어 M) 명령어 입력 → Enter↵ → 객체 드래그 전체 좌 클릭 → Enter↵

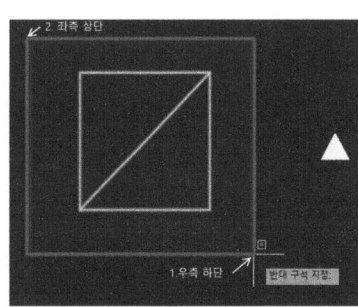
그림 6-62 　　　　그림 6-63

[그림 6-63]
→ 중간점 좌 클릭

[그림 6-64]
→ 목표지점 위치로 이동
→ 끝점 좌 클릭

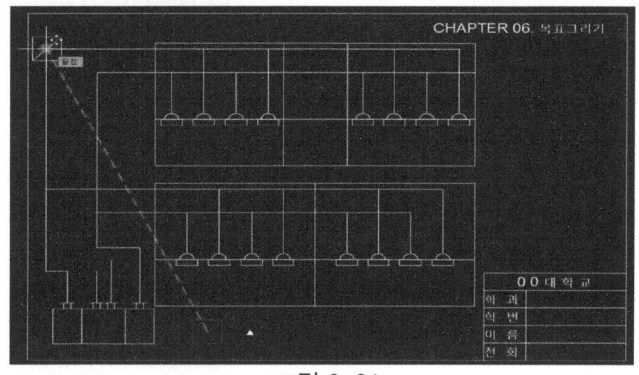
그림 6-64

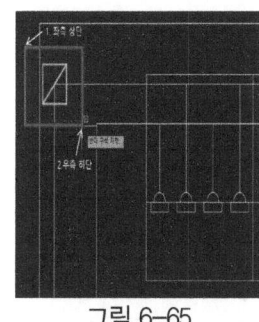 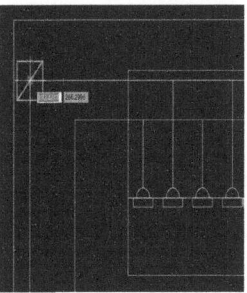 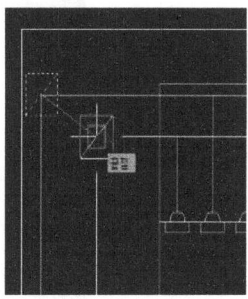 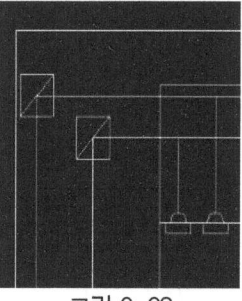
　그림 6-65　　　　그림 6-66　　　　그림 6-67　　　　그림 6-68

[그림 6-65~6-68]
COPY(단축명령어 CO) 명령어 입력
→ Enter↵ → 그림 6-65와 같이 1에서 2로 드래그 → Enter↵ → 끝(ㅁ)점 좌 클릭 → 마우스 대각선으로 이동 → 끝(ㅁ)점 좌 클릭 → Enter↵ → 객체 생성

[그림 6-69]

좌 클릭 → 교차점 좌 클릭

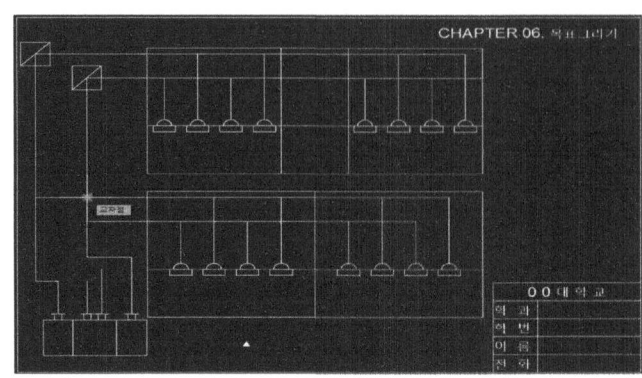
그림 6-69

[그림 6-70]
→ 5 입력 → Enter↵

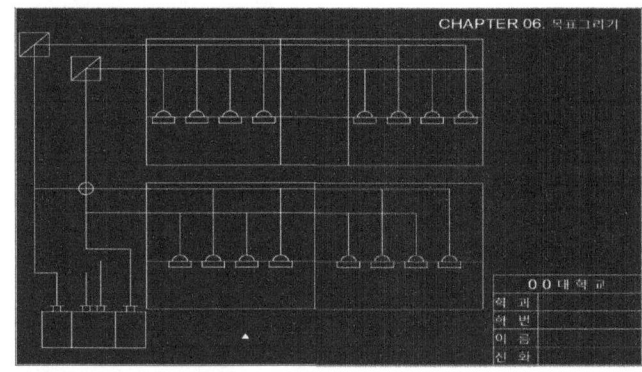
그림 6-70

[그림 6-71]
그림 6-70과 동일한 방법으로 그림 6-71과 같이 만드시오.

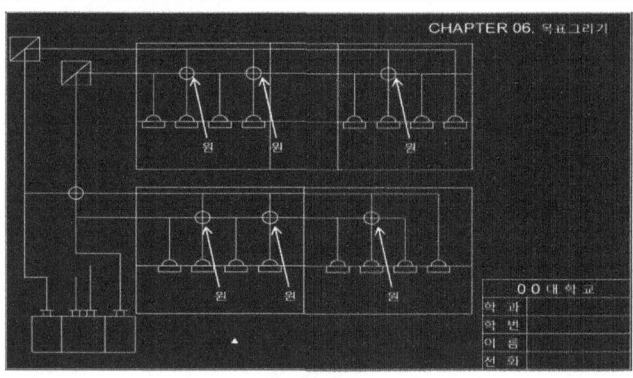
그림 6-71

[그림 6-72]
TRIM(단축명령어 TR) 명령어 입력
→ Enter↵ → 그림 6-72와 같이 1에서 2로 드래그 → Enter↵ → 필요없는 객체 좌 클릭 → Enter↵
(삭제되지 않는 객체는 좌 클릭으로 객체 선택 후 Del 로 삭제한다.)

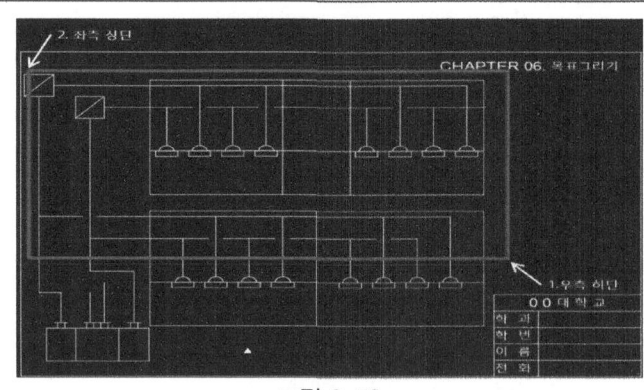
그림 6-72

[그림 6-73]

 좌 클릭

→ 임의의 첫점 좌 클릭

→ Shift 2 (5 ˚, 2) 입력 → Enter↵

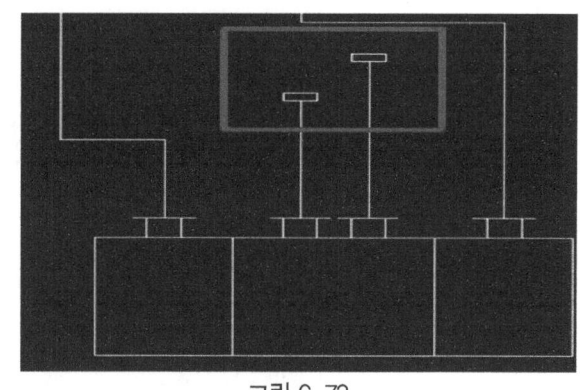
그림 6-73

※ 그림 6-73과 같이 중앙 상단에 직사각형을 만들어 준다.

[그림 6-74]

그림 6-23에서 만들었던 세모 객체를 사용하여 그림 6-74와 같이 넣어준다.

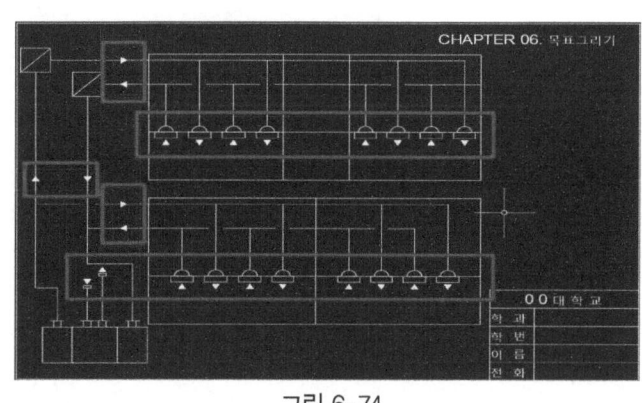
그림 6-74

역삼각형으로 만들고 싶으면 ROTATE(RO)명령어를 이용하여 역삼각형으로 만들어준다.

[그림 6-75]

 좌 클릭 → 시작점 좌 클릭

→ 끝점 좌 클릭 → 문자 입력

→ 문자 드래그 좌 클릭

 → 3 입력

 좌 클릭

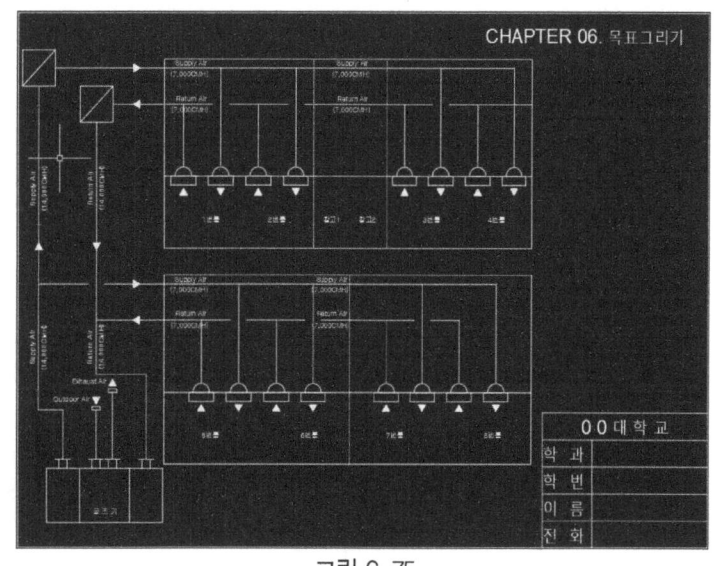
그림 6-75

그림 6-75와 같이 문자를 넣어준다.

[그림 6-76]

 좌 클릭
→ 좌 클릭 → 7 입력
→ Enter↵

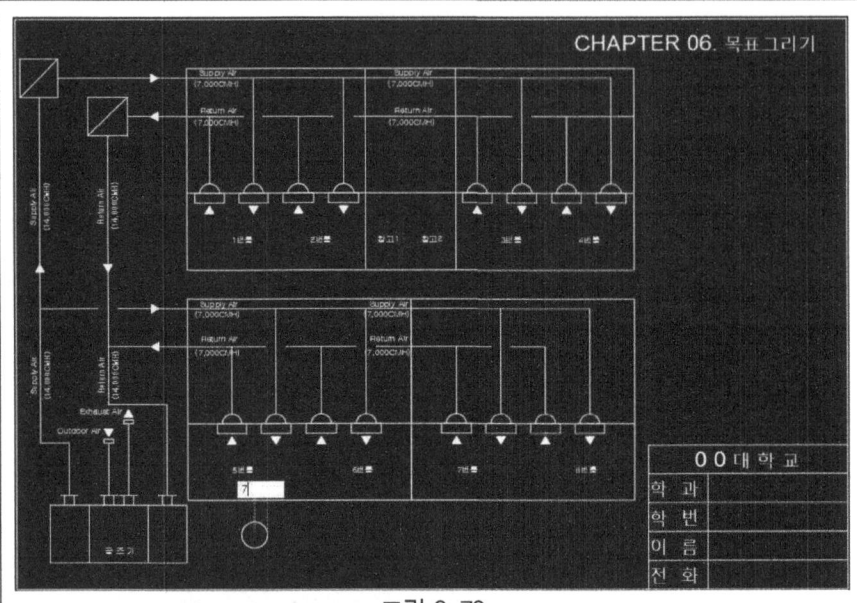

그림 6-76

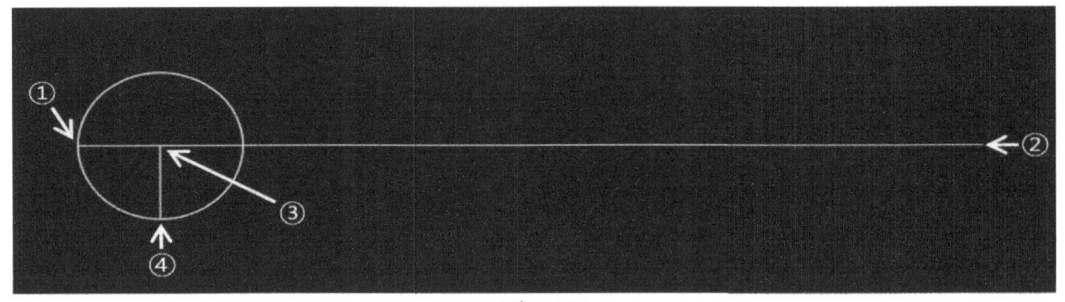

그림 6-77

[그림 6-77]

 좌 클릭 →  좌 클릭 →  좌 클릭 → F3 (켜기)
→ ①,②,③ 그리고 ④ 좌 클릭 → Enter↵

[그림 6-78]

좌 클릭하여 그림 6-78과 같이 만드시오.

제목 문자크기는 5 나머지 문자는 1.75로 하시오.

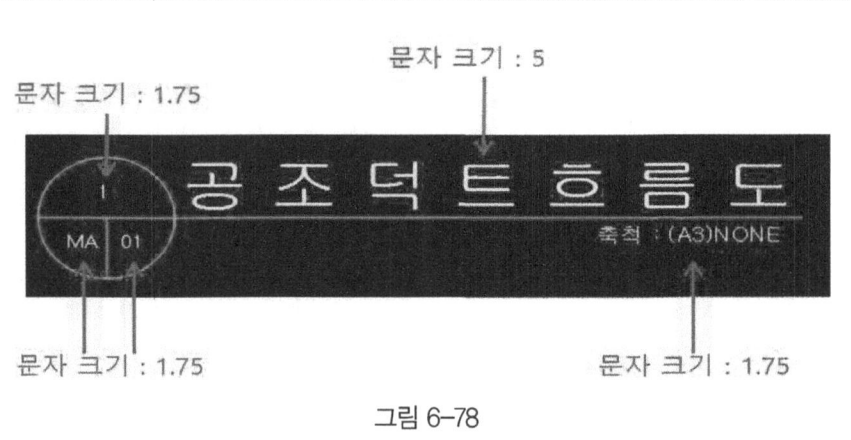

그림 6-78

그림 6-79와 같이 완성하시오. 완성된 도면을 다음의 파일명으로 저장한다.

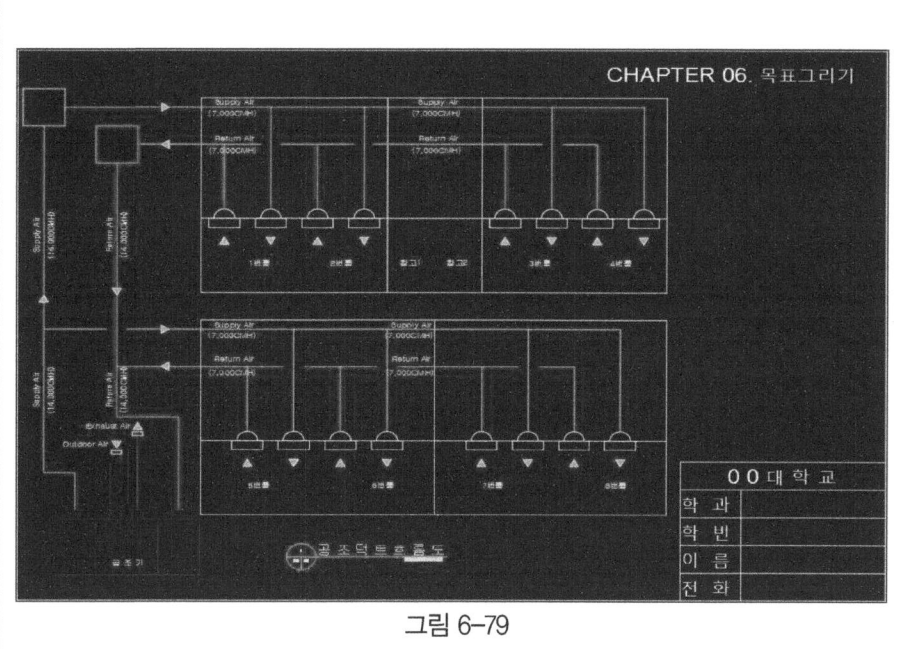

그림 6-79

파일명 : CHAPTER06_학번_홍길동(년/월/일)

CHAPTER 07

공조덕트 평면도 설계

공조덕트 평면도 설계

7-1 공조덕트

공기조화기, 냉동기, 냉온수기, 냉각탑, 팬코일유니트 및 부속장비에 의해 건물의 냉난방 및 환기가 되는 송풍관을 공조덕트라고 한다. 평면도는 각 실에 설치되는 공조덕트의 세부상황을 나타내며, 덕트의 물량을 산출할 때 사용한다.

7-2 공조덕트 평면도 설계하기

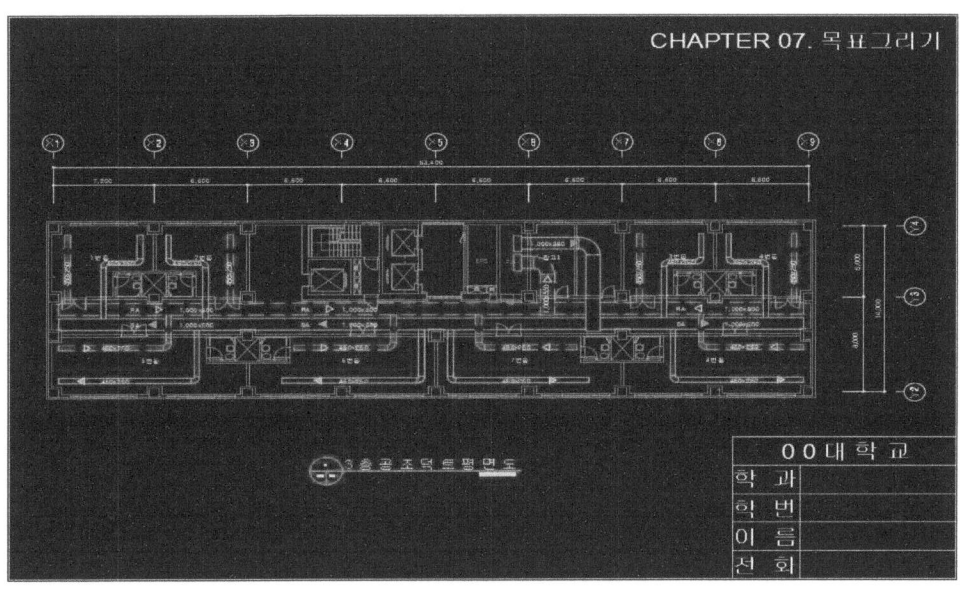

그림 7-1 목표 그리기
(부록 5 참조)

방 법	화 면
[그림 7-2] 그림 7-2의 도면을 불러온다.→ LTS 입력 → Enter↵ → 80 입력 → Enter↵	그림 7-2
[그림 7-3] 그림 7-3과 같이 불러온 건축도면(건축)을 잠그시오. (ROOM)도 잠그시오.	그림 7-3

CHAPTER 07 · 공조덕트 평면도 설계

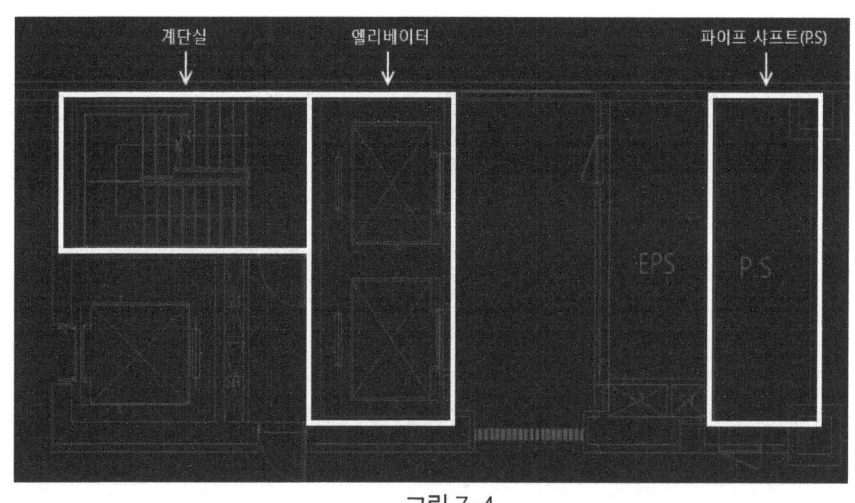

[그림 7-4]
공조덕트 평면도는 배관이나 덕트를 설치하는 파이프 샤프트(P.S)에서 시작된다.

그림 7-4

※ 일반적으로 파이프 샤프트(P.S)는 엘리베이터나 계단 옆에 위치한다.

[그림 7-5]

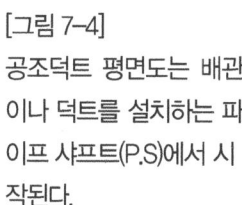 좌 클릭 → P.S 범위 안에서 임의의 첫점 좌 클릭 → [Shift] 2 (550 ˙ 1400) 입력 → [Enter↵] → [F3](객체스냅 ON) 입력 → M 입력 → [Enter↵] → 사각형 좌 클릭 → [Enter↵] → 사각형 좌측 상부 모서리 좌 클릭 → 마우스 위로이동 → 직교문자 생성 시 좌 클릭 (직교문자가 생성이 안 될 경우 객체스냅 설정에서 ┗ ☑직교(P) 를 체크한다.) → M 입력 → [Enter↵] → 사각형 좌 클릭 → [Enter↵] → 사각형 좌측 상부 모서리 좌 클릭 → 마우스 아래이동 → 950 입력 → [Enter↵] → M 입력 → [Enter↵] → 사각형 좌 클릭 → [Enter↵] → 사각형 우측 상부 모서리 좌 클릭 → 마우스 우측이동 → 직교문자 생성 시 좌 클릭 → M 입력 → [Enter↵] → 사각형 좌 클릭 → [Enter↵] → 사각형 좌 클릭 → 마우스 좌측이동 → 450 입력 → [Enter↵]

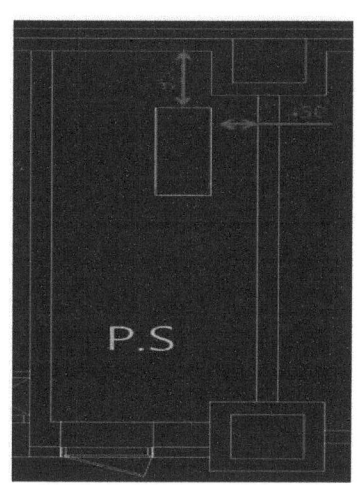

그림 7-5

[그림 7-6]
그림 7-5에서 그린 사각형과 200과 450만큼 떨어진 위치에 사각형을 하나 더 그리시오.
CO 입력 → [Enter↵] → 사각형 좌 클릭 → [Enter↵] → 사각형 좌 클릭 → 마우스 아래이동 → 1600 입력 → [Enter↵] → [Enter↵]

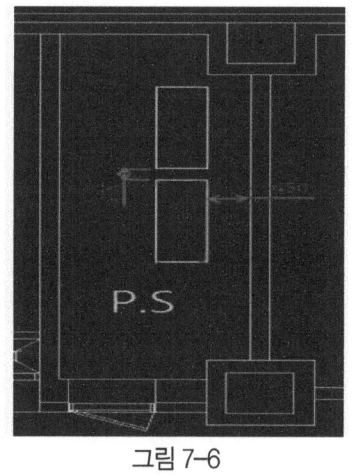

그림 7-6

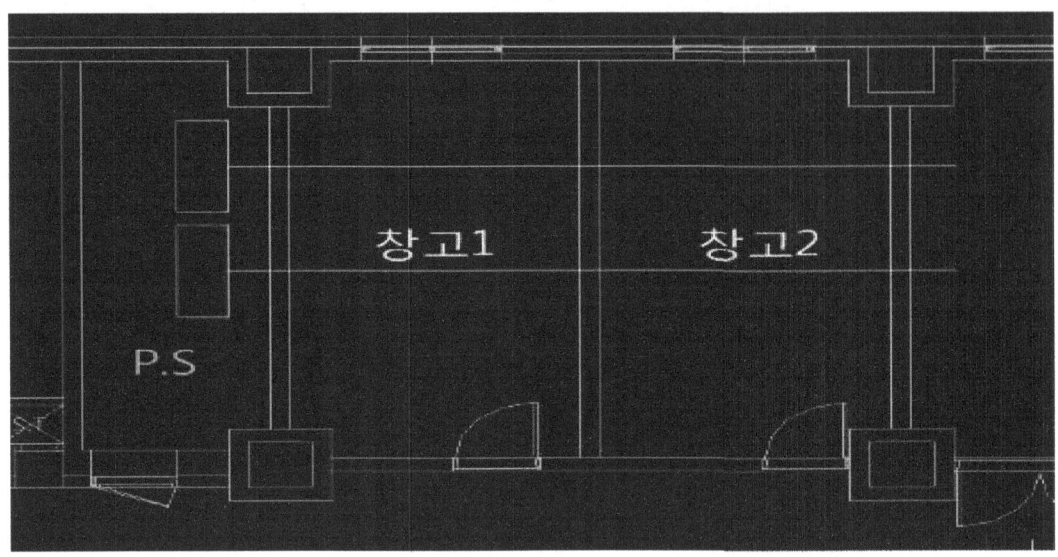

그림 7-7

[그림 7-7]
그림 7-7과 같이 두 개의 가로선을 만드시오.

 좌 클릭 → 위에 있는 사각형 중간점에서 좌 클릭 → 마우스 우측이동 → 8000 입력 → [Enter↵]
→ [Enter↵] → [Enter↵] → 아래에 있는 사각형 중간점에서 좌 클릭 → 마우스 우측이동 → 8000 입력 → [Enter↵]
→ [Enter↵]

[그림 7-8~7-9]

 좌 클릭 → [F3] (객체스냅 OFF) 입력 → 창고1 문자 아래있는 가로선 지점에서 좌 클릭 → 마우스 아래이동 → 5800 입력 → [Enter↵] - [Enter↵] - [F3] (객체스냅 ON) 입력 → M 입력 → [Enter↵] → 세로선 좌 클릭 → [Enter↵] → 세로선 중간점 좌 클릭 → 마우스 좌측이동 → 기둥 우측모서리 끝점 좌 클릭 → M 입력 → [Enter↵] → 세로선 좌 클릭 → → 세로선 중간점 좌 클릭 → 마우스 우측이동 → 900 입력 → [Enter↵] → CO 입력 → [Enter↵] → 세로선 좌 클릭 → [Enter↵] → 세로선 좌 클릭 → 마우스 우측이동 → 3200 입력 → [Enter↵] → [Enter↵]

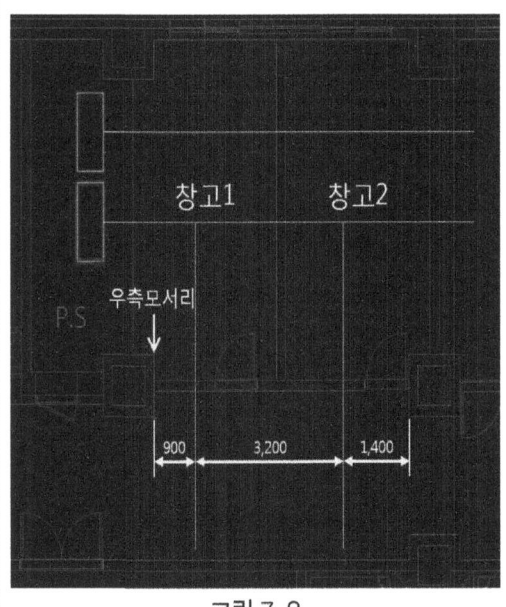

그림 7-8

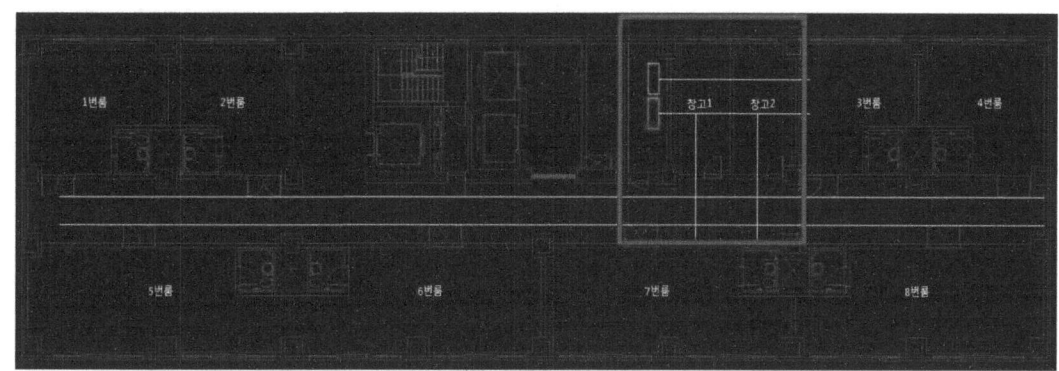

그림 7-9

[그림 7-10]

선 좌 클릭 → 1번룸 문 앞 지점에서 좌 클릭 → 마우스 우측이동 → 52000 입력 → Enter↵ → Enter↵ → M 입력 → Enter↵ → 가로선 좌 클릭 → Enter↵ → 가로선 좌 클릭 → 마우스 위로이동 → 기둥모서리 끝점 좌 클릭 → M 입력 → Enter↵ → 가로선 좌 클릭 → Enter↵ → 가로선 좌 클릭 → 마우스 아래이동 → 400 입력 → Enter↵ → CO 입력 → Enter↵ → 가로선 좌 클릭 → Enter↵ → 가로선 좌 클릭 → 마우스 아래이동 → 1300 입력 → Enter↵ → Enter↵

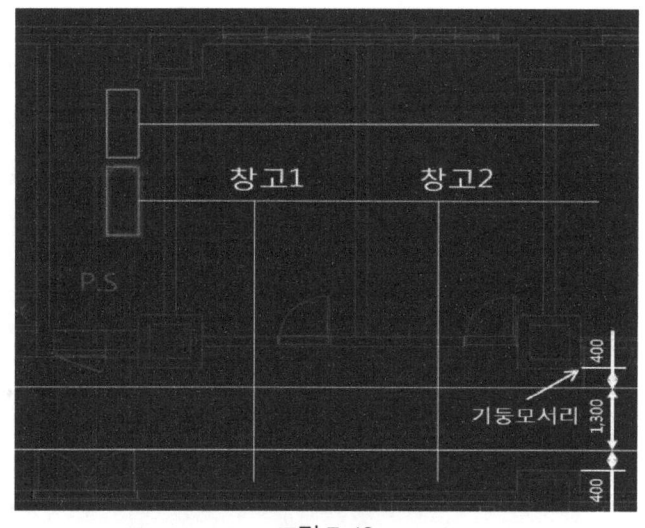

그림 7-10

[그림 7-11]

OFFSET(단축명령어 O) 명령어 입력 → Enter↵ → 500 입력 → Enter↵ → ①객체 좌 클릭 → 마우스 위로이동 → 좌 클릭 → ①객체 좌 클릭 → 마우스 아래이동 → 좌 클릭 → Enter↵

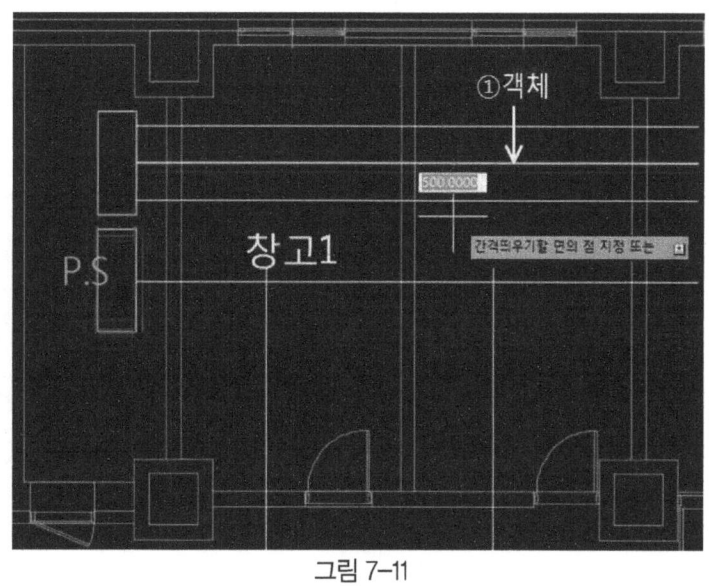

그림 7-11

[그림 7-12]
OFFSET 500으로 그림 7-12와 동일하게 만드시오.

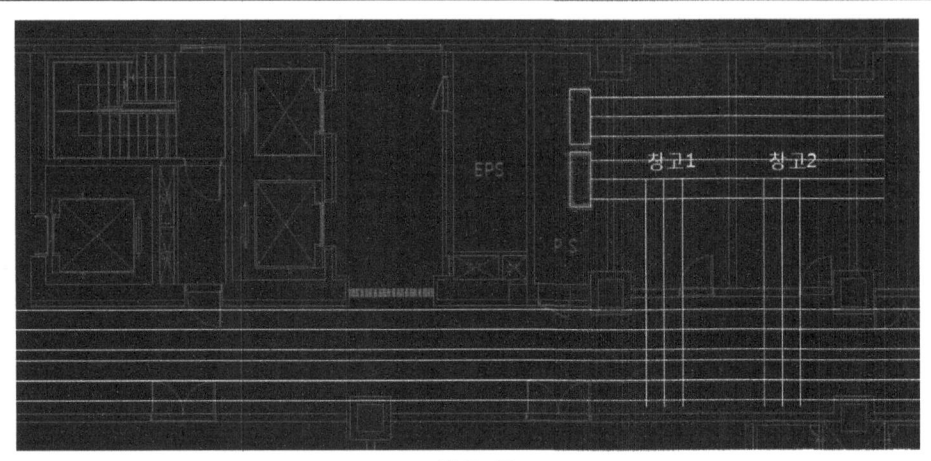

그림 7-12

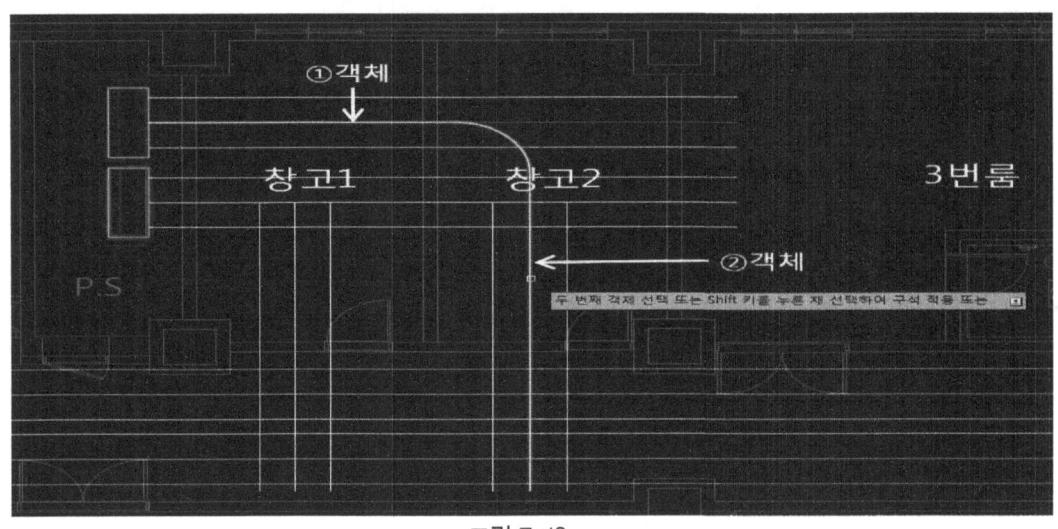

그림 7-13

[그림 7-13]

모깎기 ▼ 좌 클릭 → R 입력 → Enter↵ (※ 모깎기 반지름 지정 문구 생성) → 1000 입력 → Enter↵
→ ①객체 좌 클릭 → ②객체 좌 클릭

[그림 7-14]
모깎기 1000으로 그림 7-14와 같이 그리시오.

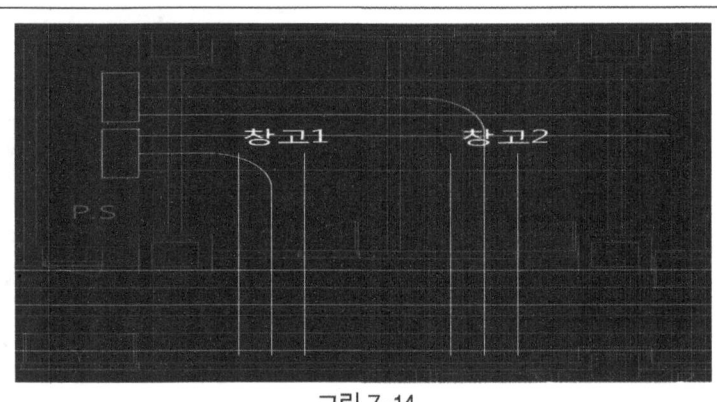

그림 7-14

[그림 7-15]
OFFSET(단축명령어 O) 명령어 입력
→ Enter↵ → 500 입력 → Enter↵
→ ①객체 좌 클릭 → 마우스 위로이동
→ 좌 클릭 → ①객체 좌 클릭 → 마우
스 아래이동 → 좌 클릭 → Enter↵

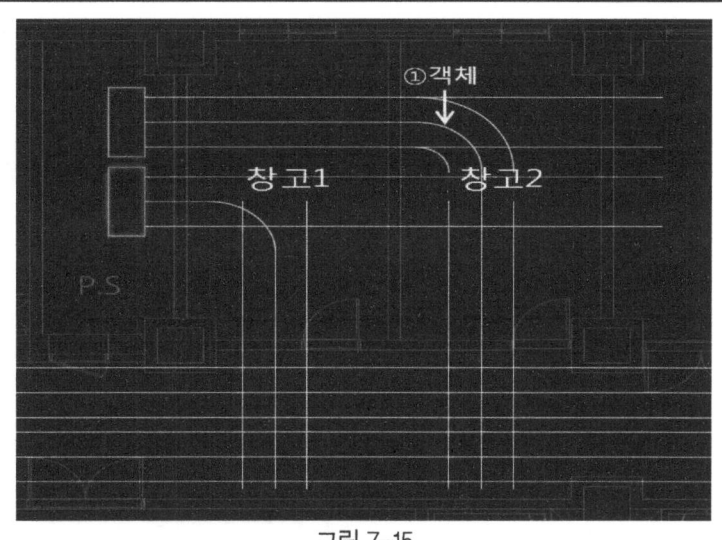

그림 7-15

[그림 7-16]
②객체를 기준을 하여 OFFSET 500으
로 그림 7-16과 같이 그리시오.

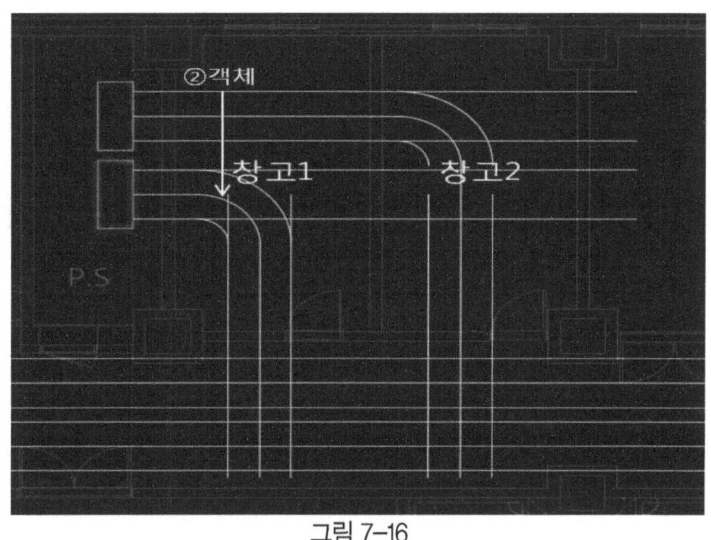

그림 7-16

[그림 7-17]
선이 떨어져 있는 것은 EXTEND(연장
하기)를 이용하여 연장시킨다.

 좌 클릭 → 끝점끼리 연결하
여 그림 7-17과 같이 그리시오.

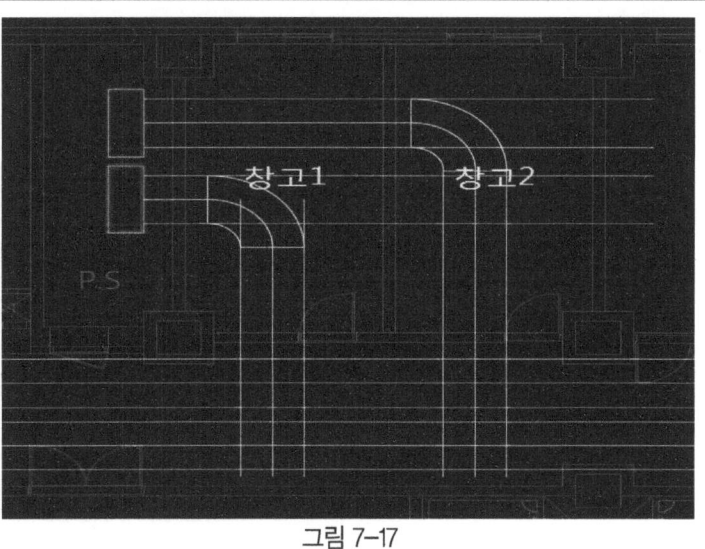

그림 7-17

[그림 7-18]
TRIM(단축명령어 TR) 명령어 입력
→ Enter↵ → 객체 드래그 전체 좌 클릭 → Enter↵ → 필요없는 객체 좌 클릭 → Enter↵
(객체삭제가 안되면 ERASE명령어를 이용하여 삭제한다.)

그림 7-18과 같이 만드시오.

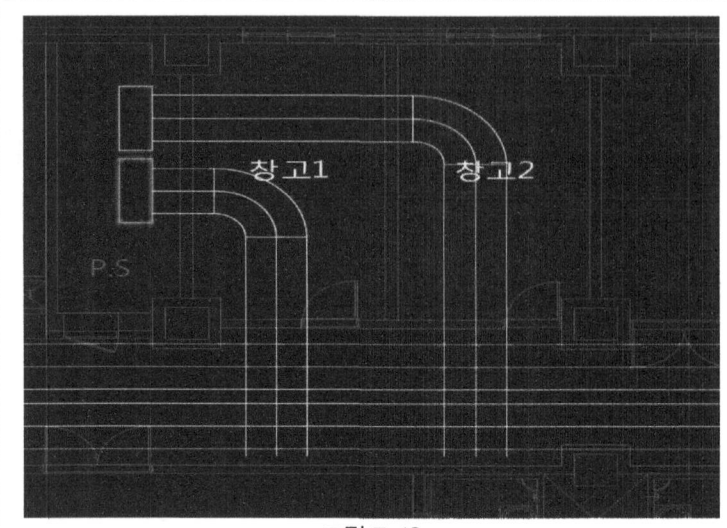
그림 7-18

[그림 7-19]
OFFSET(단축명령어 O) 명령어 입력
→ Enter↵ → 100 입력 → Enter↵
→ ①객체 좌 클릭 → 마우스 아래이동
→ 좌 클릭 → Enter↵

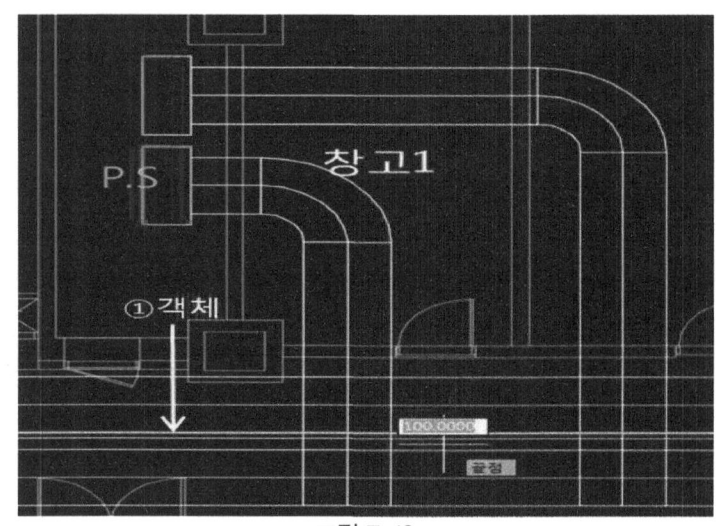
그림 7-19

[그림 7-20]
OFFSET(단축명령어 O) 명령어 입력
→ Enter↵ → 100 입력 → ①객체 좌 클릭 → 마우스 아래이동 → 좌 클릭
→ Enter↵

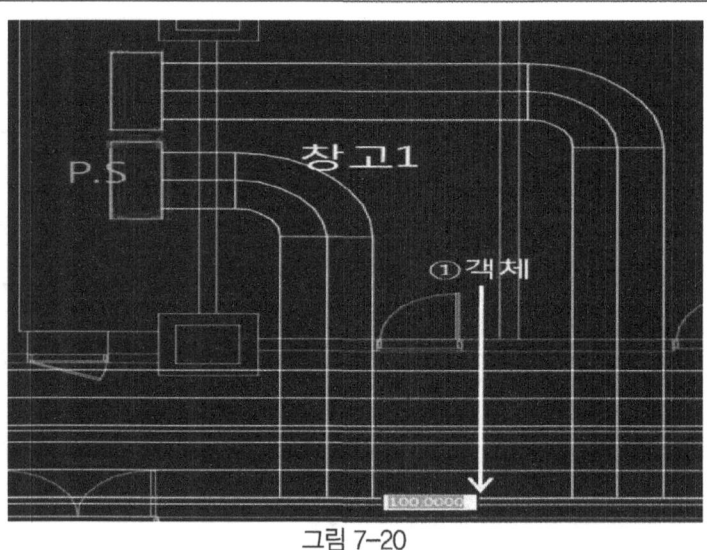
그림 7-20

[그림 7-21]
TRIM(단축명령어 TR) 명령어 입력
→ Enter↵ → 그림 7-21과 같이 1에서 2로 드래그 → Enter↵ → 필요없는 객체 좌 클릭 → Enter↵
(객체삭제가 안되면 ERASE명령어를 이용하여 삭제한다.)

그림 7-21과 같이 만드시오.

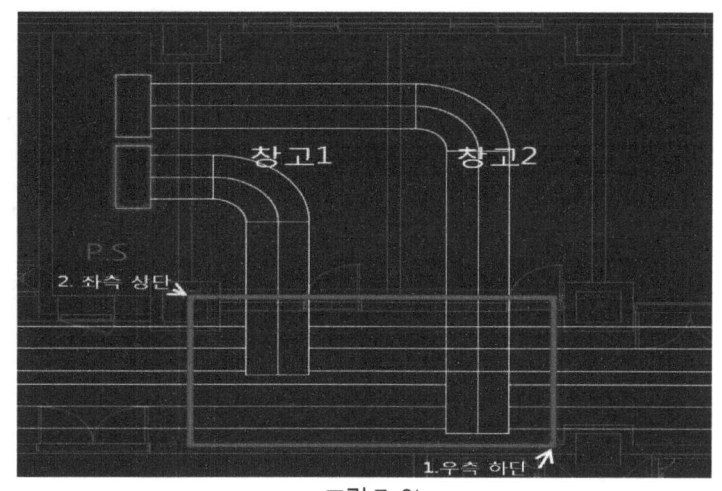

그림 7-21

[그림 7-22]
 좌 클릭 → 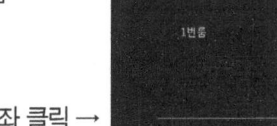 (1번룸 좌측 상부 기둥모서리) 좌 클릭 → 마우스 아래이동 → 5000 입력 → Enter↵ → Enter↵ → M 입력 → Enter↵ → 세로선 좌 클릭 → Enter↵ → 세로선 아래 끝점 좌 클릭 → 마우스 좌측이동 →

 (중간 기둥모서리) 끝점 좌 클릭 → M 입력 → Enter↵ → 세로선 좌 클릭 → Enter↵ → 세로선 좌 클릭 → 마우스 우측이동 → 450 입력 → Enter↵ → CO 입력 → Enter↵ → 세로선 좌 클릭 → Enter↵ → 세로선 좌 클릭 → 마우스 우측이동 → 2990 입력 → Enter↵ → Enter↵

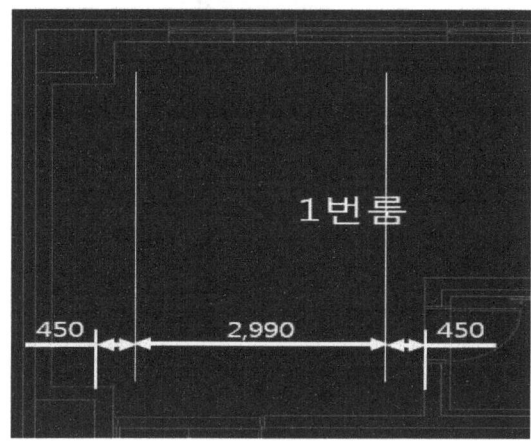

그림 7-22

[그림 7-23~7-24]
OFFSET(단축명령어 O) 명령어 입력 → Enter↵ → 200 입력 → Enter↵ → ①객체 좌 클릭 → 마우스 우측이동 → 좌 클릭 → ②객체 좌 클릭 → 마우스 우측이동 → Enter↵

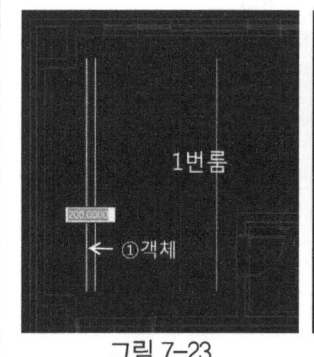 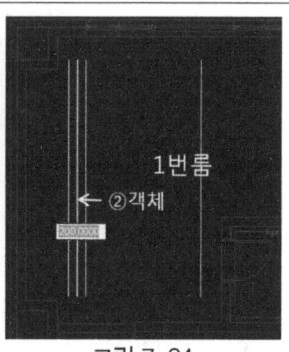

그림 7-23   그림 7-24

[그림 7-25]
맨 우측 ③객체를 기준으로 OFFSET 200을 하여 좌측으로 간격띄우기를 2번 하시오.

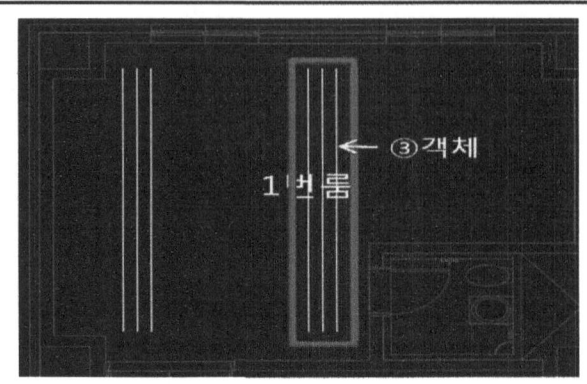
그림 7-25

[그림 7-26]

 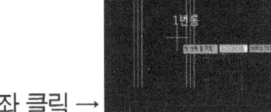 좌 클릭 → (1번룸 중간 지점)
좌 클릭 → 마우스 우측이동 → 3000 입력 → Enter↵
→ Enter↵ → M 입력 → Enter↵ → 가로선 좌 클릭
→ Enter↵ → 가로선 중간점 좌 클릭 → 마우스 아래이동

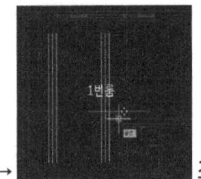 좌 클릭 → M 입력 → Enter↵ → 가
로선 좌 클릭 → Enter↵ → 가로선 좌 클릭 → 마우스 위
로이동 → 450 입력 → Enter↵ → O 입력 → Enter↵ →
200 입력 → Enter↵ → 가로선 좌 클릭 → 마우스 위로이
동 → 좌 클릭 → 가로선 좌 클릭 → 마우스 위로이동 →
좌 클릭 → Enter↵

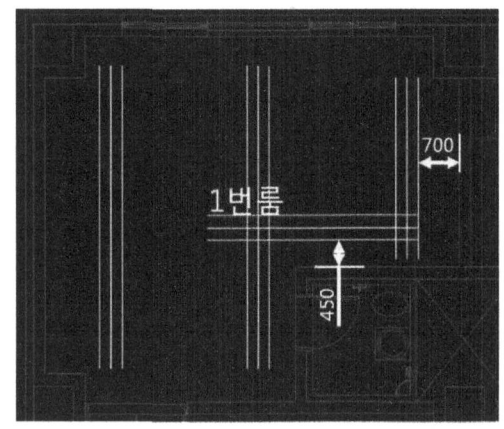
그림 7-26

[그림 7-26]

 좌 클릭 → (1번룸 우측 상부 기둥 모서리) 좌 클릭 → 마우스 아래이동 → 3000 입력 →
→ Enter↵ → Enter↵ → Enter↵ → 세로선 좌 클릭 → Enter↵ → 세로선 중간점 좌 클릭 → 마우스 우측이동 → 직
교문자 생성 시 좌 클릭 → M 입력 → Enter↵ → 세로선 좌 클릭 → Enter↵ → 세로선 좌 클릭 → 마우스 좌측이동
→ 700 입력 → Enter↵ → O 입력 → Enter↵ → 200 입력 → Enter↵ → 세로선 좌 클릭 → 마우스 좌측이동 → 좌
클릭 → 세로선 좌 클릭 → 마우스 좌측이동 → 좌 클릭 → Enter↵
(만약 가로선과 세로선이 교차되지 않으면 EXTEND를 이용하여 그림 7-26과 같이 그리시오.)

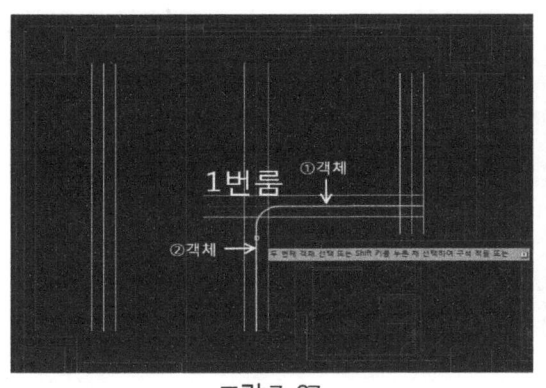
그림 7-27

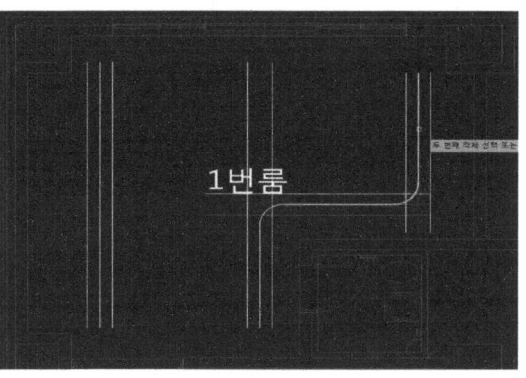
그림 7-28

[그림 7-27~7-28]

![모깎기] 좌 클릭 → R 입력 → [Enter↵] (※ 모깎기 반지름 지정 문구 생성) → 400 입력 → [Enter↵] → ①객체 좌 클릭 → ②객체 좌 클릭 → [Enter↵] → 그림 7-27과 같은 방법으로 그림 7-28과 같이 만드시오.

[그림 7-29]
OFFSET(단축명령어 O) 명령어 입력
→ [Enter↵] → 200 입력 → [Enter↵] → ①객체 좌 클릭 → 마우스 우측이동 → 좌 클릭 → ①객체 좌 클릭 → 마우스 좌측이동 → 좌 클릭 → [Enter↵]

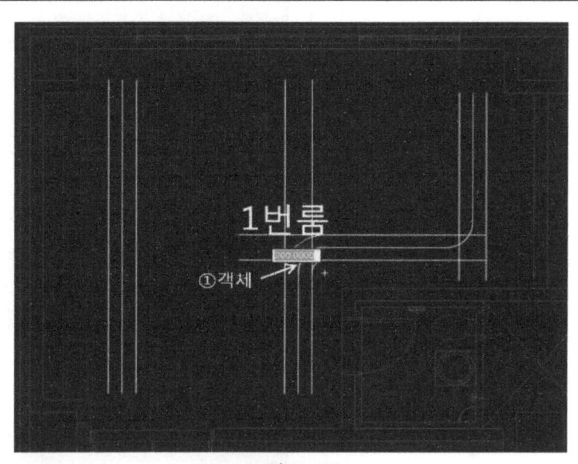
그림 7-29

[그림 7-30]
그림 7-29와 동일한 방법으로 그림 7-30과 같이 만드시오.

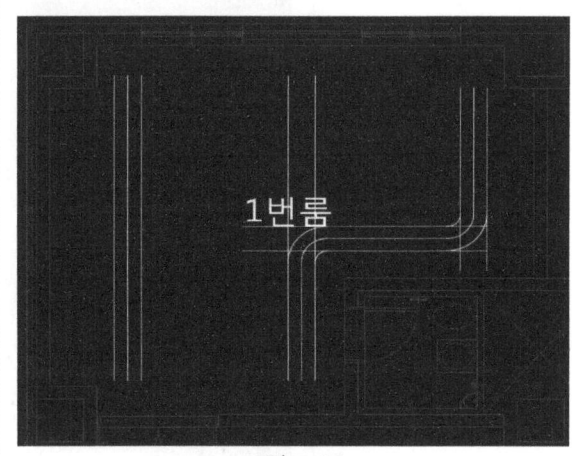
그림 7-30

[그림 7-31]
EXTEND를 이용하여 그림 7-31과 같이 그리시오.

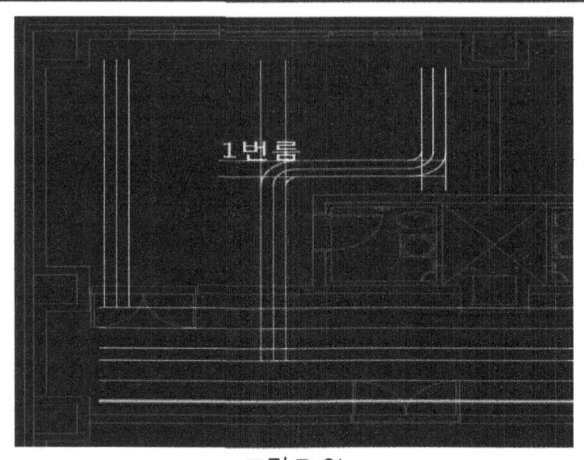

그림 7-31

[그림 7-32]

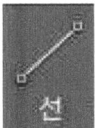

좌 클릭하여
그림 7-32와 같이
만드시오.

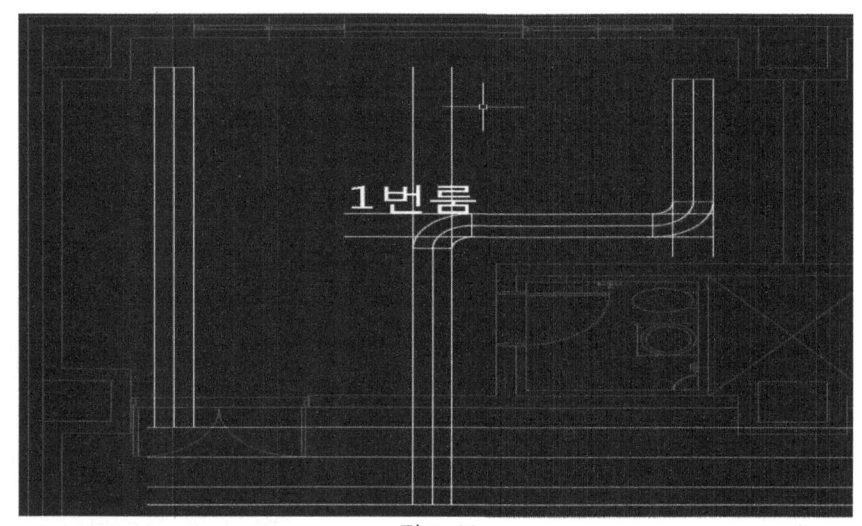

그림 7-32

[그림 7-33]
OFFSET(단축명령어 O)
명령어 입력
→ Enter↵ → 100 입력
→ ①객체 좌 클릭
→ 마우스 좌측이동
→ 좌 클릭

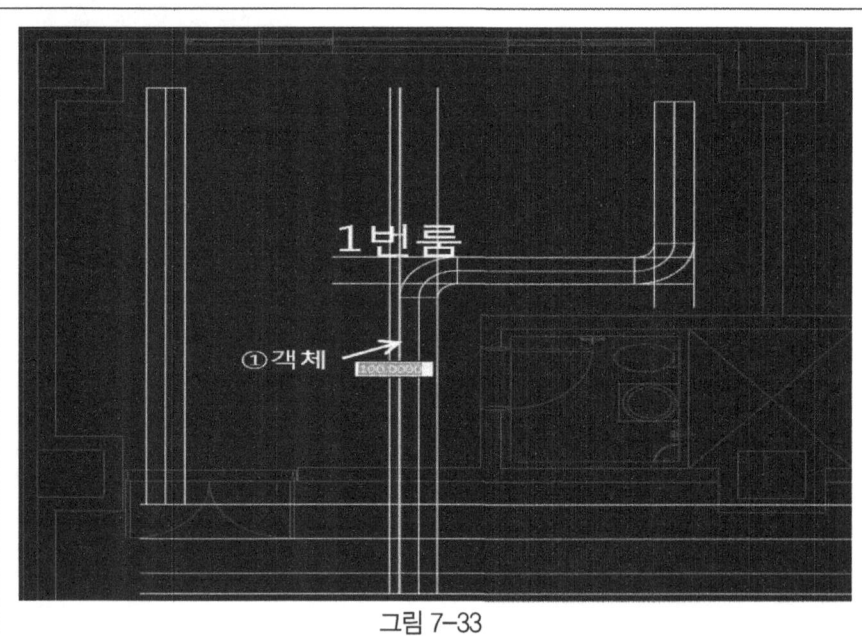

그림 7-33

CHAPTER 07 · 공조덕트 평면도 설계

[그림 7-34]
→ ②객체 좌 클릭
→ 마우스 우측이동
→ 좌 클릭
→ Enter↵

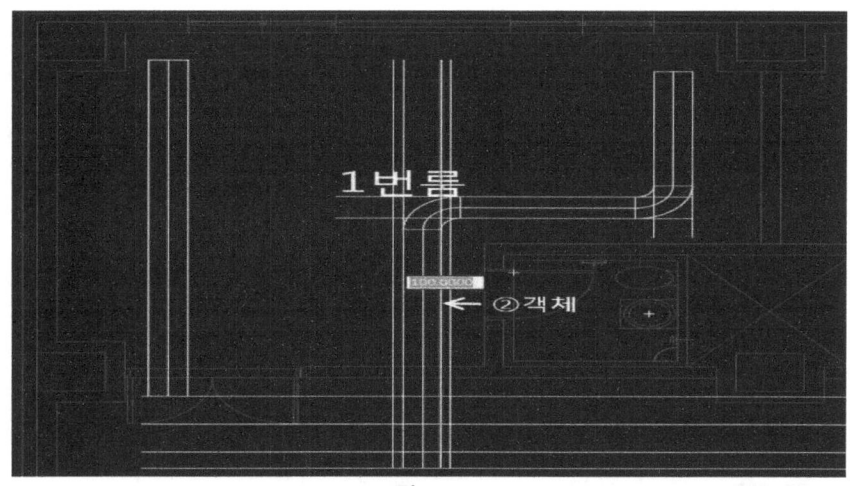
그림 7-34

[그림 7-35]
TRIM(단축명령어 TR) 명령어 입력
→ Enter↵ → 그림 7-35와 같이 1에서 2로 드래그 → Enter↵ → 필요없는 객체 좌 클릭 → Enter↵
(객체삭제가 안 되면 ERASE 명령어를 이용하여 삭제한다.)

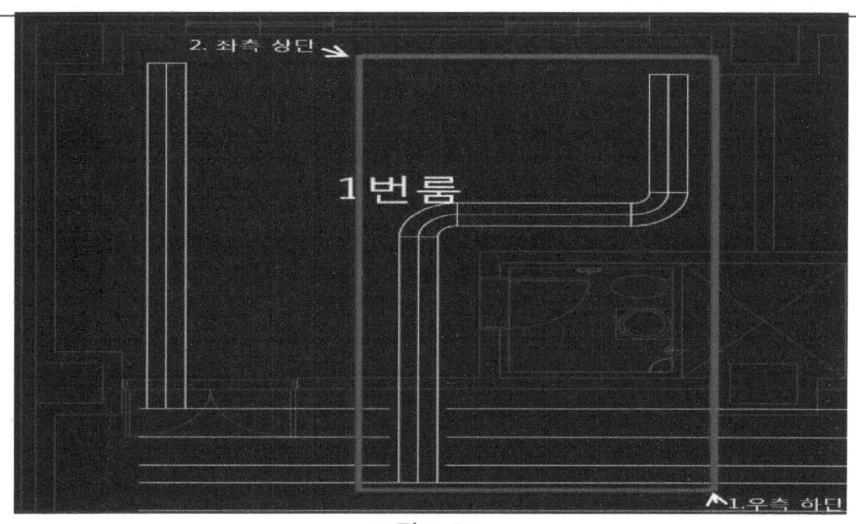
그림 7-35

[그림 7-36]

선 좌 클릭 → 5번룸 문위 복도에서 좌 클릭 → 마우스 아래이동 → 6000 입력 → Enter↵ → Enter↵ → M 입력 → Enter↵ → 세로선 좌 클릭 → → 세로선 중간점 좌 클릭 → 마우스 우측이동 → 화장실벽체 직교문자 생성 시 좌 클릭 → M 입력 → Enter↵ → 세로선 좌 클릭 → Enter↵ → 세로선 좌 클릭 → 마우스 좌측이동 → 450 입력 → → O 입력 → Enter↵ → 2000 입력 → Enter↵ → 세로선 좌 클릭 → 마우스 좌측이동 → 좌 클릭 → Enter↵

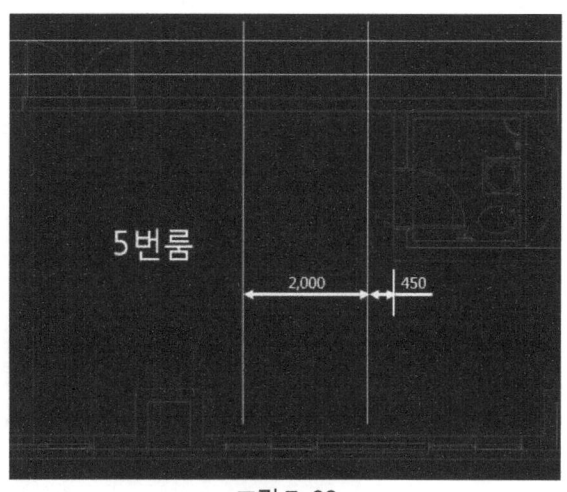
그림 7-36

[그림 7-37]

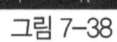 좌 클릭 → (5번룸 좌측 기둥 모서리 끝점)
좌 클릭 → 마우스 우측이동 → 10000 입력 → Enter↵ → Enter↵ →
M 입력 → Enter↵ → 가로선 좌 클릭 → Enter↵ → 가로선 중간점
좌 클릭 → 마우스 위로이동 → 직교문자 생성 시 좌 클릭 → M 입력
→ Enter↵ → 가로선 좌 클릭 → Enter↵ → 가로선 좌 클릭 → 마우스
아래이동 → 700 입력 → Enter↵ → O 입력 → Enter↵ → 3200 입력
→ Enter↵ → 가로선 좌 클릭 → 마우스 아래이동 → 좌 클릭 →
Enter↵

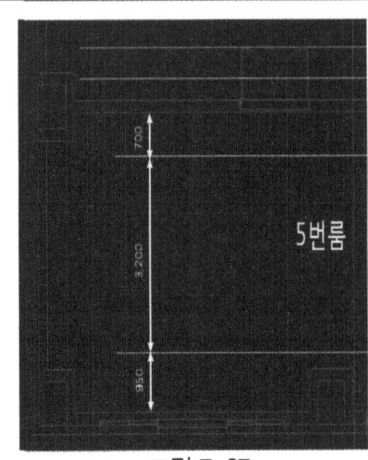

그림 7-37

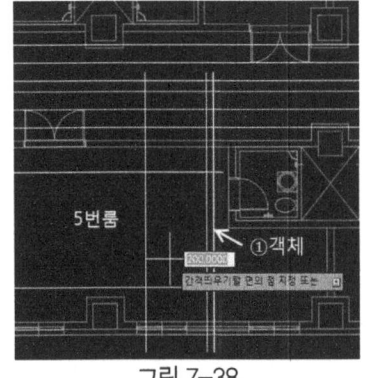

그림 7-38

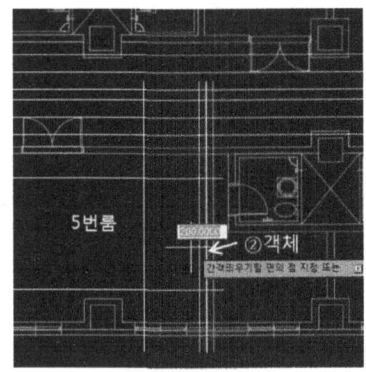

그림 7-39

[그림 7-38]
OFFSET(단축명령어 O) 명령어 입력 → Enter↵ → 200 입력 → Enter↵ → ①객체 좌 클릭 → 마우스 좌측이동 →
좌 클릭 → ②객체 좌 클릭 → 마우스 좌측이동 → 좌 클릭 → Enter↵

[그림 7-39]
그림 7-38과 동일한 방법으로 그림 7-39와 같이 만드시오.

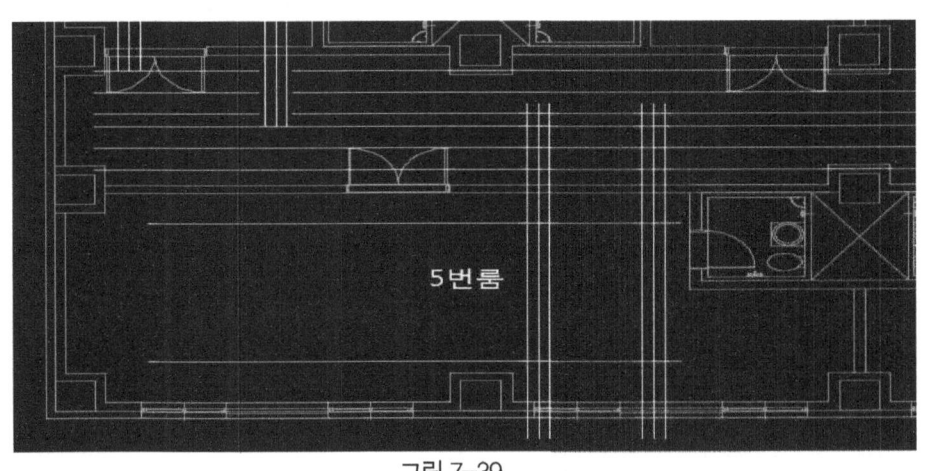

그림 7-39

[그림 7-40]
OFFSET(단축명령어 O) 명령어 입력
→ Enter↵ → 200 입력 → Enter↵ →
①객체 좌 클릭 → 마우스 아래이동
→ 좌 클릭

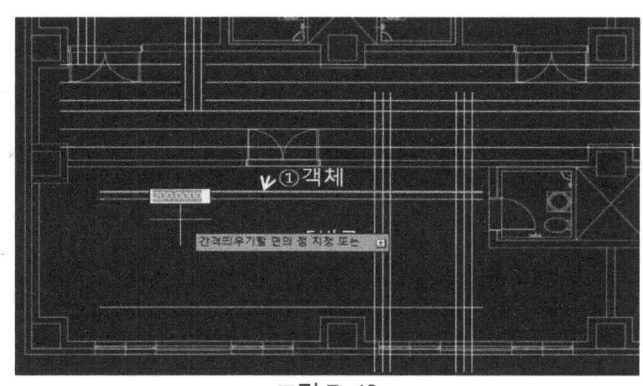
그림 7-40

[그림 7-41]
②객체 좌 클릭 → 마우스 아래이동
→ 좌 클릭 → Enter↵

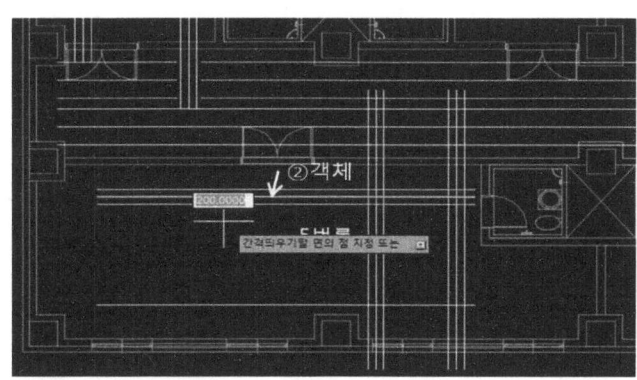
그림 7-41

[그림 7-42]
OFFSET 200으로 위로 간격띄우기
2번하여 그림 7-42와 같이 만드시오.

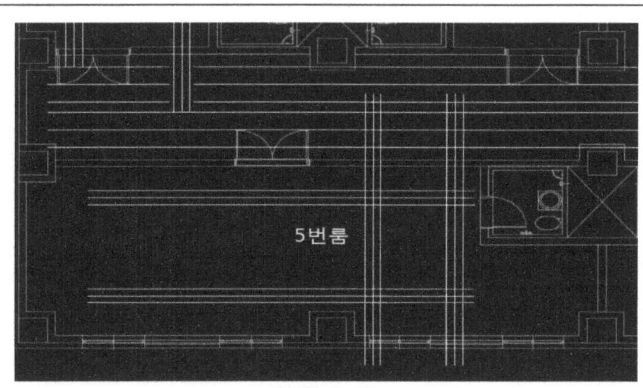
그림 7-42

[그림 7-43]
모따기 반지름 400, OFFSET 200, 선
그리기, EXTEND 그리고 TRIM으로 그
림 7-43과 같이 만드시오.

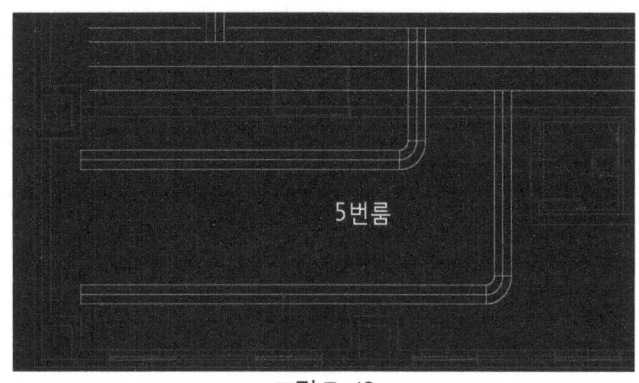
그림 7-43

[그림 7-44]
OFFSET(단축명령어 O) 명령어 입력
→ Enter↵ → 100 입력 → Enter↵ →
①객체 좌 클릭 → 마우스 좌측이동 →
좌 클릭

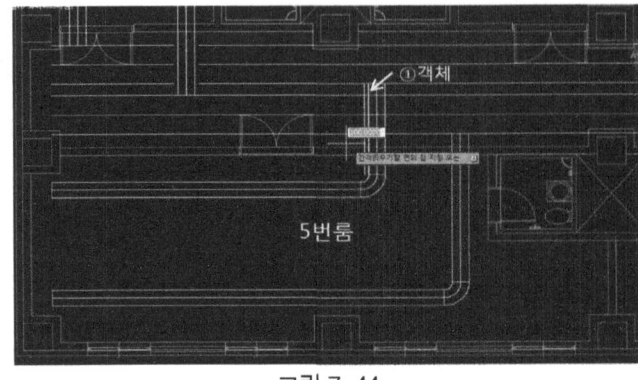

그림 7-44

[그림 7-45]
②객체 좌 클릭 → 마우스 우측이동 →
좌 클릭 → Enter↵

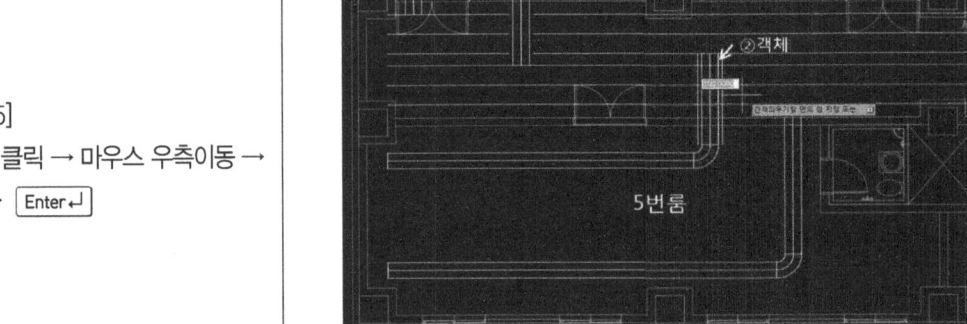

그림 7-45

[그림 7-46]
TRIM(단축명령어 TR) 명령어 입력
→ Enter↵ → 그림 7-46과 같이 1에
서 2로 드래그 → Enter↵ → 필요없는
객체 좌 클릭 → Enter↵
(객체삭제가 안되면 ERASE 명령어를
이용하여 삭제한다.)

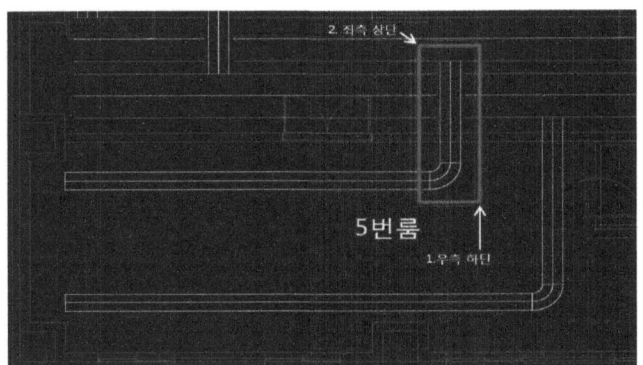

그림 7-46

[그림 7-47]
MIRROR(단축명령어 MI) 명령어 입력
→ Enter↵ → 그림 7-47과 같이 1에서
2로 드래그 → Shift 누른 상태에서
1번 룸 글자 좌 클릭 → Enter↵

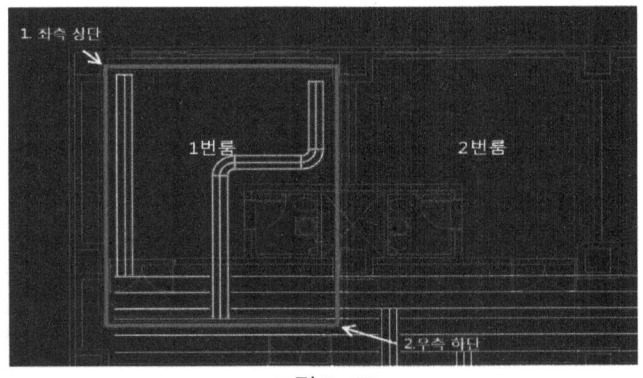

그림 7-47

CHAPTER 07 · 공조덕트 평면도 설계

[그림 7-48]
1번룸과 2번룸사이의 기둥 중간점 △ 좌 클릭 →
F8 입력 → 마우스 아래이동 → 좌 클릭 →
Enter↵

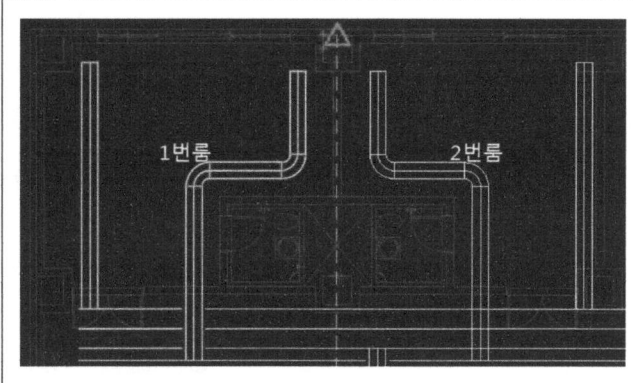

그림 7-48

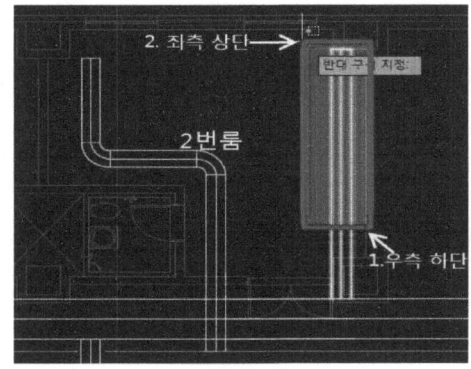

그림 7-49

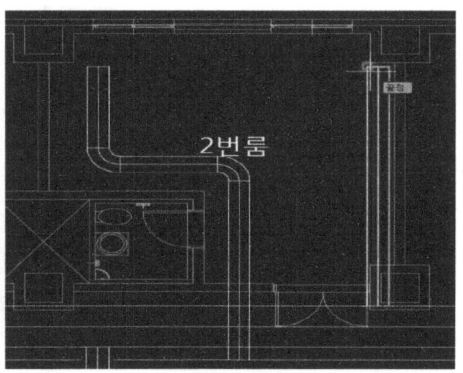

그림 7-50

[그림 7-49]
MOVE(단축명령어 M) 명령어 입력
→ Enter↵ → 그림 7-49와 같이 1에서 2로 드래그

[그림 7-50]
→ Enter↵ → 끝점 좌 클릭

[그림 7-51]
→ 마우스 좌측으로 이동 → 850 입력 → Enter↵

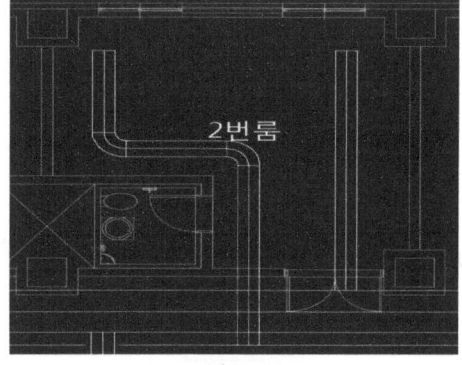

그림 7-51

[그림 7-52]
COPY(단축명령어 CO) 명령어 입력
→ Enter↵ → 그림 7-52와 같이 1에서 2로 드래그 → Shift 누른 상태에서 5번 룸 글자 좌 클릭 →
Enter↵

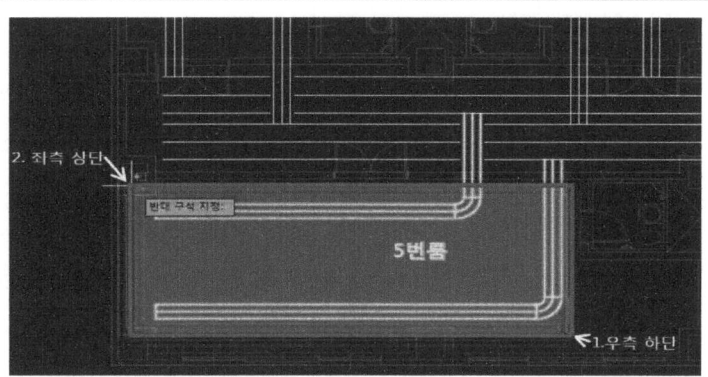

그림 7-52

[그림 7-53]
→ 끝점 좌 클릭

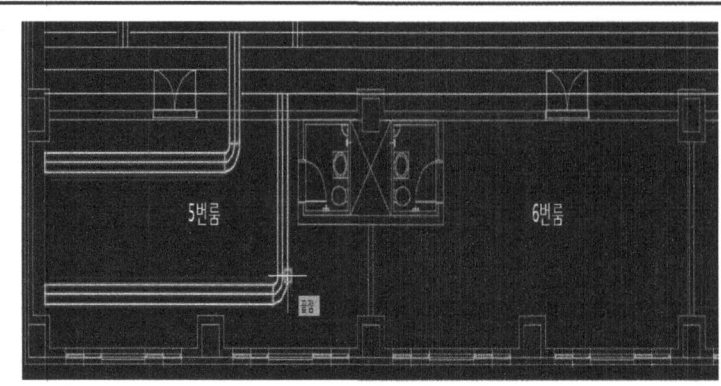
그림 7-53

[그림 7-54]
→ 마우스 우측이동
→ 15800 입력 → Enter↵

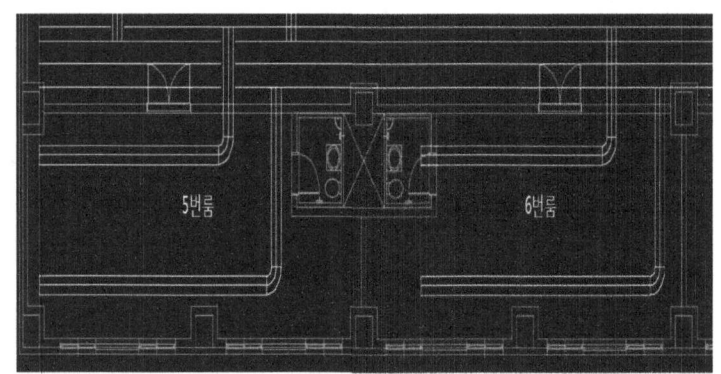
그림 7-54

[그림 7-55]
STRETCH(단축명령어 S) 명령어 입력
→ Enter↵ → 그림 7-55와 같이 1에서 2로 드래그 → Enter↵
(※ 객체선택하지 않으려면 Shift 를 누른 상태에서 객체 드래그 좌 클릭하면 선택 해제된다.)

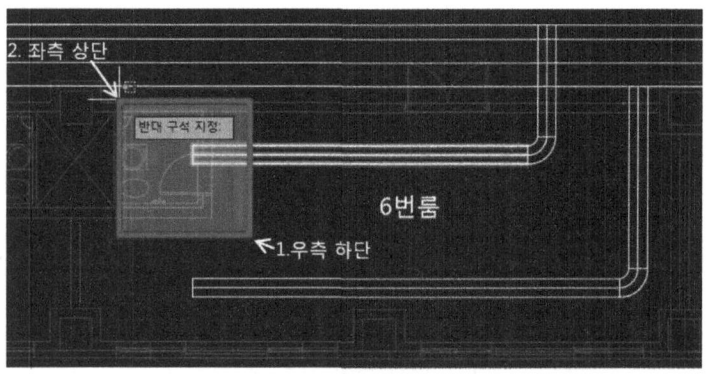
그림 7-55

[그림 7-56]
→ 끝점 좌 클릭

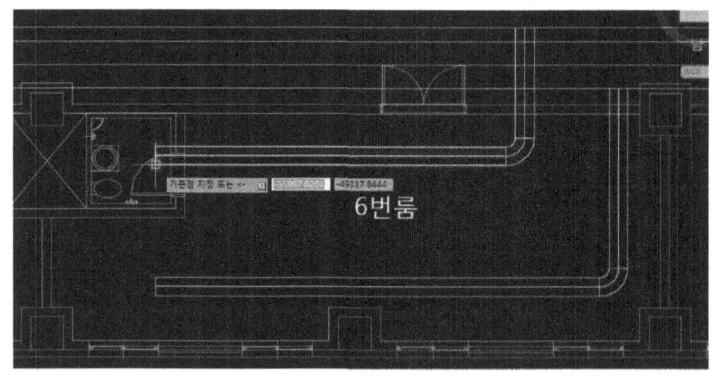
그림 7-56

[그림 7-57]
→ 마우스 우측이동 → 900 입력
→ Enter↵
(※ 건축도면이 잠겨야 한다.)

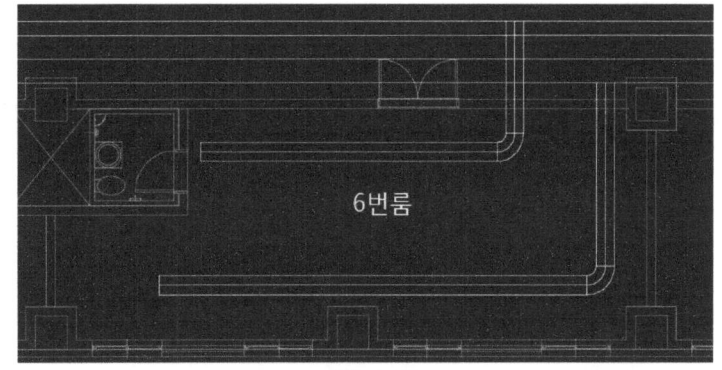
그림 7-57

[그림 7-58]
 ROOM
ROOM 레이어를 잠근다.

MIRROR(단축명령어 MI) 명령어 입력
→ Enter↵ → MIRROR할 객체 드래그
좌 클릭 → Enter↵

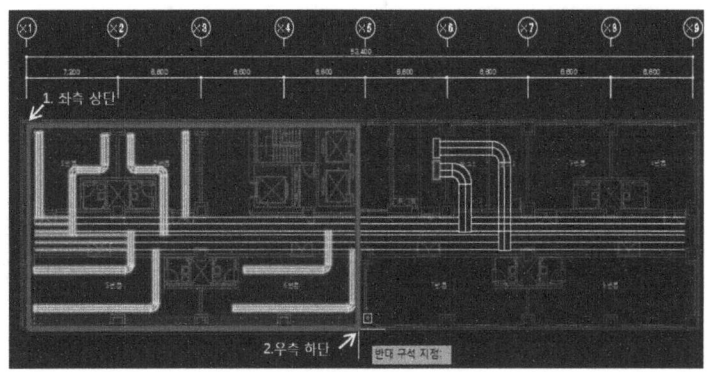
그림 7-58

[그림 7-59]
→ X5열 끝점 좌 클릭
(※ 직교모드가 아닐 경우 F8 키 입력)

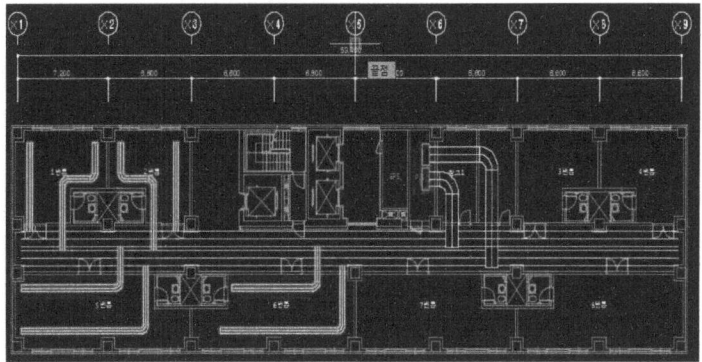
그림 7-59

[그림 7-60]
→ 마우스 아래이동 → 좌 클릭
→ Enter↵

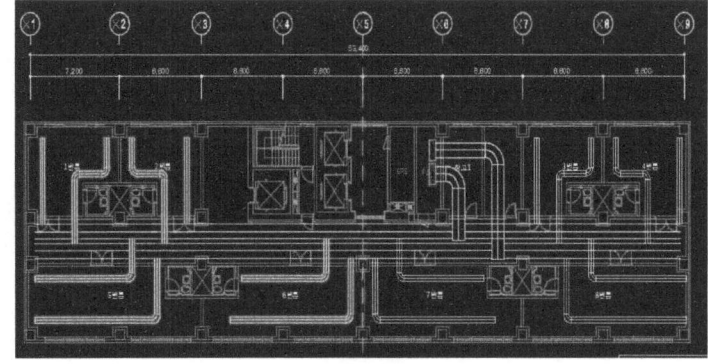
그림 7-60

[그림 7-61]
STRETCH(단축명령어 S) 명령어 입력
→ Enter↵ → 그림 7-61과 같이 1에서 2로 드래그 → Enter↵

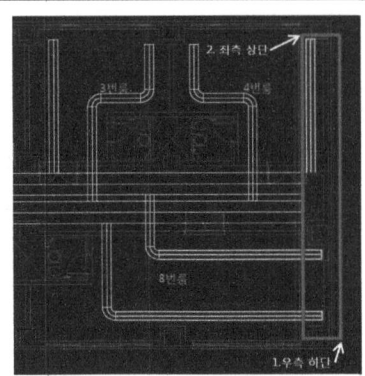
그림 7-61

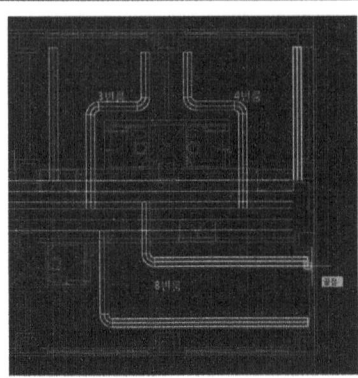
그림 7-62

[그림 7-62]
→ 끝점 좌 클릭
→ F3 객체스냅 끄기

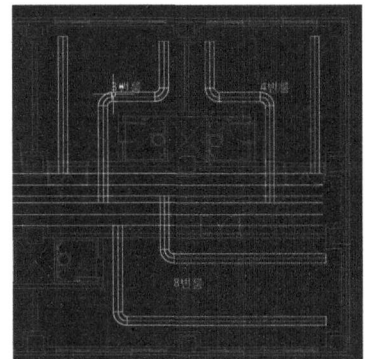
그림 7-63

[그림 7-63]
→ 마우스 좌측이동
→ 600 입력 → Enter↵

[그림 7-64]
OFFSET(단축명령어 O) 명령어 입력
→ Enter↵ → 100 입력 → Enter↵
→ ①객체 좌 클릭 → 마우스 좌측이동
→ 좌 클릭

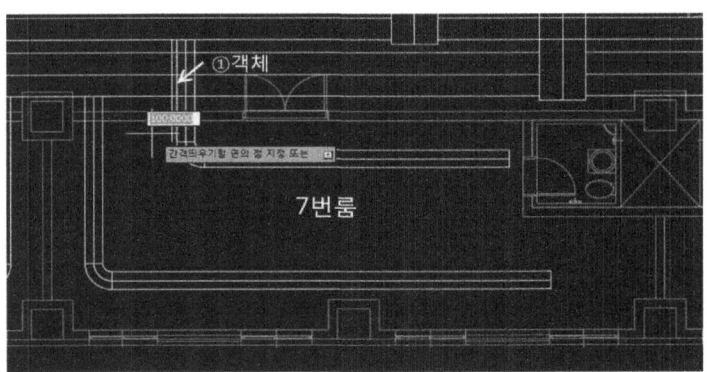
그림 7-64

[그림 7-65]
②객체 좌 클릭 → 마우스 우측이동
→ 좌 클릭 → Enter↵

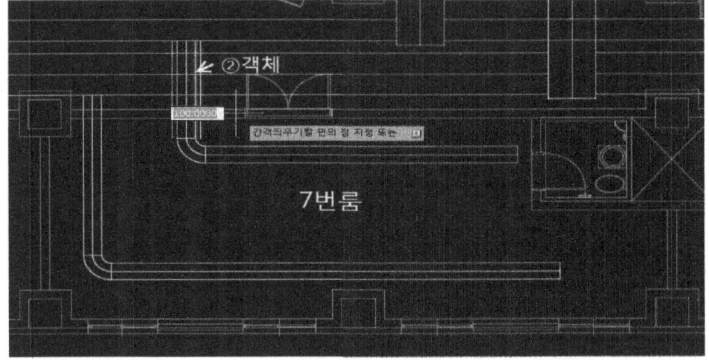
그림 7-65

[그림 7-66]
TRIM(단축명령어 TR) 명령어 입력
→ Enter↵
→ 그림 7-66과 같이 1에서 2로 드래그
→ Enter↵
→ 필요없는 객체 좌 클릭
(객체삭제가 안되면 ERASE명령어를
이용하여 삭제한다.)
→ Enter↵

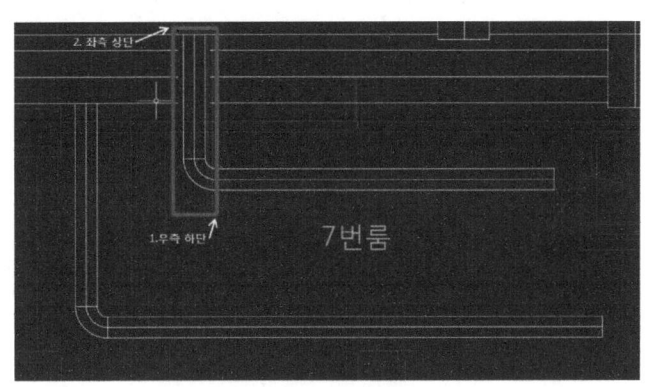
그림 7-66

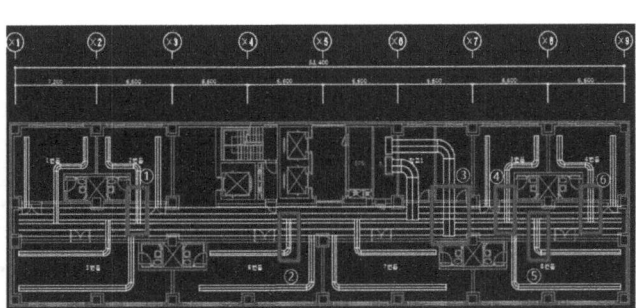
그림 7-67

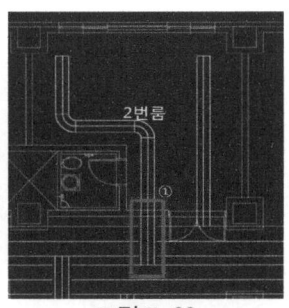
그림 7-68

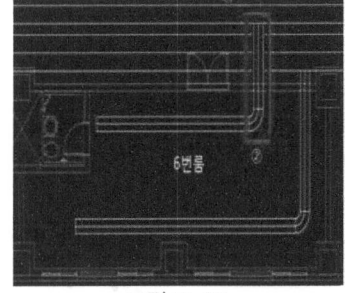
그림 7-69

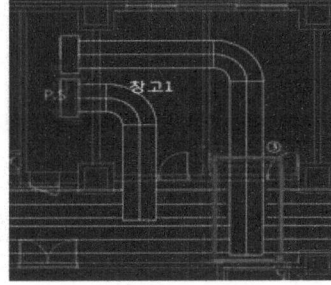
그림 7-70

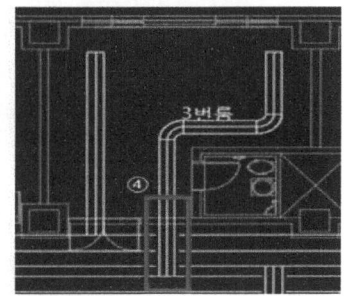
그림 7-71

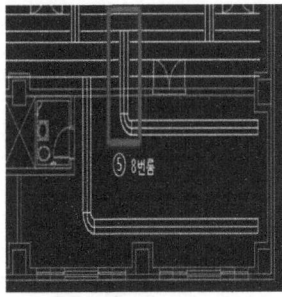
그림 7-72

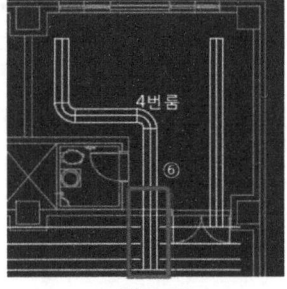
그림 7-73

[그림 7-67~7-73]
OFFSET 100으로 하고, TRIM을 사용하여 덕트를 그림 7-68~73과 같이 그리시오.

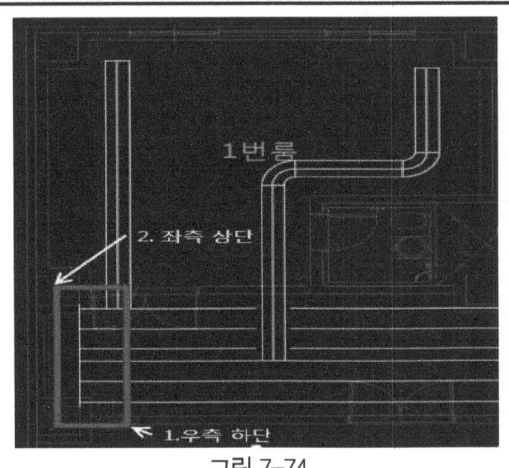 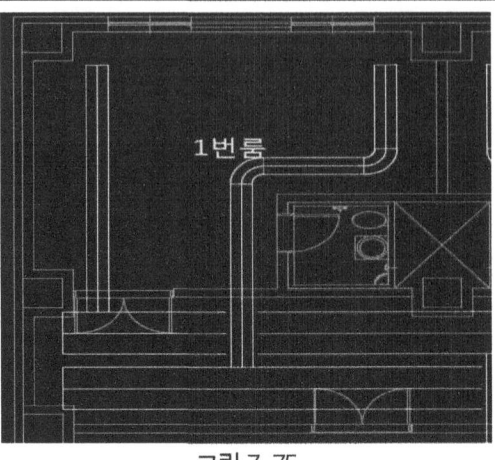

그림 7-74   그림 7-75

[그림 7-74~7-75]
선그리기, EXTEND와 TRIM을 사용하여 1번룸 덕트를 그림 7-75와 같이 만드시오.

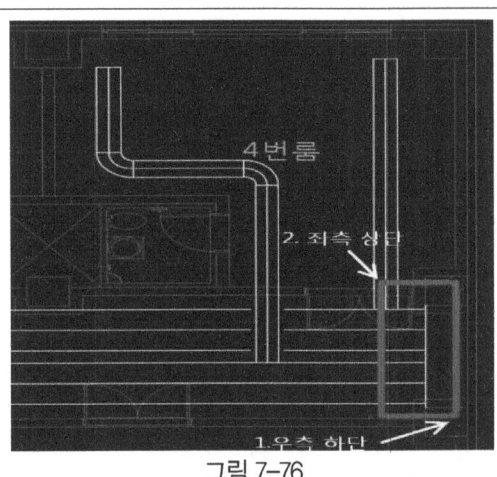 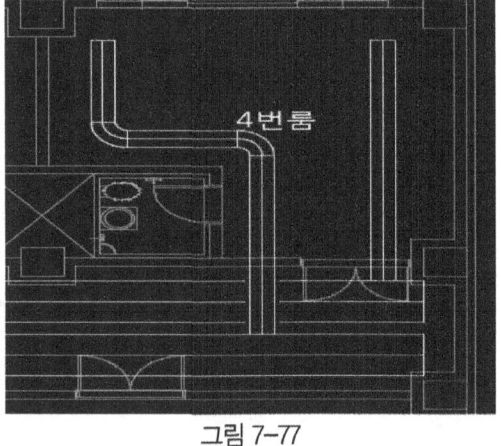

그림 7-76   그림 7-77

[그림 7-76~7-77]
선그리기, EXTEND와 TRIM을 사용하여 4번룸 덕트를 그림 7-77과 같이 만드시오.

[그림 7-78]
LAYER정리와 ERASE(단축명령어 E) 명령어 입력 → Enter↵ → 필요없는 객체 좌 클릭 → Enter↵

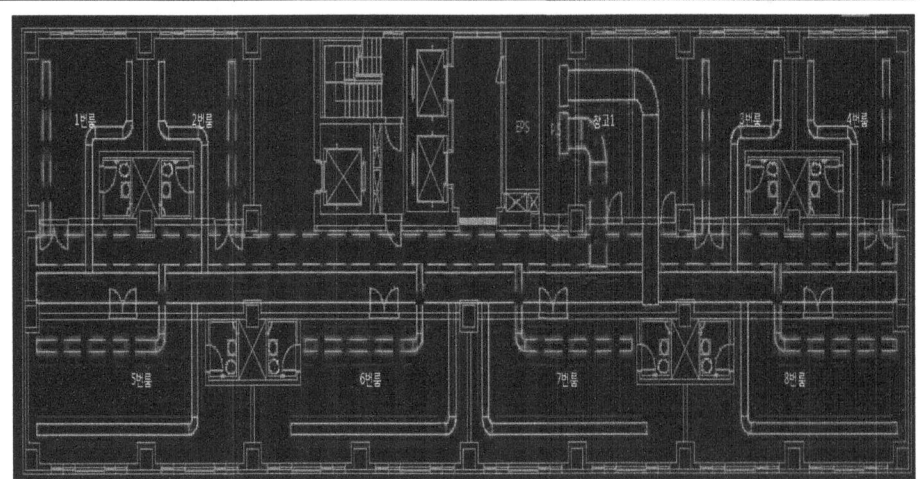

그림 7-78

[그림 7-79]
문자와 그림 6-18~6-23과 동일한 방법으로 원에 내접한 250 크기 세모를 만들어 그림 7-79와 같이 그리시오.

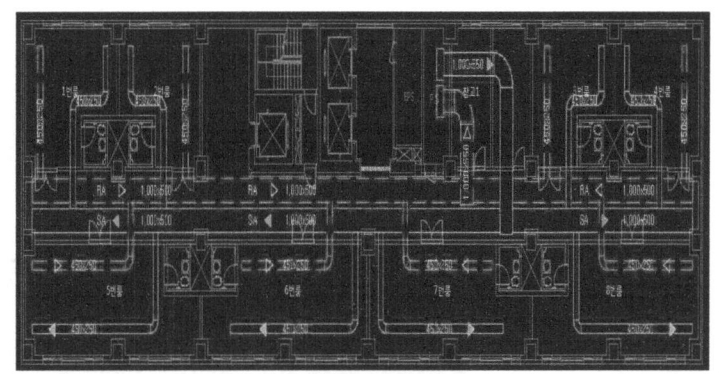

그림 7-79

[그림 7-80]

 좌 클릭 → 좌 클릭
→ 마우스 우측이동 → 1120 입력
→ Enter ↵

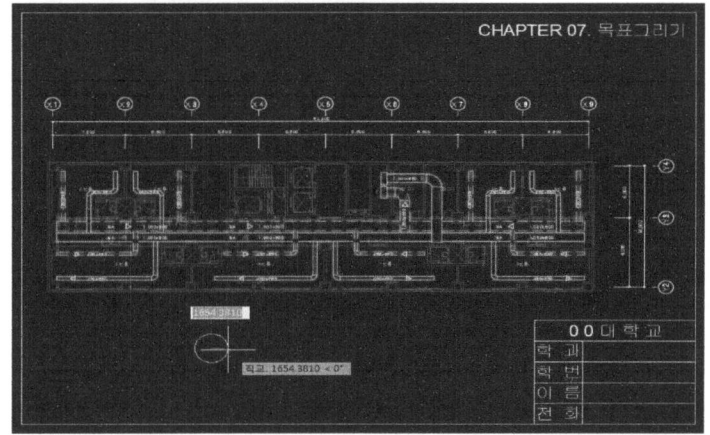

그림 7-80

[그림 7-81]

 좌 클릭하여 선을 만드시오.

그림 7-81

[그림 7-82]

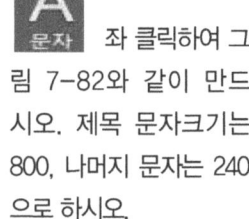 좌 클릭하여 그림 7-82와 같이 만드시오. 제목 문자크기는 800, 나머지 문자는 240으로 하시오.

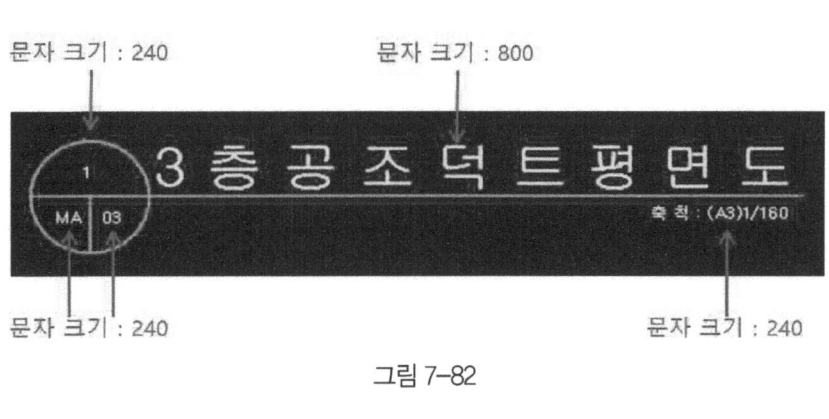

그림 7-82

그림 7-83과 같이 완성하시오. 완성된 도면을 다음의 파일명으로 저장한다.

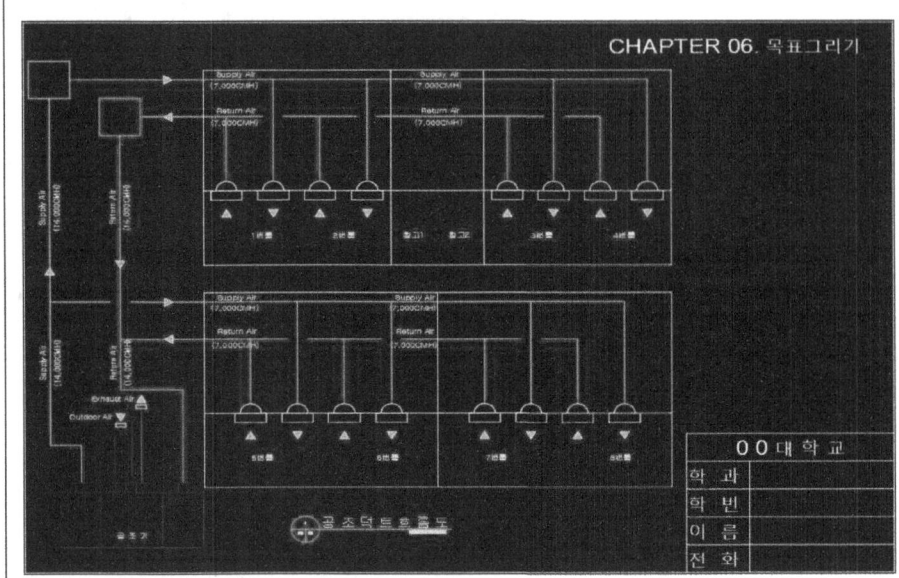

그림 7-83

파일명 : CHAPTER07_학번_홍길동(년/월/일)

CHAPTER 08

공조배관 흐름도 설계

CHAPTER 08 공조배관 흐름도 설계

8-1 공조배관

거주자의 쾌적성을 증대시미기 위해 실내 공기조건을 조성하는 증기, 냉온수 및 냉각수 배관을 공조배관이라고 하며 냉난방배관이라고도 한다. 평면도는 각 실에 설치되는 공조배관의 세부상황을 나타내며, 배관의 물량을 산출할 때 사용한다.

8-2 공조배관 흐름도 설계하기

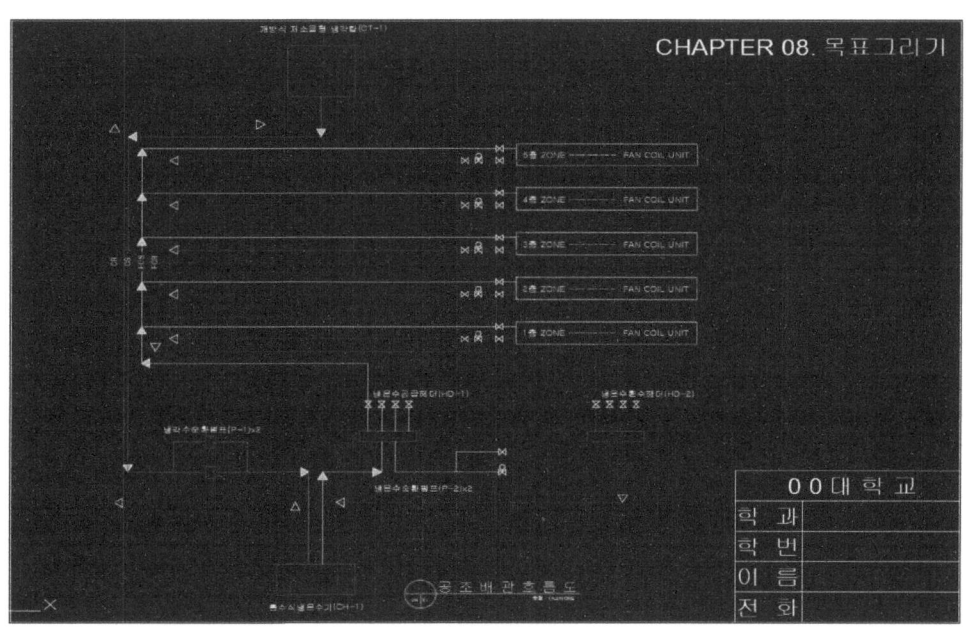

그림 8-1 목표 그리기
(부록 6 참조)

실무설비 AutoCAD

방법	화면
[그림 8-2]  좌 클릭 → 임의의 첫점 좌 클릭 → Shift 2 (80 ⌐, 11) 입력 → Enter↵	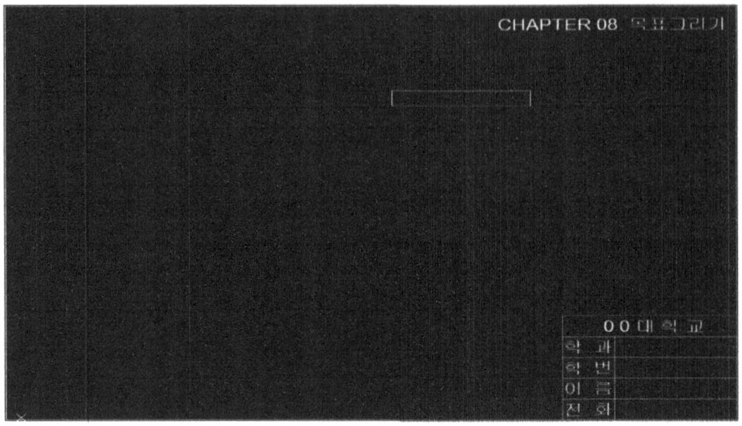 그림 8-2

[그림 8-3]

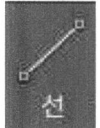 좌 클릭하여 그림 8-3과 같이 만드시오.

그림 8-3

그림 8-4

[그림 8-4]
OFFSET(단축명령어 O) 명령어 입력
→ Enter↵ → 6 입력 → Enter↵ → 좌 클릭 → 마우스 아래이동 → 좌 클릭 → Enter↵

[그림 8-5]
MOVE(단축명령어 M) 명령어 입력
→ Enter↵ → 그림 8-5와 같이 1에서 2로 드래그 → Enter↵

그림 8-5

[그림 8-6]
→ 끝점 좌 클릭

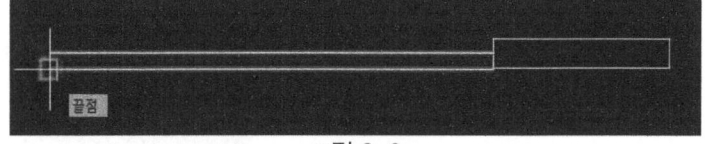

그림 8-6

[그림 8-7]
→ 마우스 위로 이동 → 3 입력
→ Enter↵

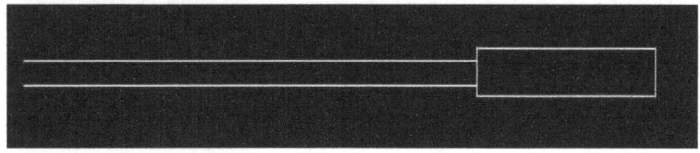

그림 8-7

[그림 8-8]

 좌 클릭하여 그림 8-8과 같이 만드시오.

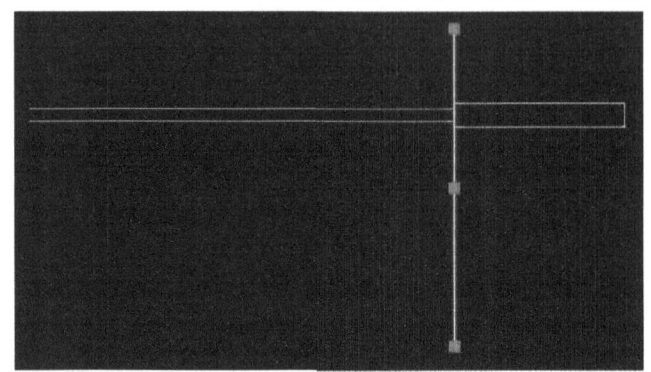

그림 8-8

[그림 8-9]
OFFSET(단축명령어 O) 명령어 입력
→ Enter↵ → 6 입력 → Enter↵
→ ①객체 좌 클릭 → 마우스 좌측이동
→ 좌 클릭 → Enter↵

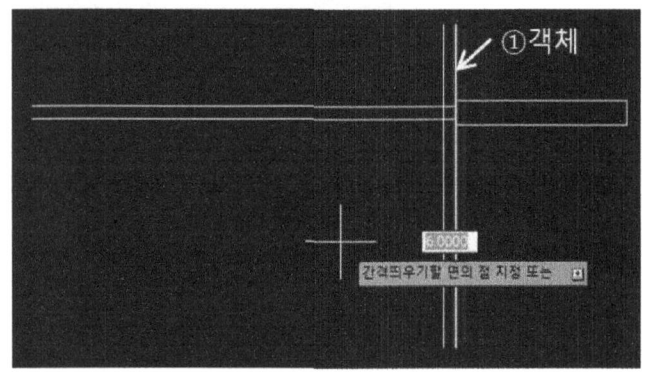

그림 8-9

[그림 8-10]
OFFSET(단축명령어 O) 명령어 입력
→ Enter↵ → 3 입력 → Enter↵
→ ①객체 좌 클릭 → 마우스 좌측이동
→ 좌 클릭 → Enter↵

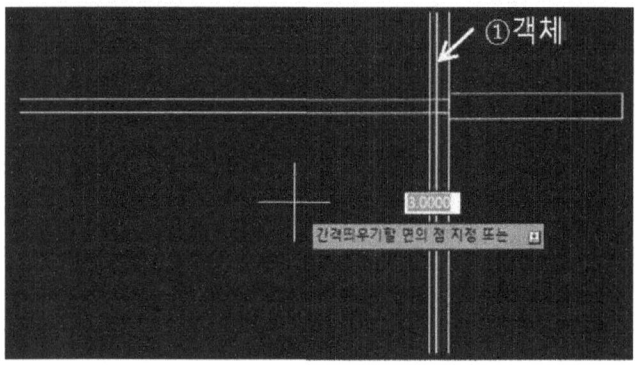

그림 8-10

[그림 8-11]
OFFSET(단축명령어 O) 명령어 입력
→ Enter↵ → 6 입력 → Enter↵
→ ①객체 좌 클릭 → 마우스 좌측이동
→ 좌 클릭 → Enter↵

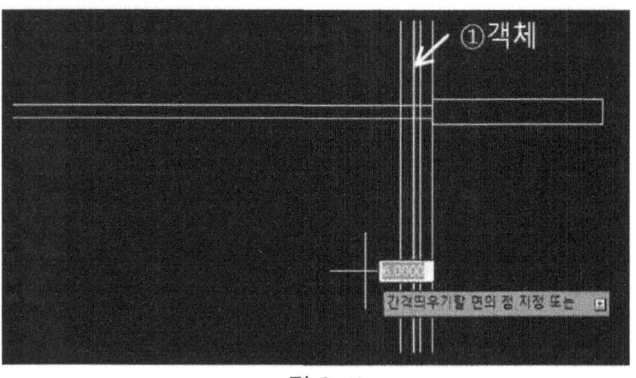

그림 8-11

CHAPTER 08 · 공조배관 흐름도 설계

[그림 8-12]
OFFSET(단축명령어 O) 명령어 입력
→ Enter↵ → 3 입력 → Enter↵
→ ①객체 좌 클릭 → 마우스 좌측이동
→ 좌 클릭

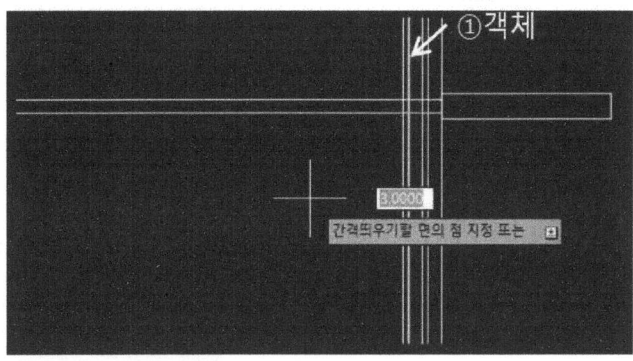

그림 8-12

[그림 8-13]
②객체 좌 클릭 → 마우스 좌측이동 →
좌 클릭

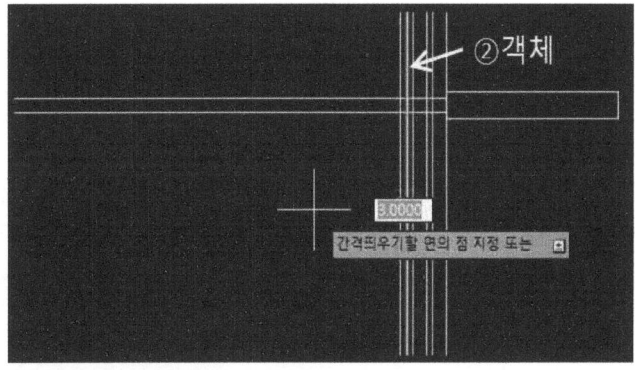

그림 8-13

[그림 8-14]
③객체 좌 클릭 → 마우스 좌측이동 →
좌 클릭 → Enter↵

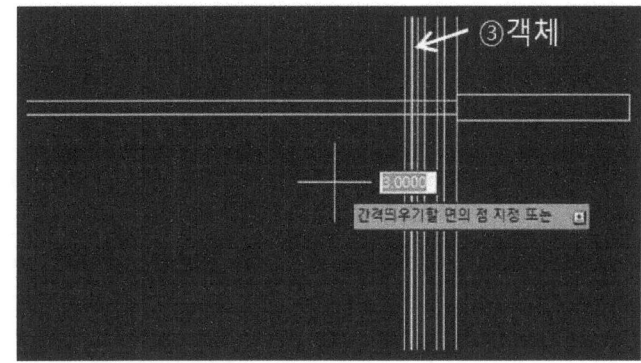

그림 8-14

[그림 8-15]
OFFSET(단축명령어 O) 명령어 입력
→ Enter↵ → 1.5 입력 → Enter↵
→ ①객체 좌 클릭 → 마우스 아래이동
→ 좌 클릭 → ①객체 좌 클릭 → 마우스 위로이동 → 좌 클릭 → Enter↵

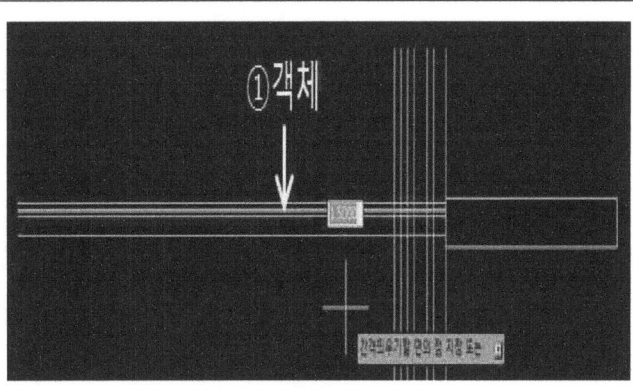

그림 8-15

[그림 8-16]
OFFSET(단축명령어 O) 명령어 입력
→ Enter↵ → 1.5 입력 → ①객체 좌 클릭 → 마우스 아래이동 → 좌 클릭 → ①객체 좌 클릭 → 마우스 위로이동 → 좌 클릭 → Enter↵

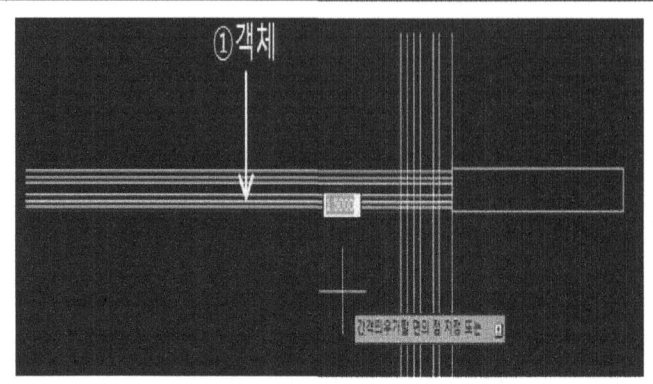

그림 8-16

[그림 8-17]
마우스 휠을 이용하여 간격띄우기를 하였던 곳을 확대를 한다.

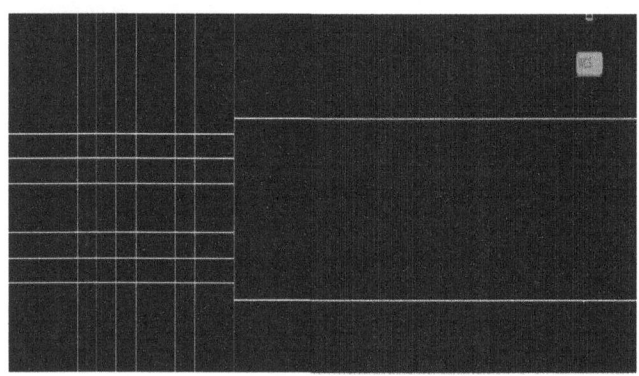

그림 8-17

[그림 8-18]

 좌 클릭하여 그림 8-18과 같이 대각선을 만드시오.

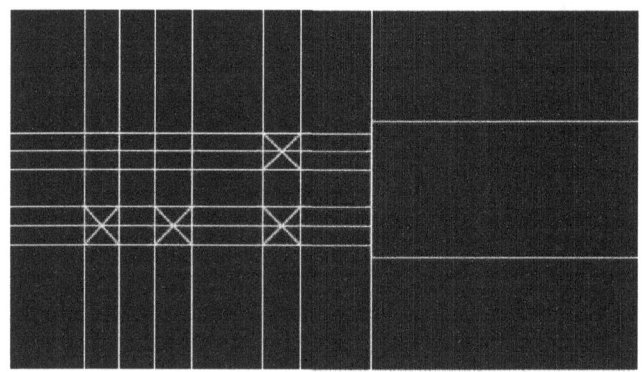

그림 8-18

[그림 8-19]
TRIM(단축명령어 TR) 명령어 입력
→ Enter↵ → 그림 8-19와 같이 1에서 2로 드래그 → Enter↵ → 필요없는 객체 좌 클릭 → Enter↵
(객체삭제가 안되면 ERASE명령어를 이용하여 삭제한다.)

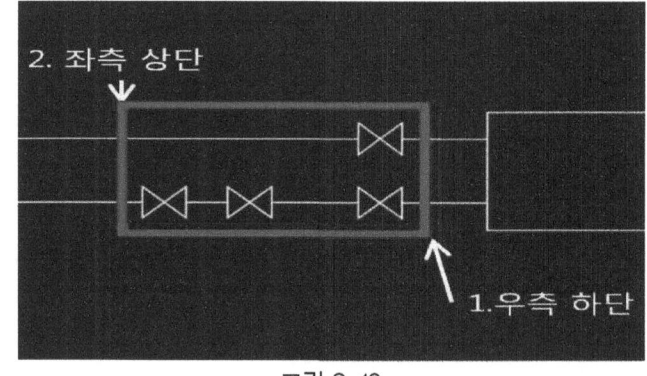

그림 8-19

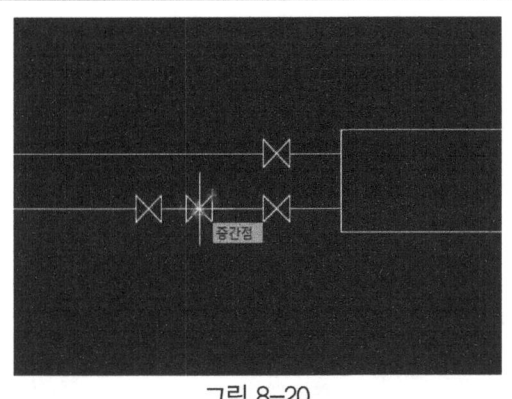
그림 8-20

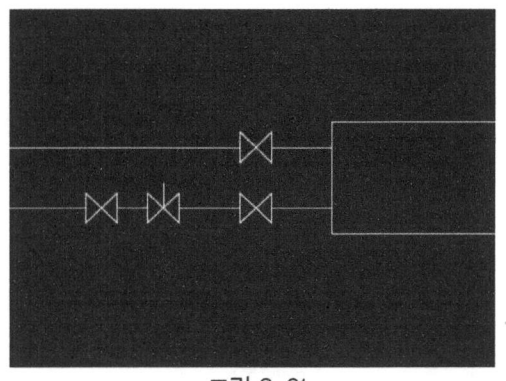
그림 8-21

[그림 8-20~8-21]

좌 클릭 → 중간점 좌 클릭 → 마우스 위로이동 → 2.5 입력 → Enter↵

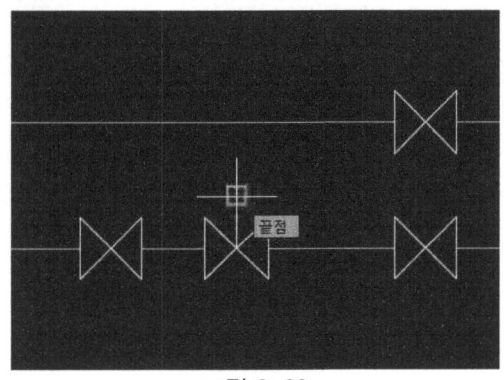
그림 8-22

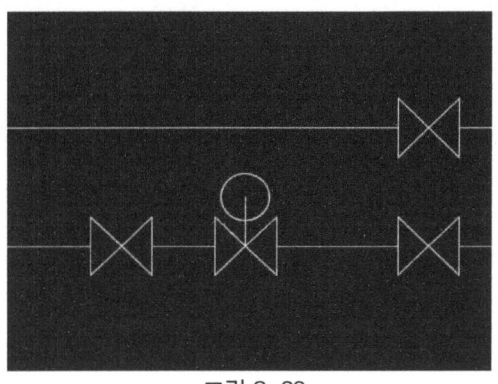
그림 8-23

[그림 8-22~8-23]

좌 클릭 → 끝점 좌 클릭 → 마우스 우측이동 → 1.2 입력 → Enter↵ → 그림 8-23과 같이 만드시오.

[그림 8-24]

TRIM(단축명령어 TR) 명령어 입력

→ Enter↵ → 그림 8-24와 같이 1에서 2로 드래그
→ Enter↵ → 필요없는 객체 좌 클릭 → Enter↵

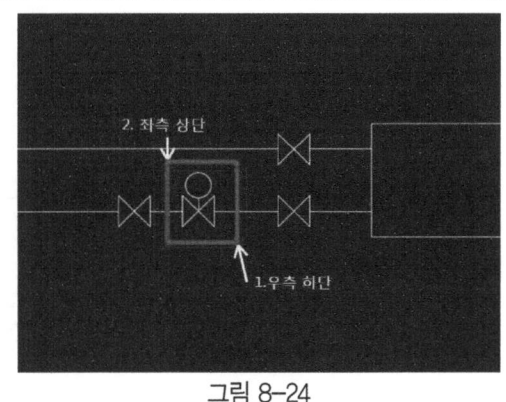
그림 8-24

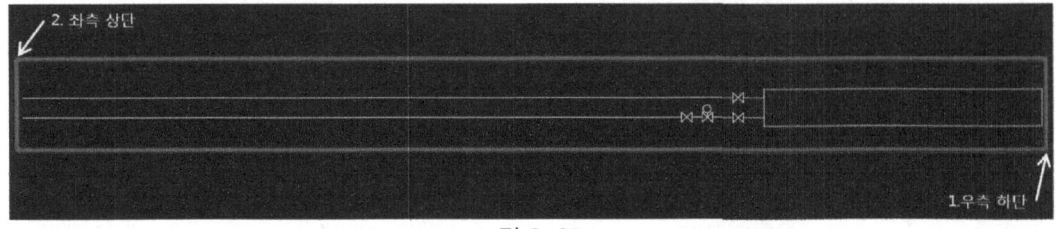

그림 8-25

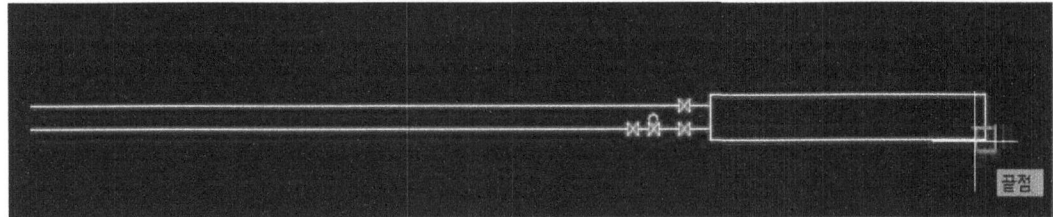

그림 8-26

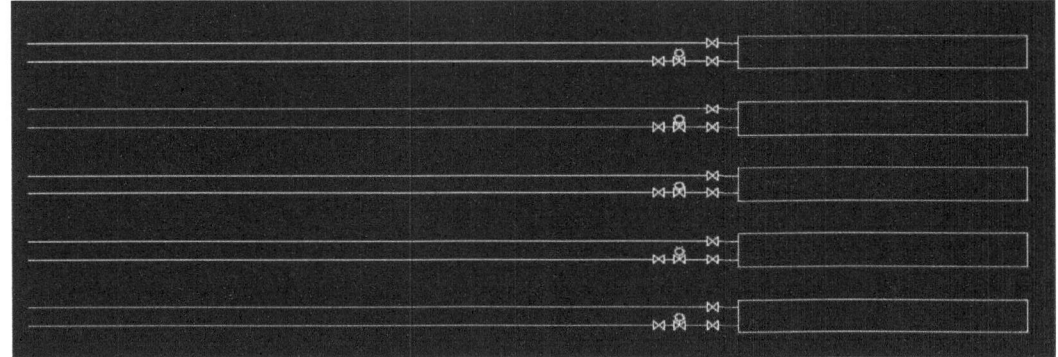

그림 8-27

[그림 8-25~8-27]
COPY(단축명령어 CO) 명령어 입력 → Enter↵ → 그림 8-25와 같이 1에서 2로 드래그 → Enter↵ → 끝점 좌 클릭 → 마우스 아래이동 → 22 입력 → Enter↵ → 44 입력 → Enter↵ → 66 입력 → Enter↵ → 88 입력 → Enter↵

[그림 8-28]
OFFSET(단축명령어 O) 명령어 입력
→ Enter↵ → 45 입력 → ①객체 좌 클릭 →
마우스 우측이동 → 좌 클릭 → Enter↵
(사각형블록을 분해 할 때에는 EXPLODE →
Enter↵ → 사각형 좌 클릭 → Enter↵)

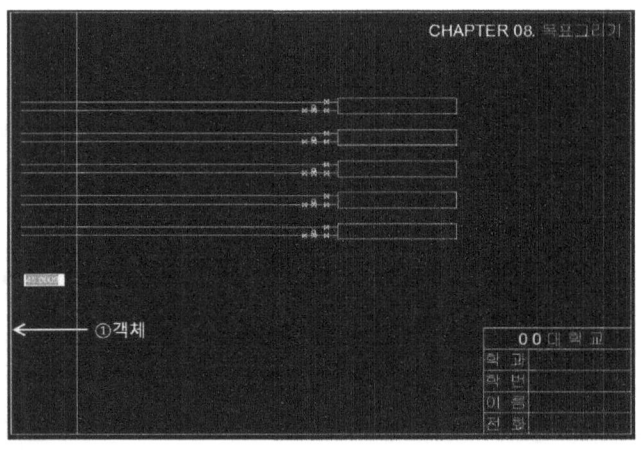

그림 8-28

CHAPTER 08 · 공조배관 흐름도 설계

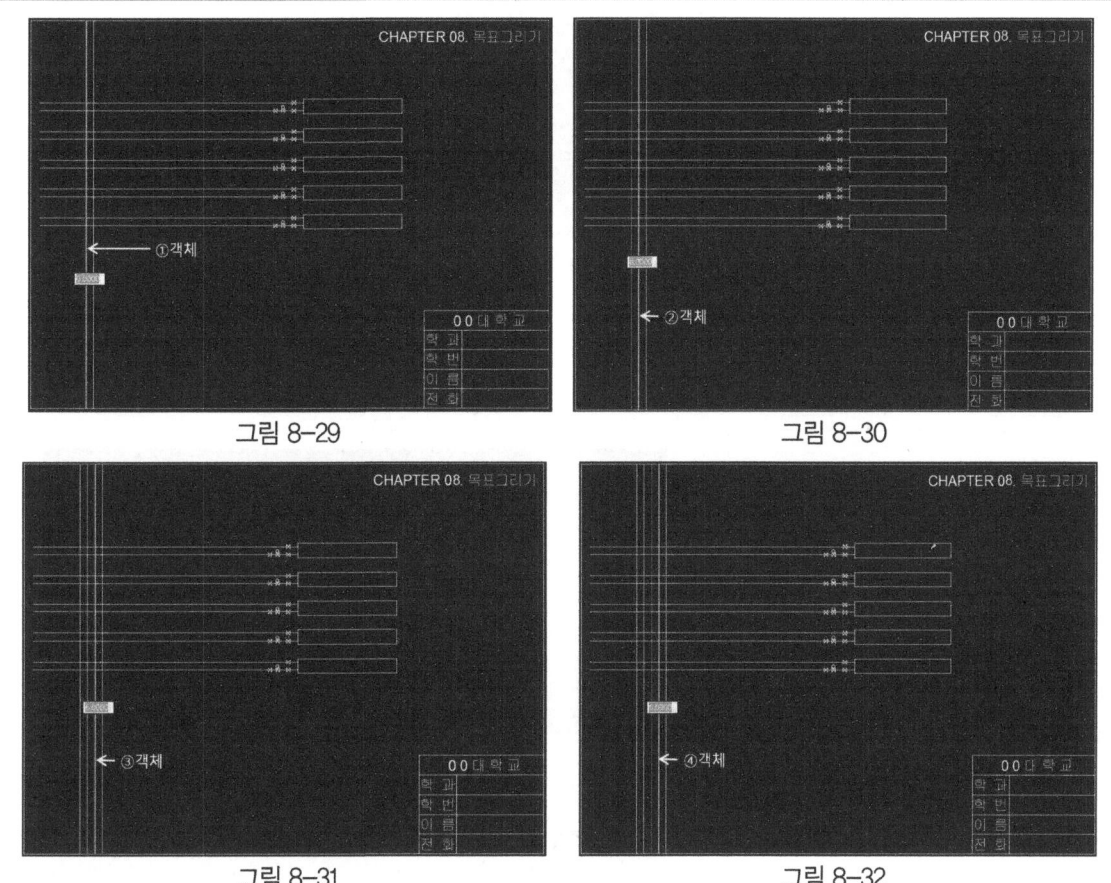

그림 8-29   그림 8-30

그림 8-31   그림 8-32

[그림 8-29]

OFFSET(단축명령어 O) 명령어 입력

→ Enter↵ → 6 입력 → ①객체 좌 클릭 → 마우스 우측이동 → 좌 클릭

[그림 8-30~8-32]

②객체 좌 클릭 → 마우스 우측이동 → 좌 클릭 → ③객체 좌 클릭 → 마우스 우측이동 → 좌 클릭 → ④객체 좌 클릭 → 마우스 우측이동 → 좌 클릭 → Enter↵

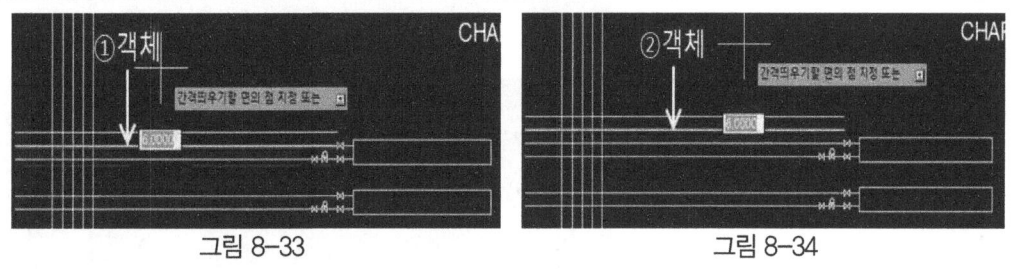

그림 8-33   그림 8-34

[그림 8-33~8-34]

OFFSET(단축명령어 O) 명령어 입력

→ Enter↵ → 6 입력 → Enter↵ → ①객체 좌 클릭 → 마우스 위로 이동 → 좌 클릭 → ②객체 좌 클릭 → 마우스 위로이동 → 좌 클릭 → Enter↵

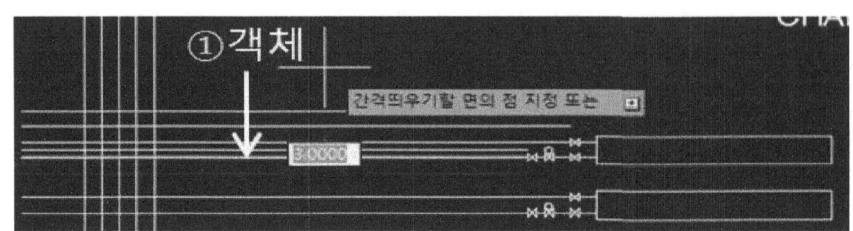
그림 8-35

[그림 8-35]
OFFSET(단축명령어 O) 명령어 입력
→ [Enter↵] → 3 입력 → [Enter↵] → ①객체 좌 클릭 → 마우스 위로이동 → 좌 클릭 → [Enter↵]

[그림 8-36]
TRIM(단축명령어 TR) 명령어 입력
→ [Enter↵] → 그림 8-36과 같이 1에서 2로 드래그 → [Enter↵] → 필요없는 객체 좌 클릭 → [Enter↵]
(객체삭제가 안되면 ERASE 명령어를 이용하여 삭제한다.)

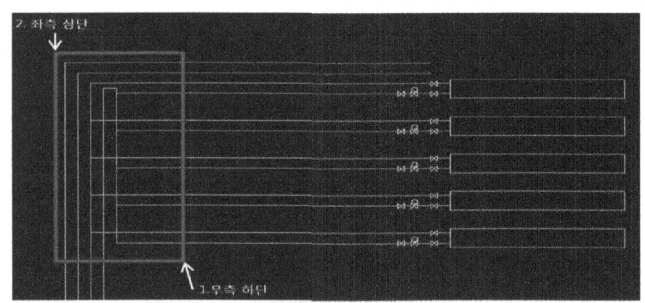
그림 8-36

[그림 8-37]
OFFSET(단축명령어 O) 명령어 입력
→ [Enter↵] → 6 입력 → [Enter↵] →
①객체 좌 클릭 → 마우스 아래이동
→ 좌 클릭

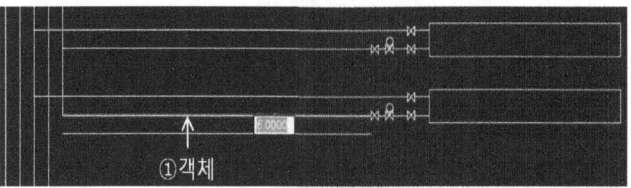
그림 8-37

[그림 8-38]
②객체 좌 클릭 → 마우스 아래이동 → 좌 클릭 → [Enter↵]

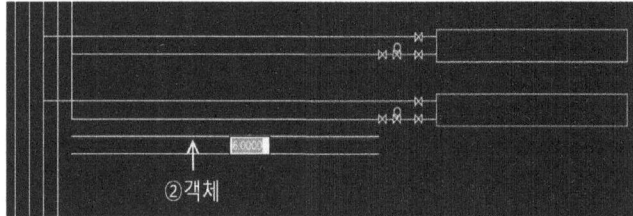
그림 8-38

[그림 8-39]
모깎기 좌 클릭
(모깎기 반지름 지정 문구 생성) → R 입력 → [Enter↵] → 0 입력 → [Enter↵]
→ ①객체 좌 클릭 → ②객체 좌 클릭

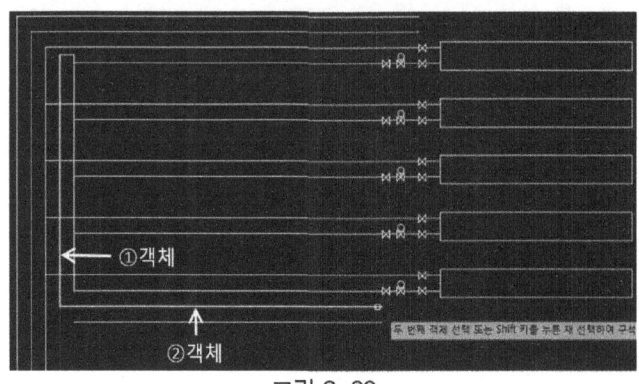
그림 8-39

[그림 8-40]
그림 8-39와 동일한 방법으로 그림 8-40과 같이 만드시오.

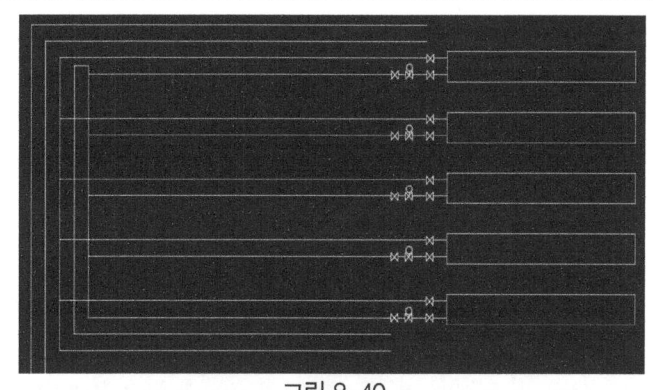
그림 8-40

[그림 8-41]
 좌 클릭
→ 임의의 첫점 좌 클릭
→ [Shift] 2 (35 [' ,] 15) 입력

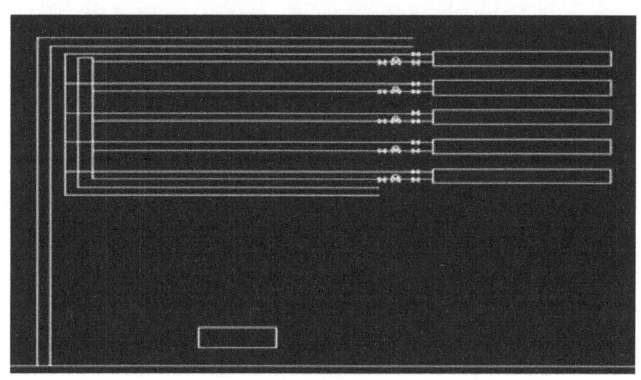
그림 8-41

[그림 8-42]
 좌 클릭 → 중간점 좌 클릭

[그림 8-43]
→ 마우스 위로이동 → 60 입력
→ [Enter↵] → [Enter↵]

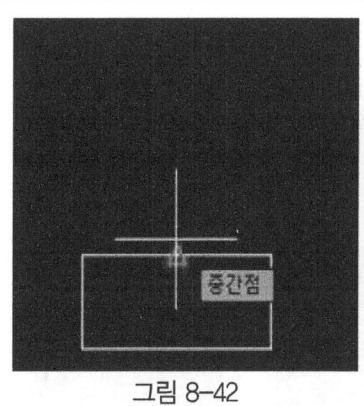
그림 8-42

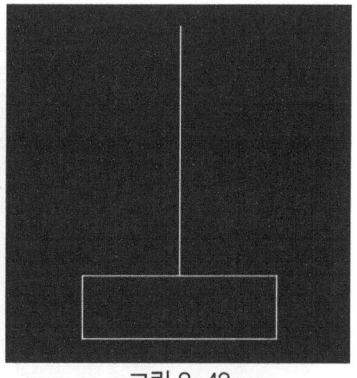
그림 8-43

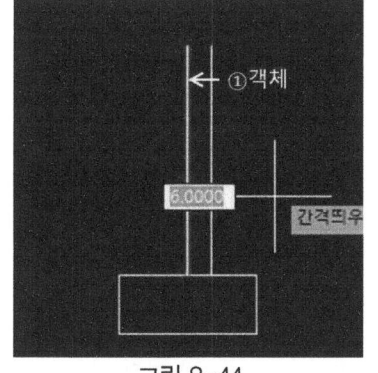
그림 8-44

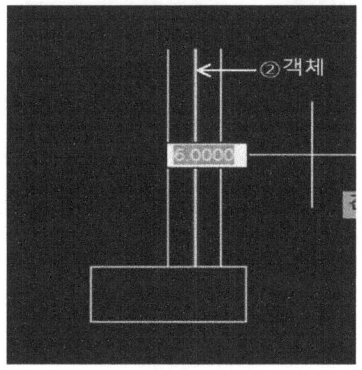
그림 8-45

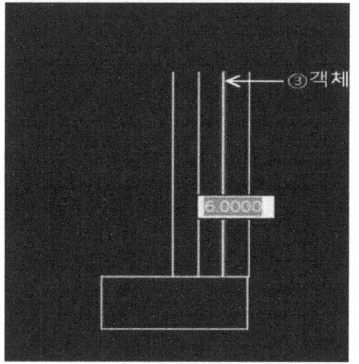
그림 8-46

[그림 8-44]

OFFSET(단축명령어 O) 명령어 입력

→ [Enter↵] → 6 입력 → [Enter↵] → ①객체 좌 클릭 → 마우스 우측이동 → 좌 클릭

[그림 8-45~8-46]

②객체 좌 클릭 → 마우스 우측이동 → 좌 클릭 → ③객체 좌 클릭 → 마우스 우측이동 → 좌 클릭 → [Enter↵]

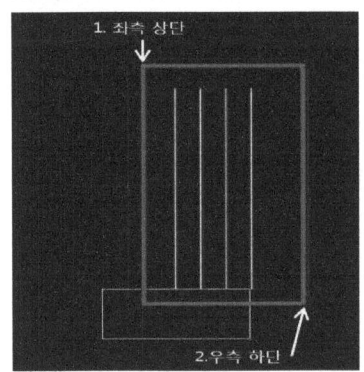
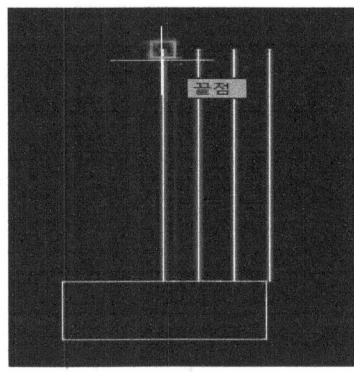
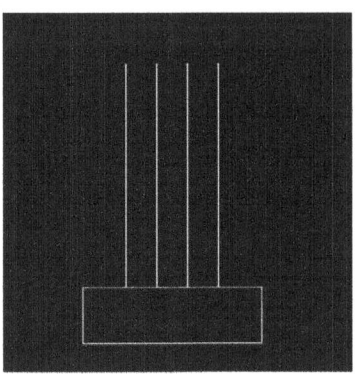

그림 8-47   그림 8-48   그림 8-49

[그림 8-47]

MOVE(단축명령어 M) 명령어 입력

→ [Enter↵] → 객체 드래그 좌 클릭

[그림 8-48~8-49]

→ [Enter↵] → 끝점 좌 클릭 → 마우스 좌측이동 → 9 입력 → [Enter↵]

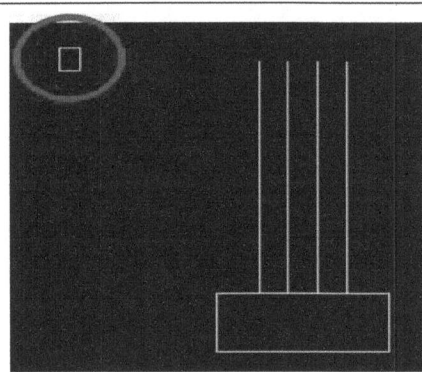
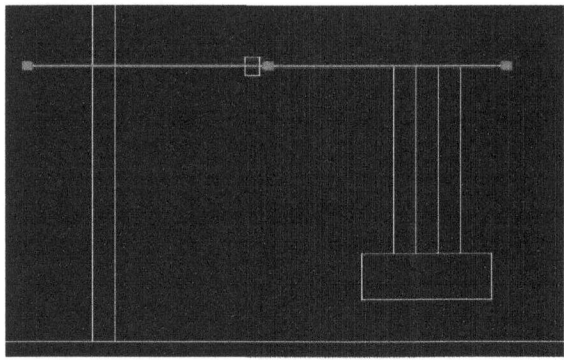

그림 8-50   그림 8-51

[그림 8-50]

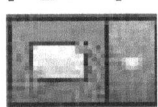 좌 클릭 → 임의의 첫점 좌 클릭 → [Shift] 2 (4 [,] 6) 입력 → [Enter↵]

[그림 8-51]

 좌 클릭하여 그림 8-51과 같이 만드시오.(MOVE 명령어를 이용하여 사각형을 선 중앙에 맞춰준다.)

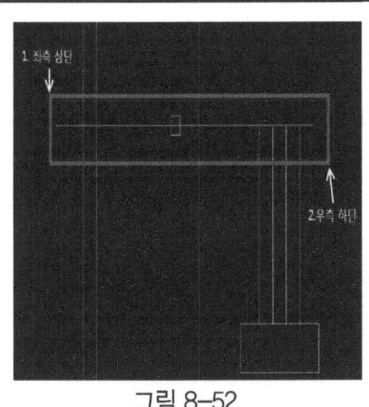
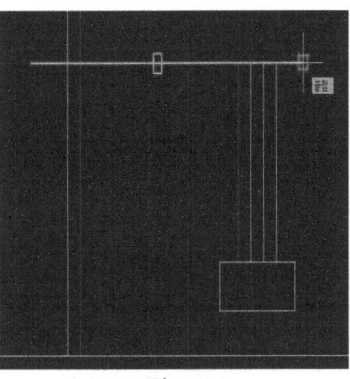
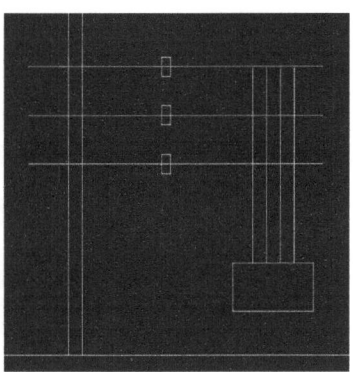

그림 8-52 　　　　　그림 8-53 　　　　　그림 8-54

[그림 8-52~8-54]
COPY(단축명령어 CO) 명령어 입력 → Enter↵ → 그림 8-52와 같이 1에서 2로 드래그 → Enter↵
→ 끝점 좌 클릭 → 마우스 아래이동 → 15 입력 → Enter↵ → 30 입력 → Enter↵

[그림 8-55]
OFFSET(단축명령어 O) 명령어 입력
→ Enter↵ → 20 입력 → Enter↵ → ①객체 좌 클릭
→ 마우스 우측이동 → 좌 클릭 → Enter↵

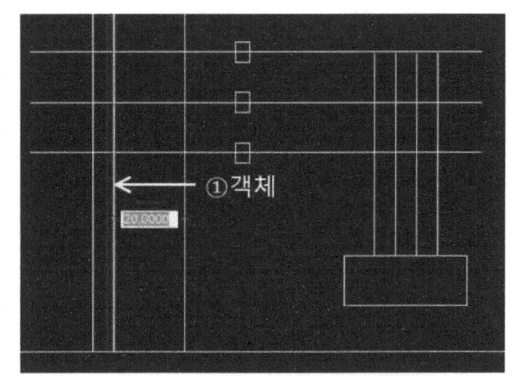

그림 8-55

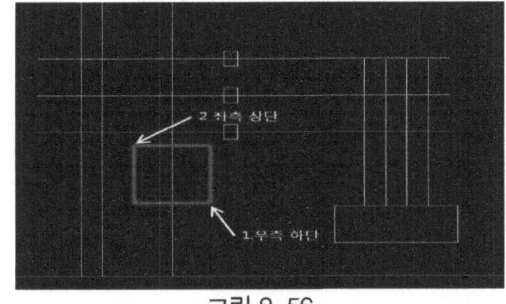
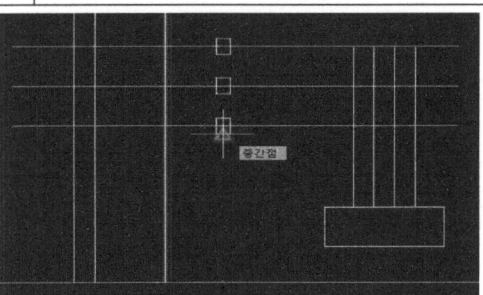

그림 8-56 　　　　　　　　　　그림 8-57

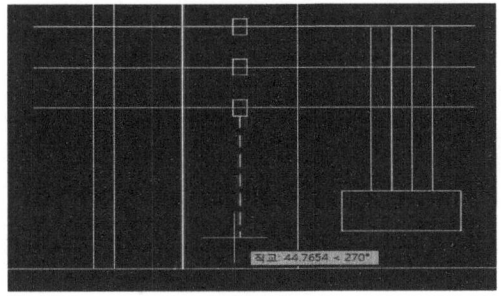
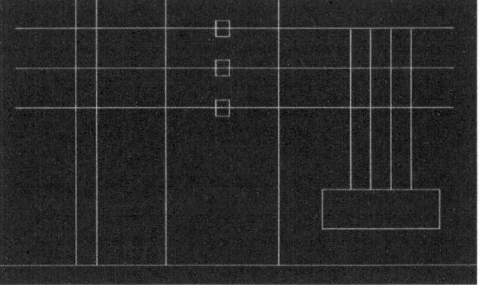

그림 8-58 　　　　　　　　　　그림 8-59

[그림 8-56~8-59]
MIRROR(단축명령어 MI) 명령어 입력
→ Enter↵ → MIRROR할 객체 좌 클릭 → Enter↵ → 중간점 △ 좌 클릭 (※ 직교모드가 아닐 경우 F8 키 입력) → 마우스 아래이동 → 좌 클릭 → Enter↵

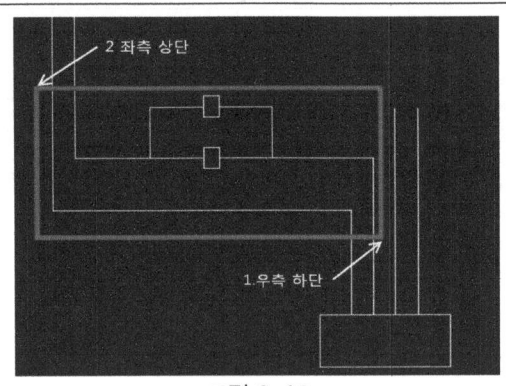

그림 8-60 　　　　　　　그림 8-61

[그림 8-60]
TRIM(단축명령어 TR) 명령어 입력
→ Enter↵ → 그림 8-60와 같이 1에서 2로 드래그 → Enter↵ → 필요없는 객체 좌 클릭 → Enter↵
(객체삭제가 안되면 ERASE 명령어를 이용하여 삭제한다.)

[그림 8-61]
 좌 클릭 → 임의의 첫점 좌 클릭 → Shift 2 (25 ,) 5) 입력

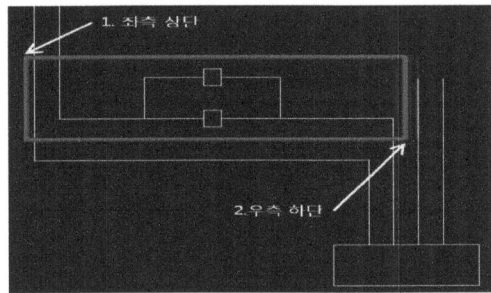 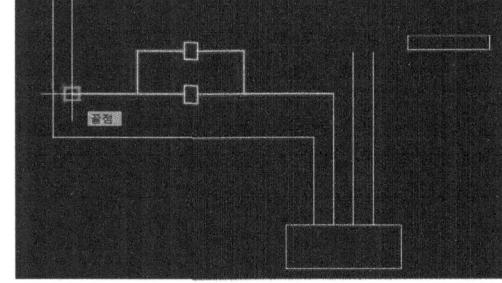

그림 8-62 　　　　　　　그림 8-63

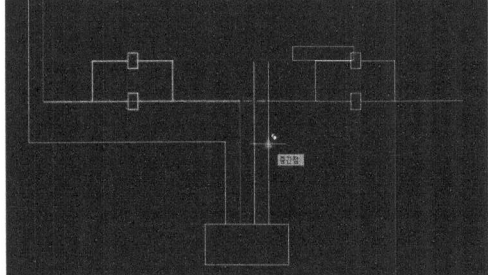 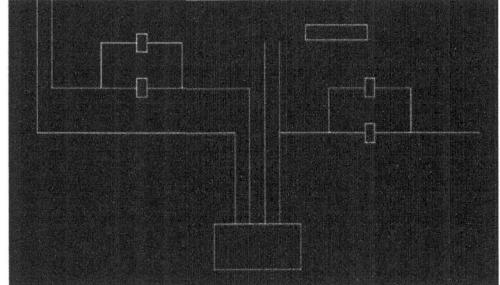

그림 8-64 　　　　　　　그림 8-65

[그림 8-62]
COPY(단축명령어 CO) 명령어 입력
→ Enter↵ → 객체 드래그 좌 클릭 → Enter↵
[그림 8-63~8-65]
→ 끝점 좌 클릭 → 마우스 대각선 아래로 이동 → 중간점 좌 클릭 → Enter↵

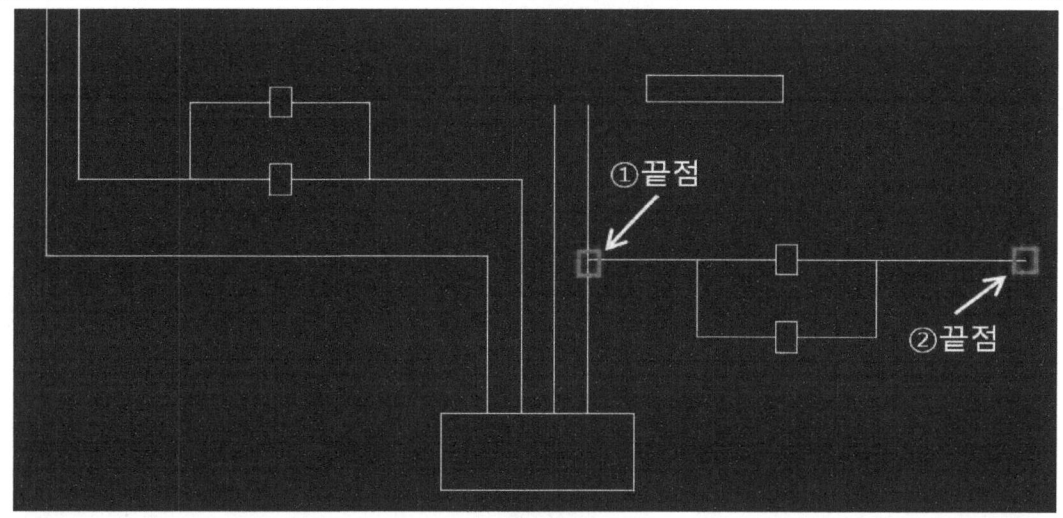

그림 8-66

[그림 8-66]
MIRROR(단축명령어 MI) 명령어 입력
→ Enter↵ → MIRROR할 객체 드래그(좌에서 우) → Enter↵ → ①끝점 좌 클릭 → 마우스 우측이동 → ②끝점 좌 클릭 → Y 입력 → Enter↵ (※ 직교모드가 아닐 경우 F8 키 입력)

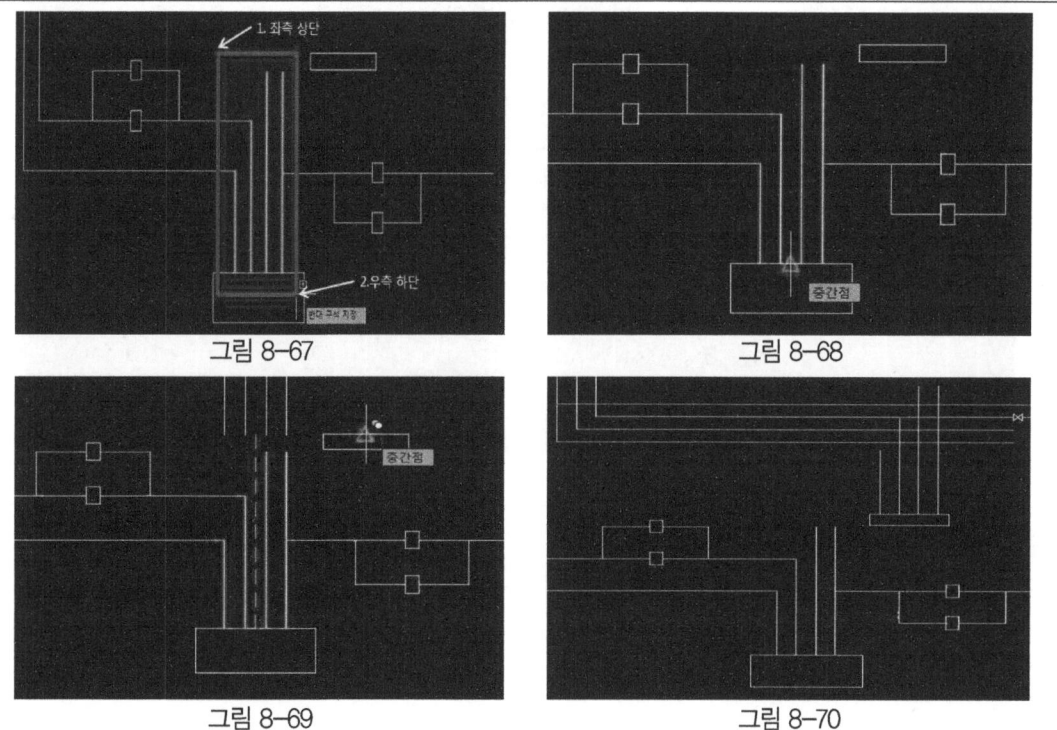

그림 8-67   그림 8-68
그림 8-69   그림 8-70

[그림 8-67]
COPY(단축명령어 CO) 명령어 입력
→ Enter↵ → 그림 8-67과 같이 1에서 2로 드래그 → Enter↵
[그림 8-68~8-70] → 중간점 좌 클릭 → 마우스 2시 방향으로 이동 → 중간점 좌 클릭 → Enter↵ → 객체 복사

[그림 8-71]
OFFSET(단축명령어 O) 명령어 입력
→ Enter↵ → 15 입력 → Enter↵
→ ①객체 좌 클릭 → 마우스 위로이동
→ 좌 클릭 → Enter↵

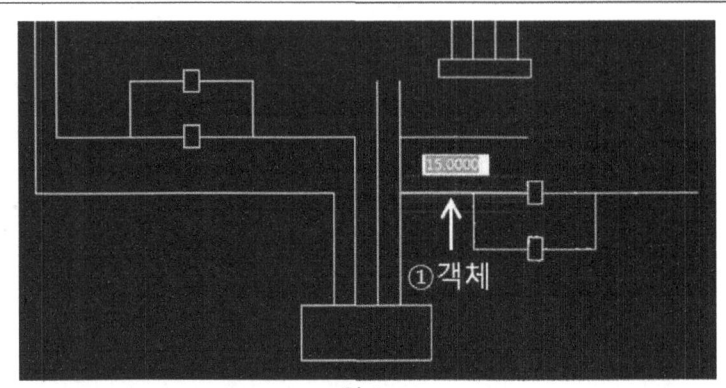
그림 8-71

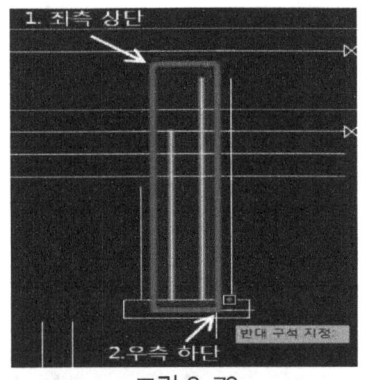
그림 8-72

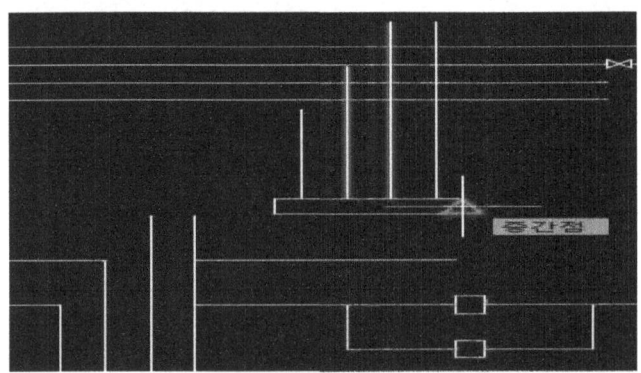
그림 8-73

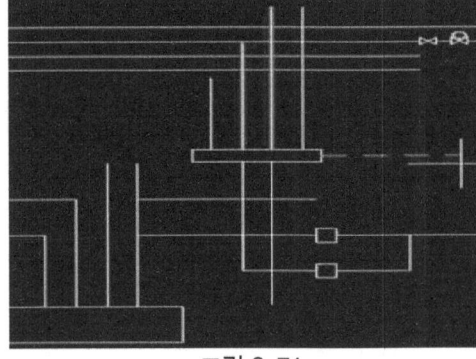
그림 8-74

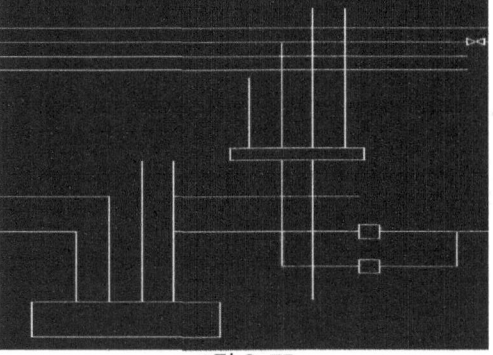
그림 8-75

[그림 8-72]
MIRROR(단축명령어 MI) 명령어 입력 → Enter↵ → 그림 8-72과 같이 1에서 2로 드래그 → Enter↵
[그림 8-73~8-75]
→ 중간점 △ 좌 클릭(※ 직교모드가 아닐 경우 F8 입력) → 마우스 우측이동 (원본객체는 지우지 마시오.)
→ 좌 클릭 → Enter↵

[그림 8-76]
FILLET, TRIM 그리고 ERASE 명령어를 이용하여 그림 8-76과 같이 만드시오.

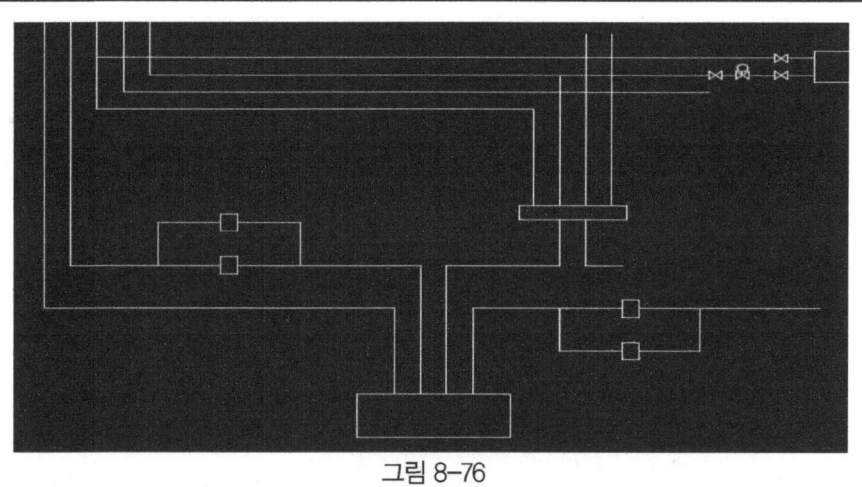
그림 8-76

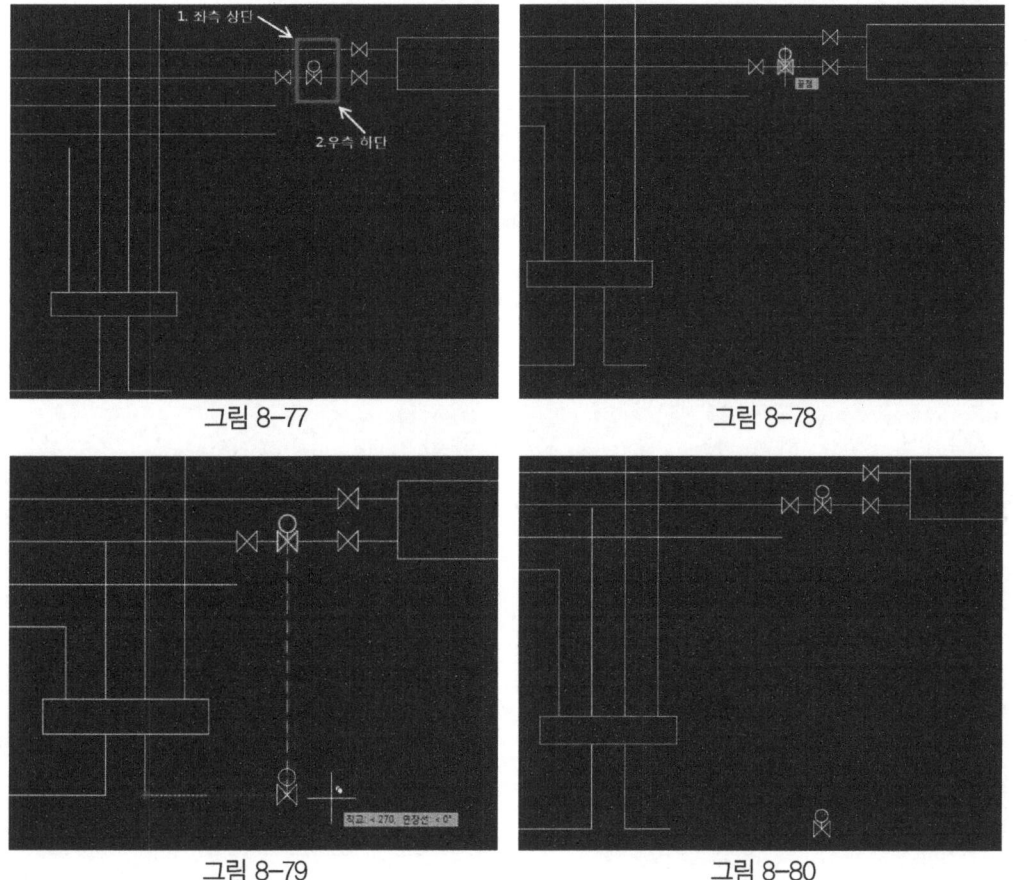

[그림 8-77]
COPY(단축명령어 CO) 명령어 입력
→ Enter↵ → 객체 드래그 좌 클릭 → Enter↵

[그림 8-78~8-80]
→ 끝점 좌 클릭 → 마우스 아래 연장선에 맞추어 직교위치 이동 → 좌 클릭 → Enter↵

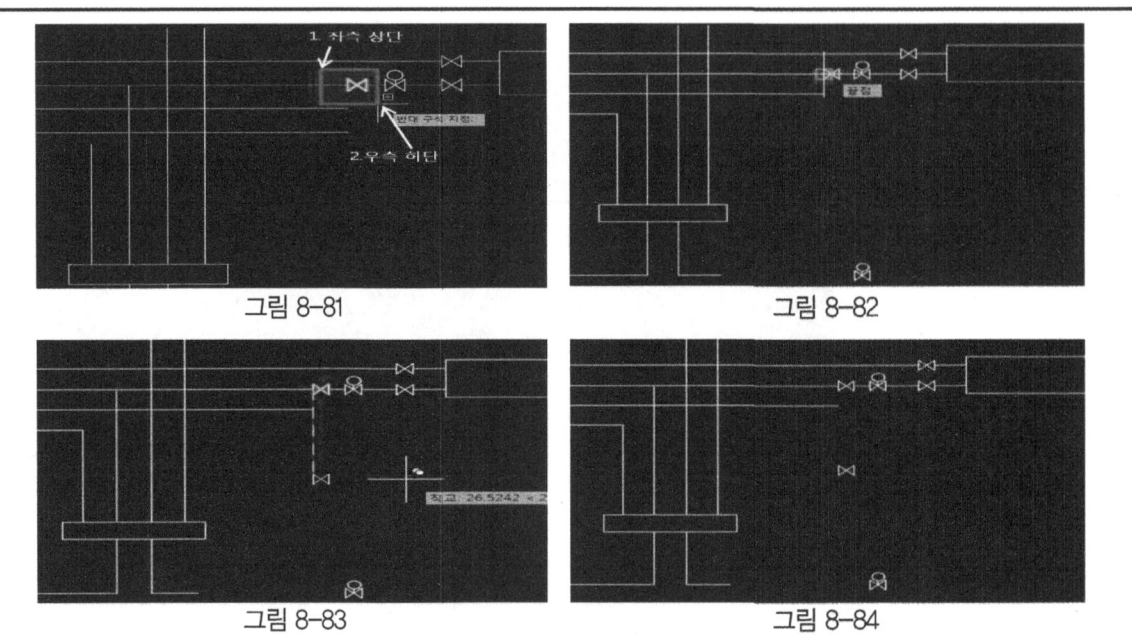

그림 8-81   그림 8-82

그림 8-83   그림 8-84

[그림 8-81]

COPY(단축명령어 CO) 명령어 입력

→ Enter↵ → 그림 8-81과 같이 1에서 2로 드래그 → Enter↵

[그림 8-82~8-84]

→ 끝점 좌 클릭 → 마우스 아래이동 → 30 입력 → Enter↵ → Enter↵

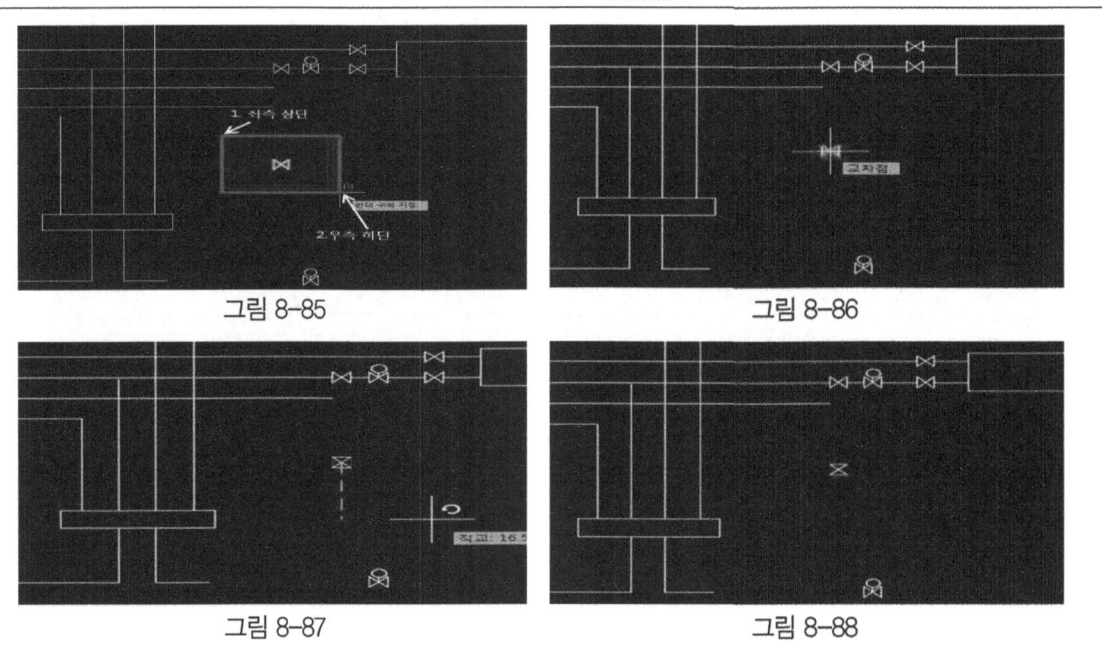

그림 8-85   그림 8-86

그림 8-87   그림 8-88

[그림 8-85]

ROTATE(단축명령어 RO) 명령어 입력

→ Enter↵ → 그림 8-85와 같이 1에서 2로 드래그 → Enter↵

[그림 8-86~8-88]

→ 교차점 좌 클릭 → 마우스 아래이동 → 좌 클릭 → Enter↵

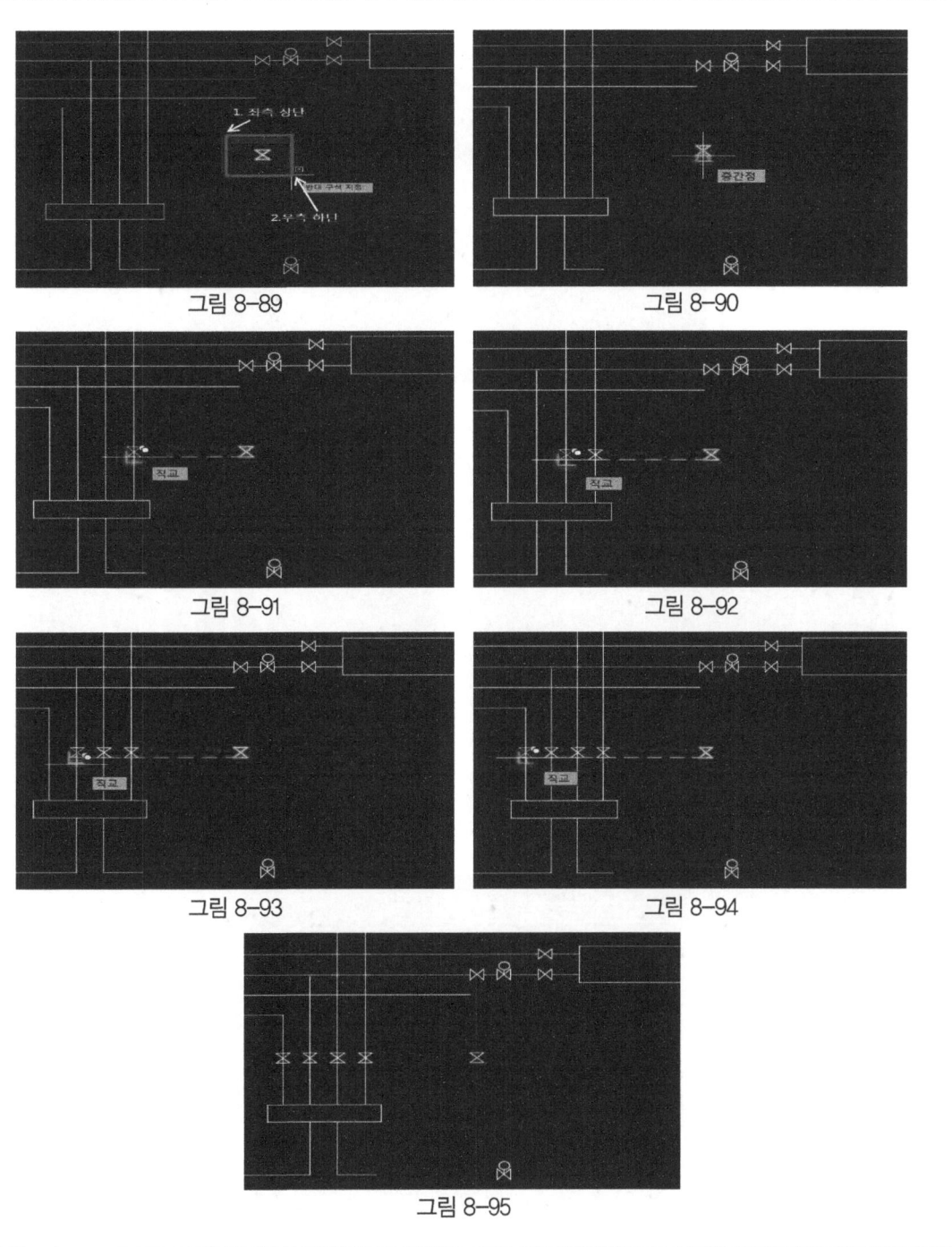

그림 8-89 / 그림 8-90 / 그림 8-91 / 그림 8-92 / 그림 8-93 / 그림 8-94 / 그림 8-95

[그림 8-89]
COPY(단축명령어 CO) 명령어 입력
→ Enter↵ → 그림 8-89과 같이 1에서 2로 드래그 → Enter↵

[그림 8-90~8-95]
→ 중간점 좌 클릭 → 마우스 좌측이동 → 직교점 좌 클릭 → 직교점 좌 클릭 → 직교점 좌 클릭
→ 직교점 좌 클릭 → Enter↵

[그림 8-96]
TRIM 그리고 ERASE 명령어를 이용하여 그림 8-96과 같이 만드시오.

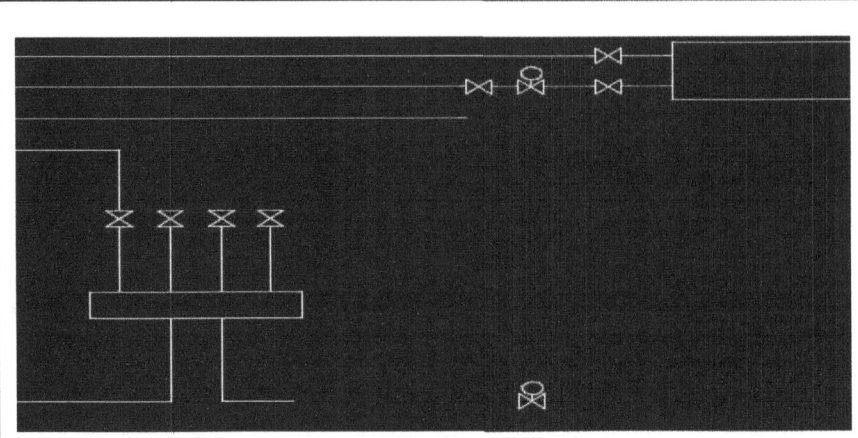

그림 8-96

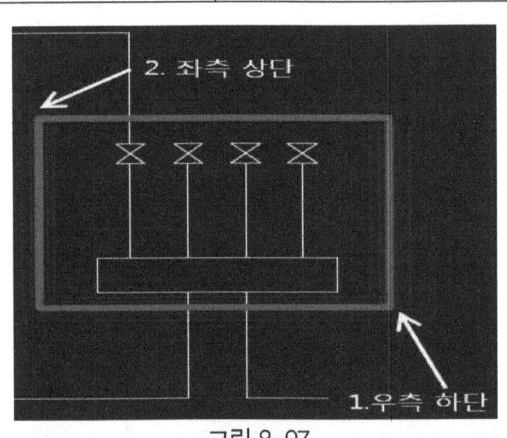

그림 8-97

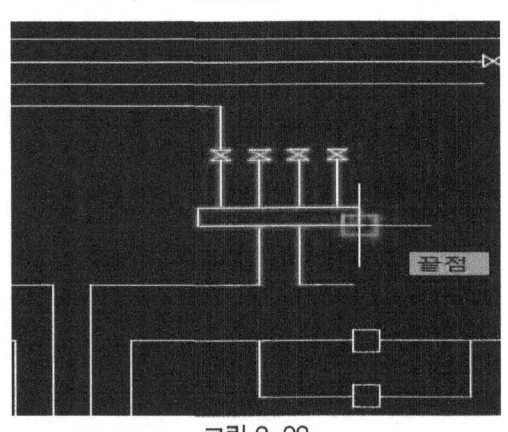

그림 8-98

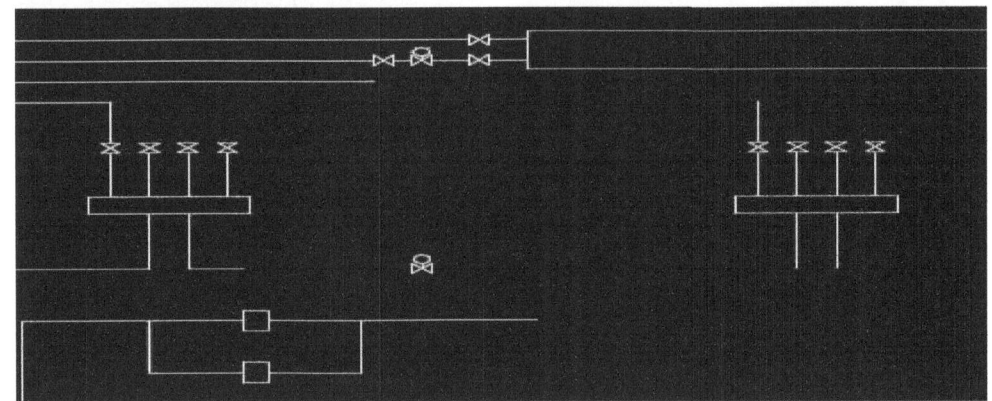

그림 8-99

[그림 8-97]
COPY(단축명령어 CO) 명령어 입력
→ Enter↵ → 그림 8-97과 같이 1에서 2로 드래그 → Enter↵

[그림 8-98~8-99]
→ 끝점 좌 클릭 → 마우스 우측이동 → 100 입력 → Enter↵ → Enter↵

[그림 8-100]

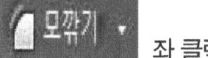 좌 클릭
(모깎기 반지름 지정 문구 생성)
→ R 입력 → Enter↵ → 0 입력
→ Enter↵ → ①객체 좌 클릭
→ ②객체 좌 클릭 → Enter↵

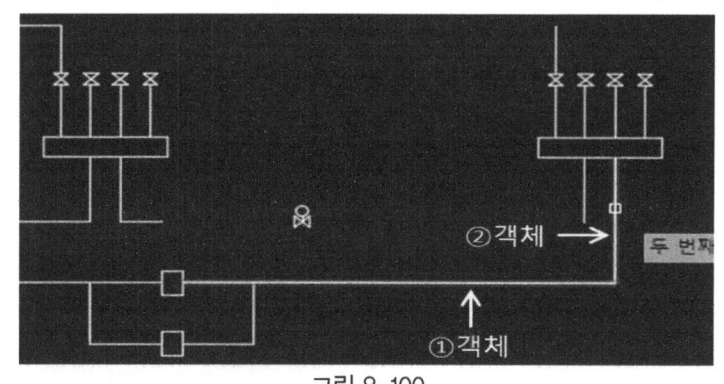
그림 8-100

[그림 8-101]
그림 8-100과 동일한 방법으로 그림 8-101과 같이 만드시오.

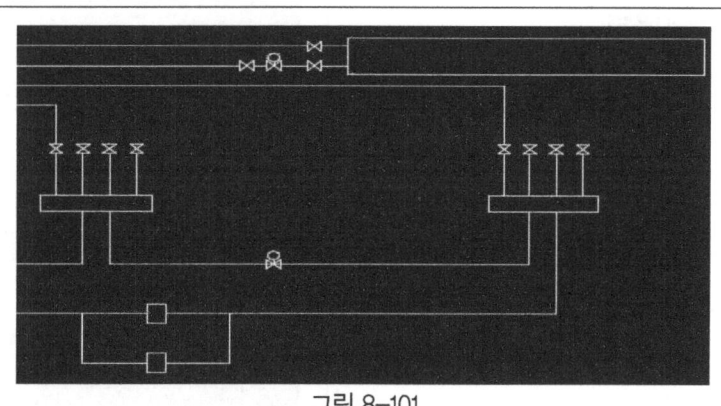
그림 8-101

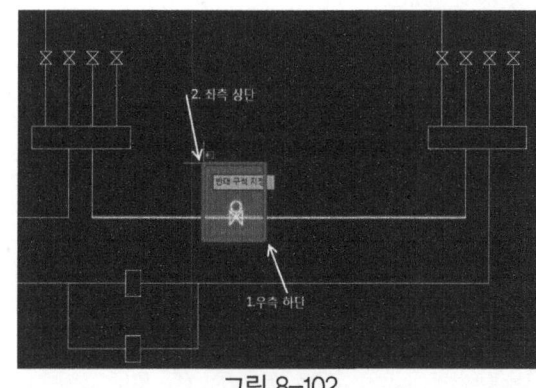
그림 8-102

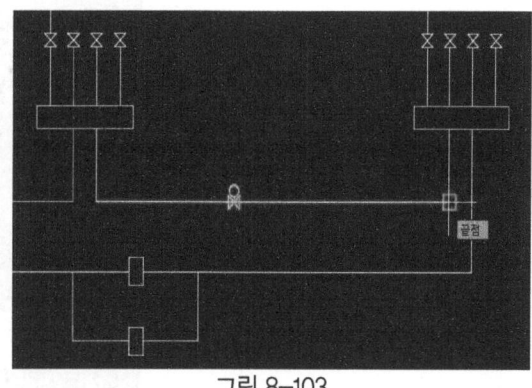
그림 8-103

그림 8-104

[그림 8-102]
COPY(단축명령어 CO) 명령어 입력
→ Enter↵ → 객체 드래그 좌 클릭

[그림 8-103~8-104]
→ Enter↵ → 끝점 좌 클릭 → 마우스 위로이동 → 10 입력 → Enter↵ → Enter↵

[그림 8-105]
OFFSET(단축명령어 O) 명령어 입력
→ Enter↵
→ 20 입력
→ Enter↵
→ ①객체 좌 클릭
→ 마우스 우측이동
→ 좌 클릭
→ Enter↵

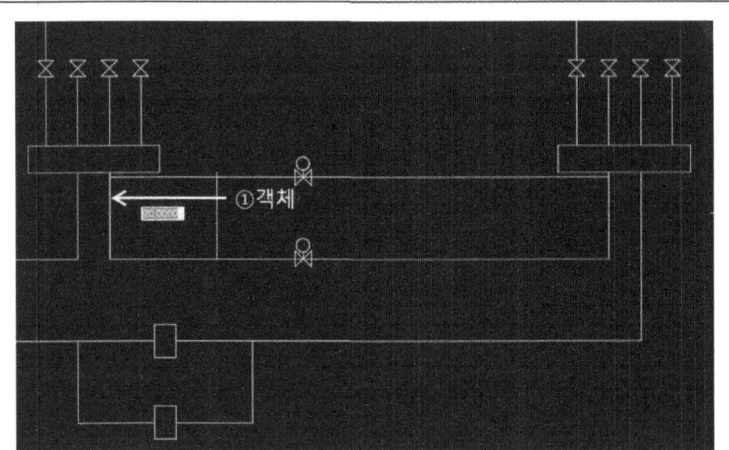

그림 8-105

[그림 8-106]
그림 8-72과 동일한 방법으로 MIRROR(를 이용하여 밸브의 교차점을 기준으로 해서 그림 8-106와 같이 만드시오.

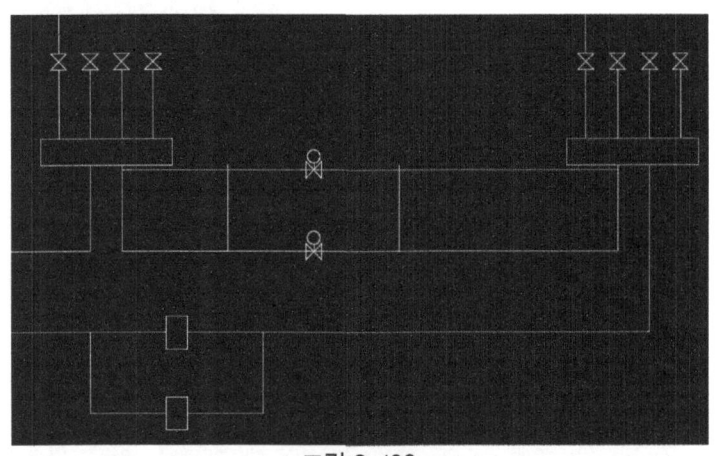

그림 8-106

[그림 8-107]
FILLET, TRIM과 ERASE 명령어를 이용하여 그림 8-107과 같이 만드시오.

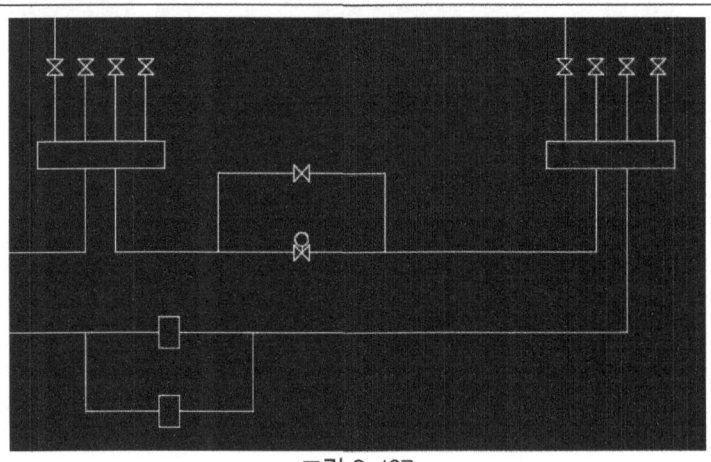

그림 8-107

[그림 8-108]
 좌 클릭
→ 임의의 첫점 좌 클릭
→ [Shift] 2 (30 [,] 25) 입력

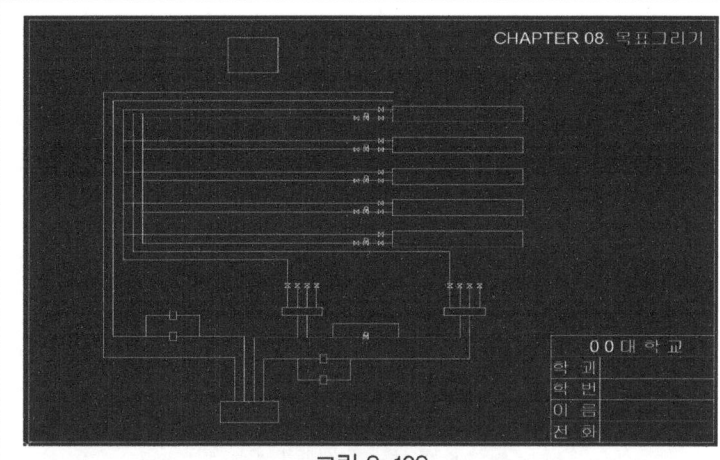
그림 8-108

[그림 8-109]
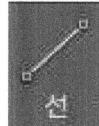 좌 클릭하여 그림 8-109과 같이 만드시오.

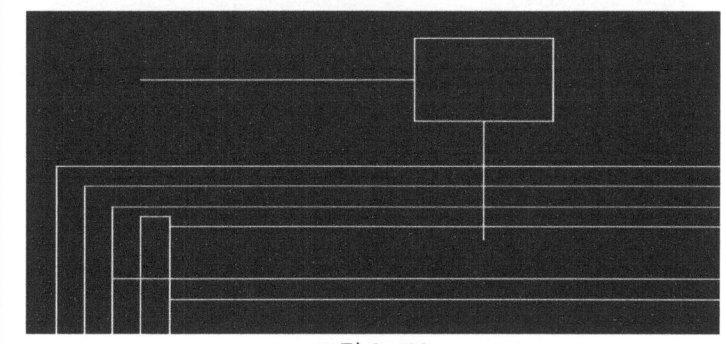
그림 8-109

[그림 8-110]
OFFSET(단축명령어 O) 명령어 입력
→ [Enter↵] → 25 입력 → [Enter↵]
→ ①객체 좌 클릭 → 마우스 좌측이동
→ 좌 클릭 → [Enter↵]

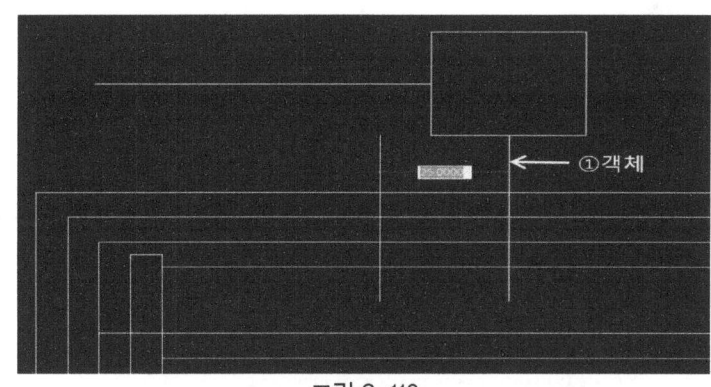
그림 8-110

[그림 8-111]
FILLET을 이용하여 그림 8-111과 같이 만드시오.

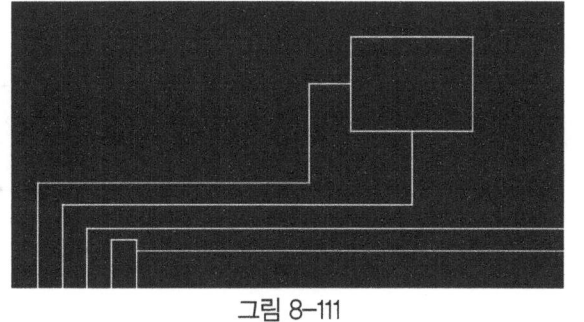
그림 8-111

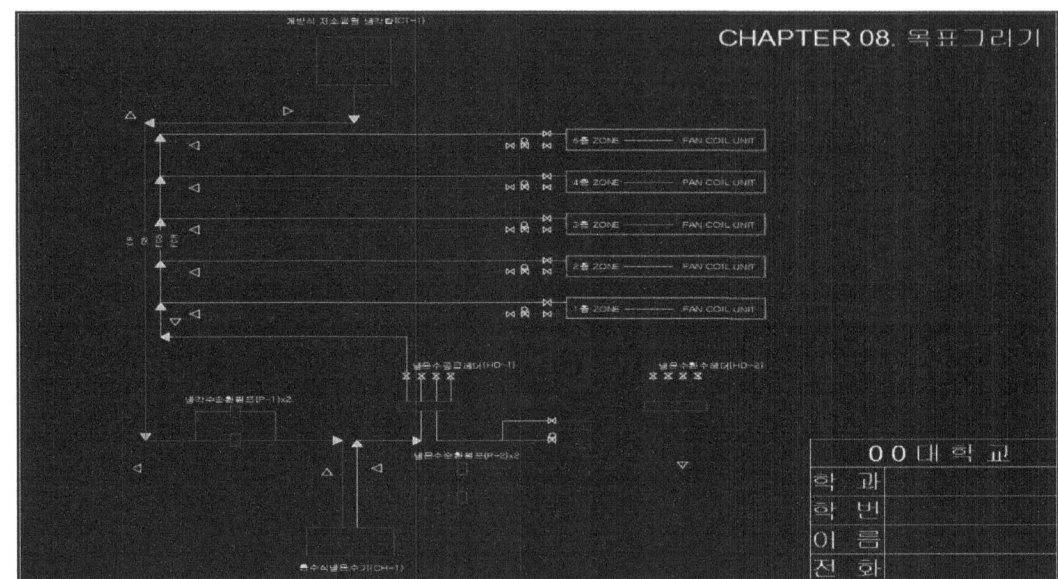

그림 8-112

[그림 8-112]

그림 6-18~6-25와 동일한 방법으로 흐름방향을 만든다.

RO 입력 → Enter↵ → 회전시킬 객체 드래그 좌 클릭 → Enter↵ → 좌 클릭 → 마우스 아래이동(90° 회전) 또는 마우스 좌측이동(180° 회전) → 좌 클릭 후 흐름방향 표시를 맞게 넣어준다.

그림 6-75와 동일한 방법으로 문자를 만든다.

 좌 클릭 → 시작점 좌 클릭 → 끝점 좌 클릭 → 문자 입력 → 문자 드래그 좌 클릭

→ 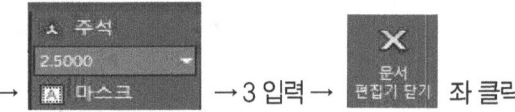 → 3 입력 → 좌 클릭

LAYER정리와 문자 및 흐름방향 표시를 복사하여 그림 8-112와 같이 만드시오. LAYER는 다음과 같이

CS : 선홍색(색상색인 - 6), CEN5

CR : 고동색(색상색인 - 15), PHANTOM

FCS : 하늘색(색상색인 - 4), ByLayer

FCR : 고동색(색상색인 - 15), DASHED 지정한다.

[그림 8-113]

좌 클릭하여 그림 8-113와 같이 만드시오.
제목 문자크기는 5, 나머지 문자는 1.75로 하시오.

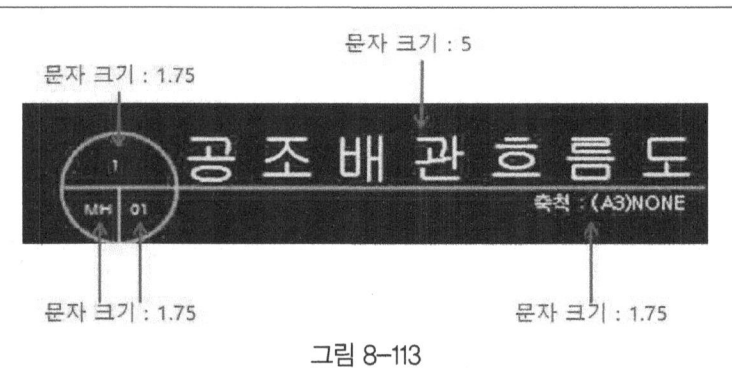

그림 8-113

그림 8-114과 같이 완성하시오. 완성된 도면을 다음의 파일 명으로 저장한다.

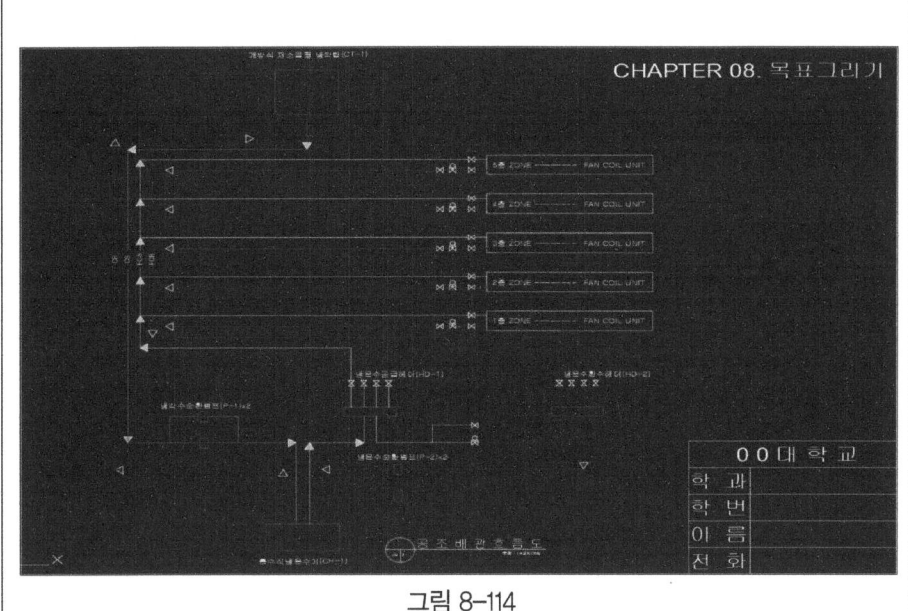

그림 8-114

파일명 : CHAPTER08_학번_홍길동(년/월/일)

CHAPTER 09

공조배관 평면도 설계

CHAPTER 09 공조배관 평면도 설계

9-1 공조배관

거주자의 쾌적성을 증대시키기 위해 실내 공기조건을 조성하는 증기, 냉온수 및 냉각수 배관을 공조배관이라고 하며 냉난방배관이라고도 한다. 평면도는 각 실에 설치되는 공조배관의 세부상황을 나타내며, 배관의 물량을 산출할 때 사용한다.

9-2 공조배관 평면도 설계하기

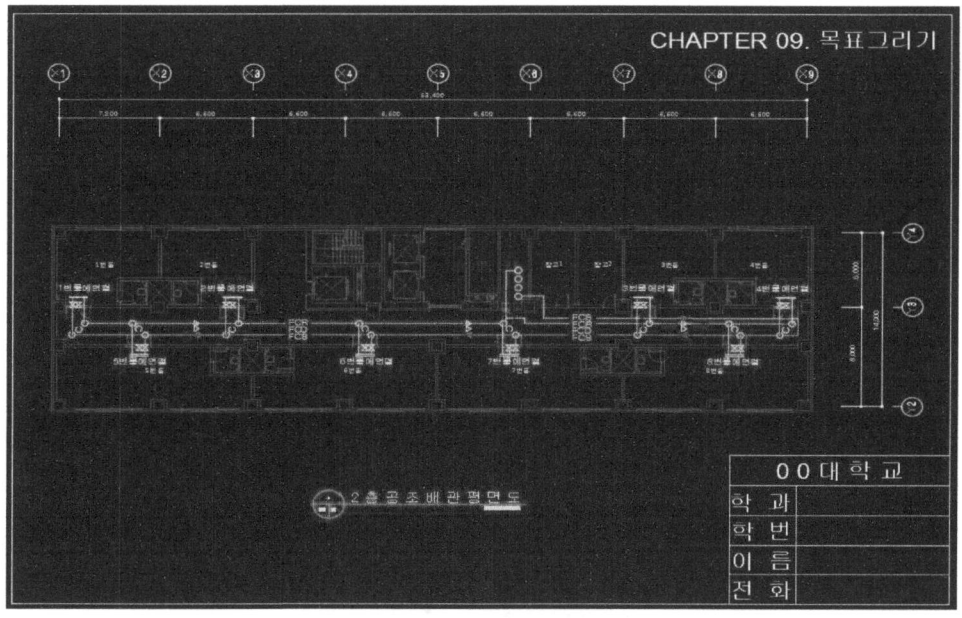

그림 9-1 목표 그리기
(부록 7 참조)

방 법	화 면
[그림 9-2] 그림 9-2의 도면에서부터 시작한다. → LTS 입력 → Enter↵ → 80 입력 → Enter↵ ※ 그림 7-3과 동일한 방법으로 시작할 때 건축 도면 층 Layer잠금을 누르고 시작한다.	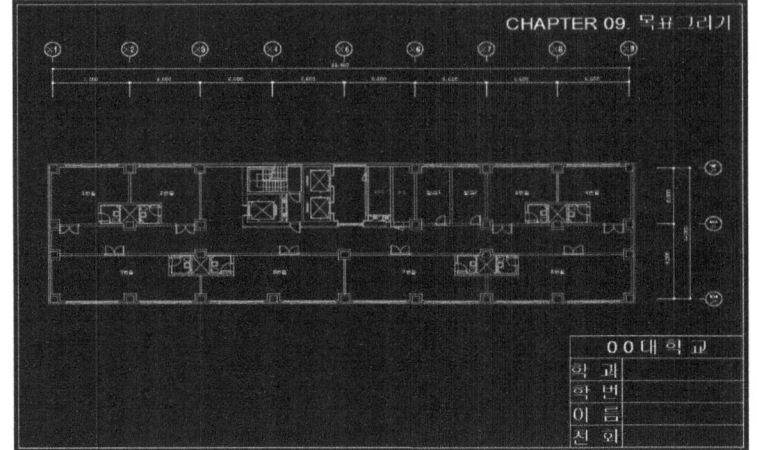 그림 9-2

[그림 9-3]

 LAYER로 선택한다.

 좌 클릭 → 임의의 점 좌 클릭
→ 마우스 우측이동 → 250 입력 → Enter↵
(※ P.S구간에 원을 4개 만든다.)

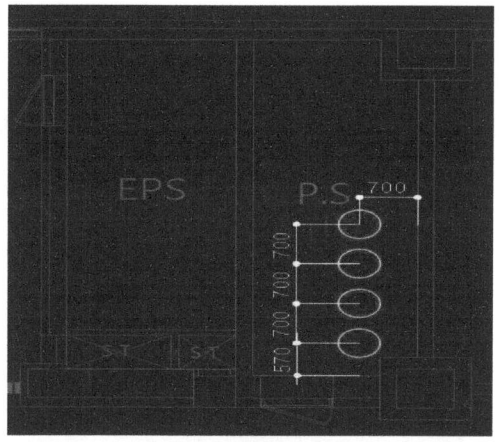

그림 9-3

[그림 9-4]

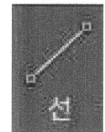 좌 클릭하여 그림 9-4와 같이 만드시오.

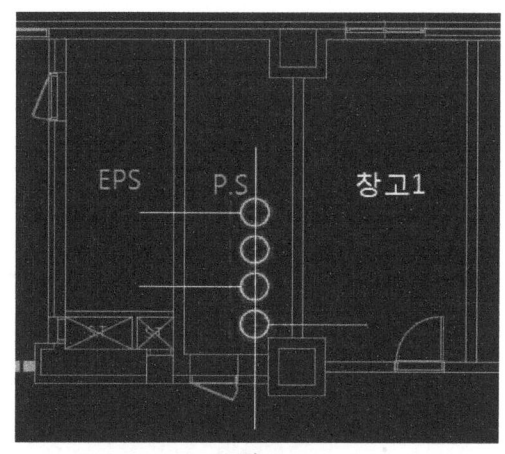

그림 9-4

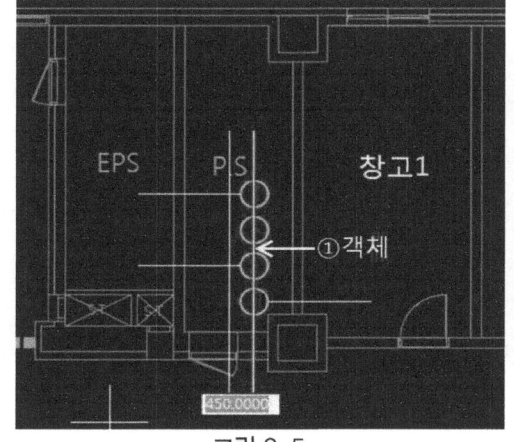

그림 9-5

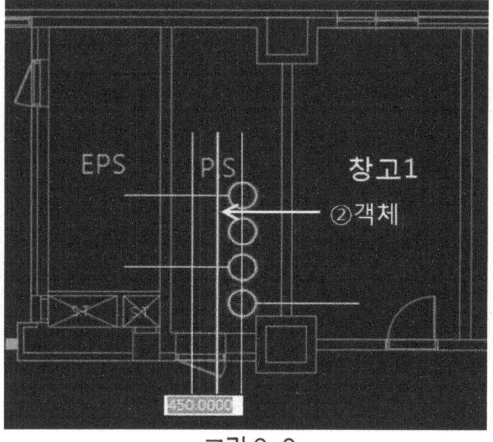

그림 9-6

[그림 9-5~9-6]
OFFSET(단축명령어 O) 명령어 입력
→ Enter↵ → 450 입력 → Enter↵ → ①객체 좌 클릭 → 마우스 좌측이동 → 좌 클릭 → ②객체 좌 클릭
→ 마우스 좌측이동 → 좌 클릭 → Enter↵

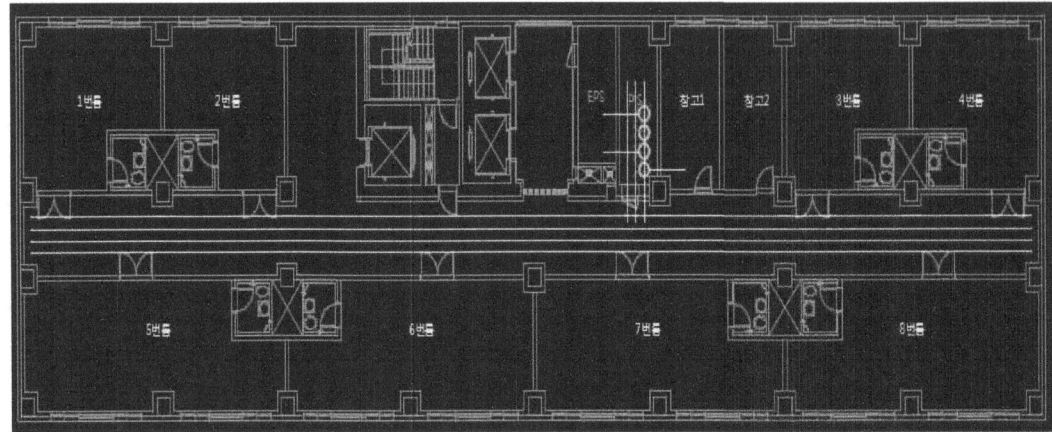

그림 9-7

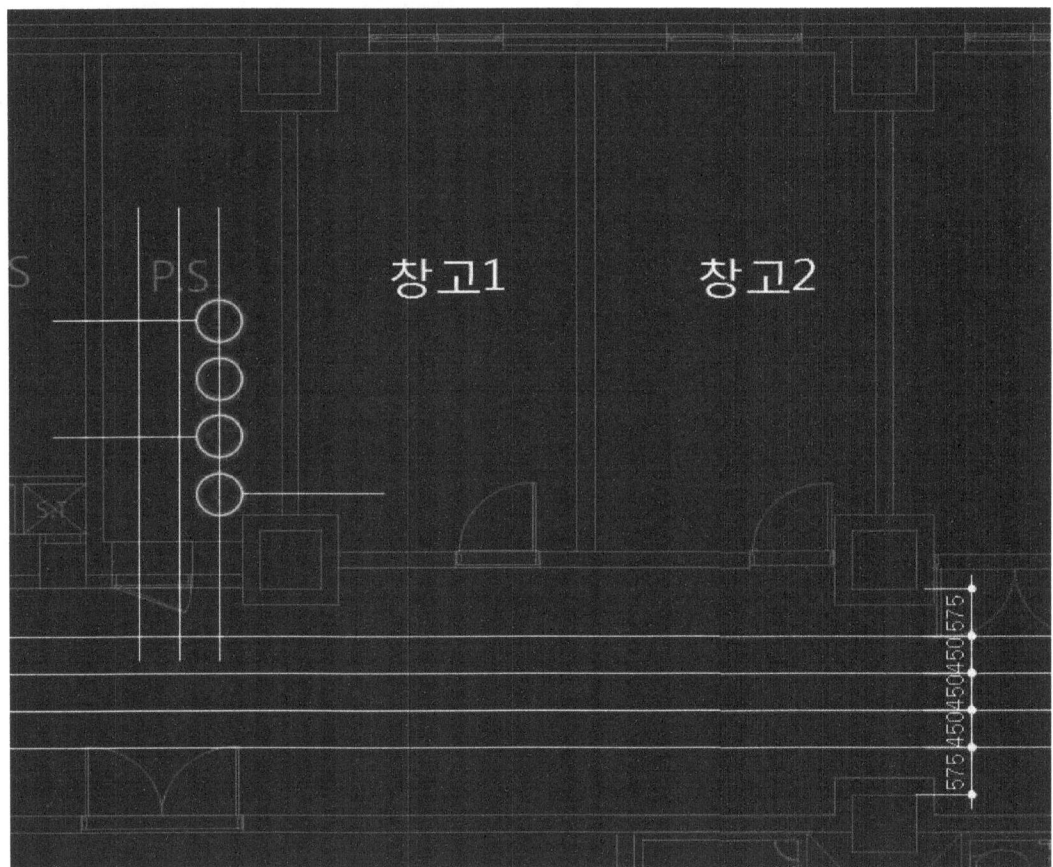

그림 9-8

[그림 9-7~9-8]

 좌 클릭하여 그림 9-7과 같이 만드시오. → 확대그림 9-8을 참조하시오.

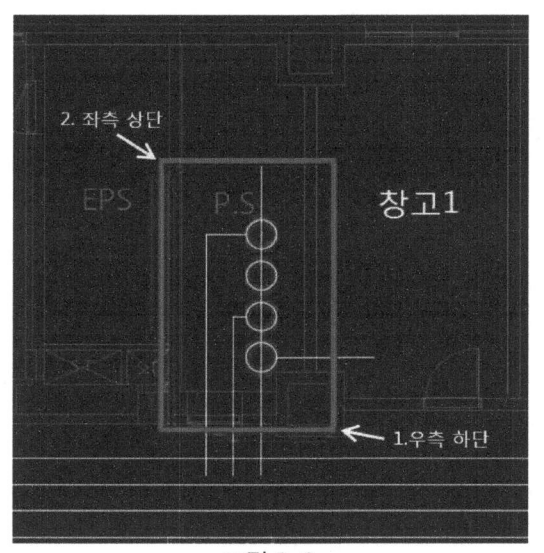
그림 9-9

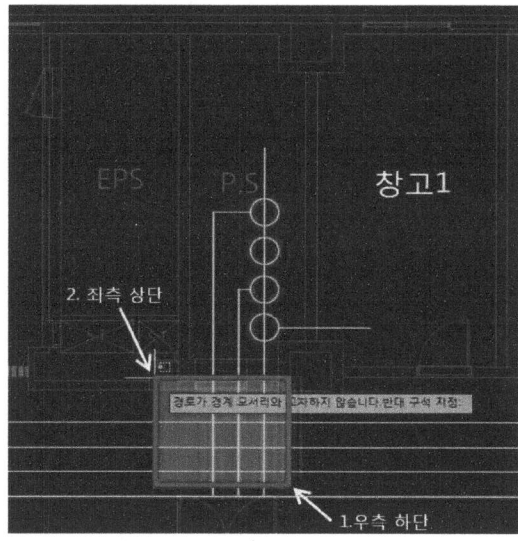
그림 9-10

[그림 9-9]
TRIM(단축명령어 TR) 명령어 입력
→ Enter↵ → 그림 9-9와 같이 1에서 2로 드래그 → Enter↵ → 필요없는 객체 좌 클릭 → Enter↵
(객체삭제가 안되면 ERASE 명령어를 이용하여 삭제한다.)

[그림 9-10]
선이 떨어져 있는 것은 EXTEND(연장하기)를 이용하여 연장시킨다.

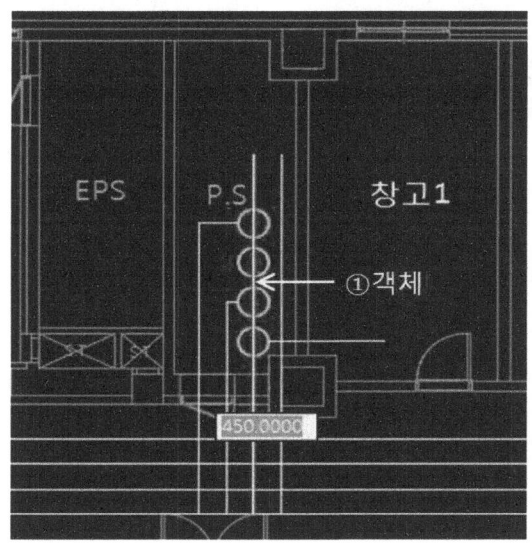

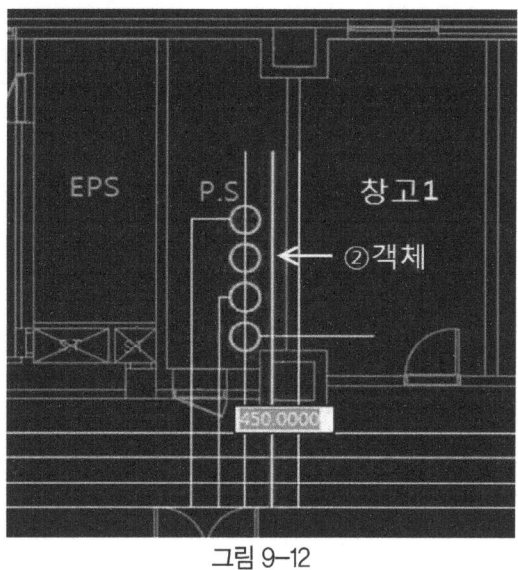
그림 9-12

[그림 9-11~9-12]
OFFSET(단축명령어 O) 명령어 입력
→ Enter↵ → 450 입력 → ①객체 좌 클릭 → 마우스 우측이동 → 좌 클릭 → ②객체 좌 클릭
→ 마우스 우측이동 → 좌 클릭 → Enter↵

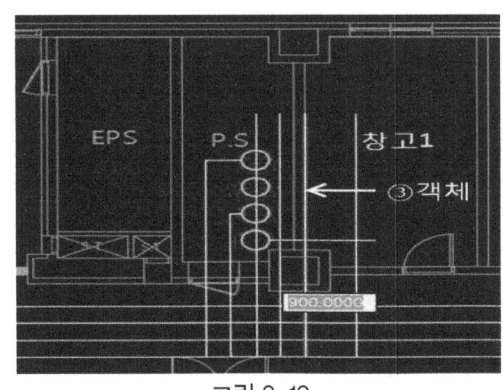
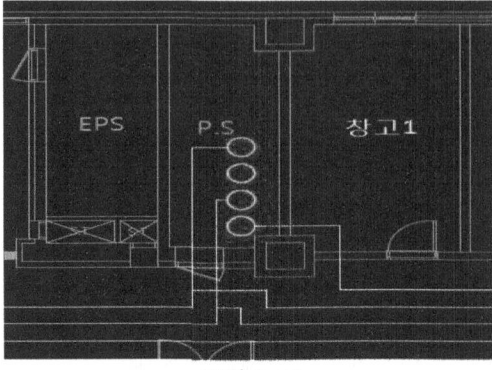

그림 9-13　　　　　　　　　　　그림 9-14

[그림 9-13]
OFFSET(단축명령어 O) 명령어 입력
→ [Enter↵] → 900 입력 → ③객체 좌 클릭 → 마우스 우측이동 → 좌 클릭 → [Enter↵]

[그림 9-14]
TRIM과 ERASE 명령어를 이용하여 그림 9-14와 같이 만드시오.

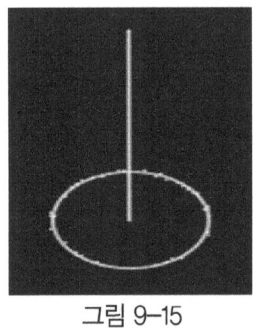
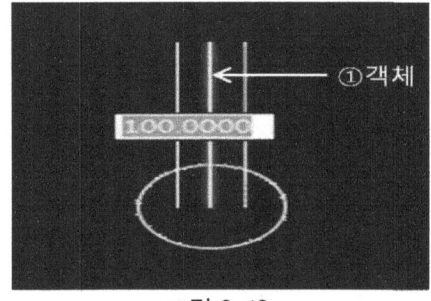
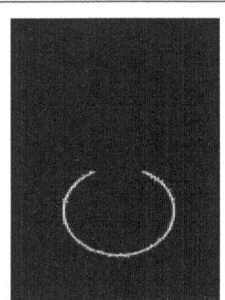

그림 9-15　　　　　　　그림 9-16　　　　　　　그림 9-17

[그림 9-15]

좌 클릭 → 도면 빈 공간 임의의 점 좌 클릭 → 마우스 우측이동 → 225 입력 → [Enter↵]

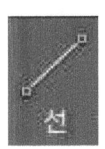
좌 클릭하여 선의 길이가 5000이 되도록 그림 9-15와 같이 만드시오.

[그림 9-16~9-17]
OFFSET(단축명령어 O) 명령어 입력
→ [Enter↵] → 100 입력 → ①객체 좌 클릭 → 마우스 우측이동 → 좌 클릭
→ ①객체 좌 클릭 → 마우스 좌측이동 → 좌 클릭 → [Enter↵]
→ TRIM과 ERASE 명령어를 이용하여 그림 9-17과 같이 만드시오.

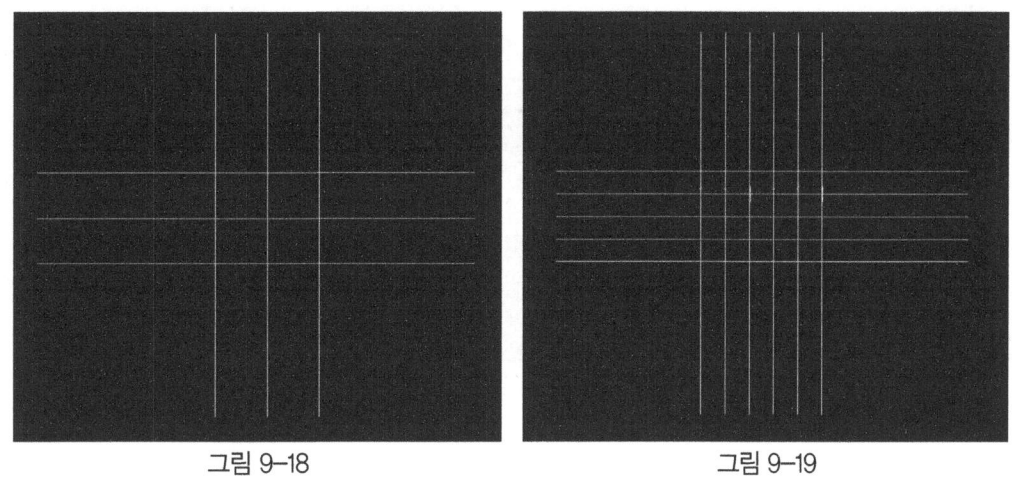

그림 9-18   그림 9-19

[그림 9-18~9-19]

좌 클릭하여 도면의 빈공간에 선의 길이 5000, 선의 간격 450으로 하여 그림 9-18과 같이 격자를 만드시오. → OFFSET(단축명령어 O) 명령어 입력 → Enter↵ → 225 입력하여 그림 9-19와 같이 만드시오.

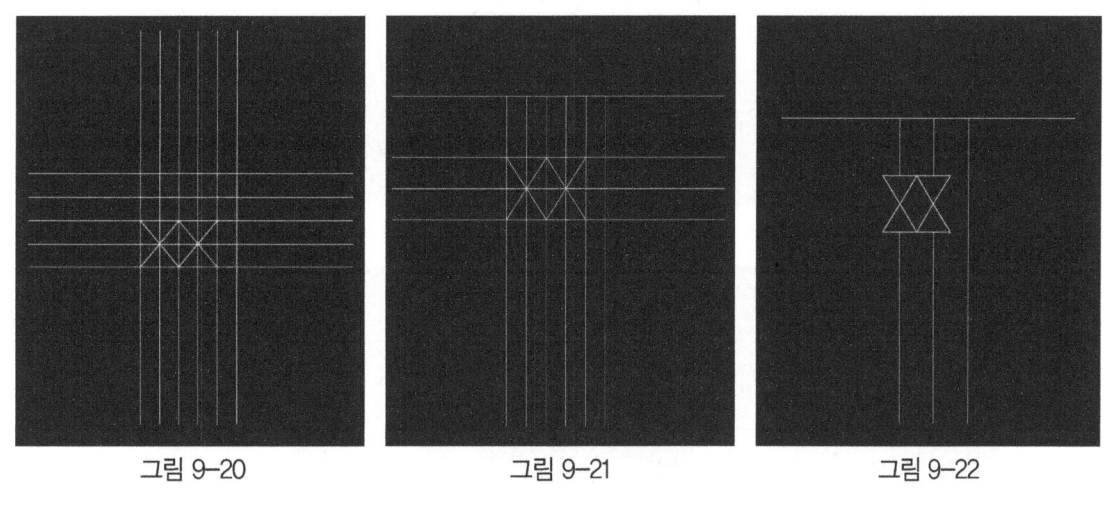

그림 9-20   그림 9-21   그림 9-22

[그림 9-20~9-22]

좌 클릭하여 그림 9-20과 같이 대각선을 만드시오.
→ TRIM과 ERASE 명령어를 이용하여 그림 9-21과 9-22와 같이 만드시오.

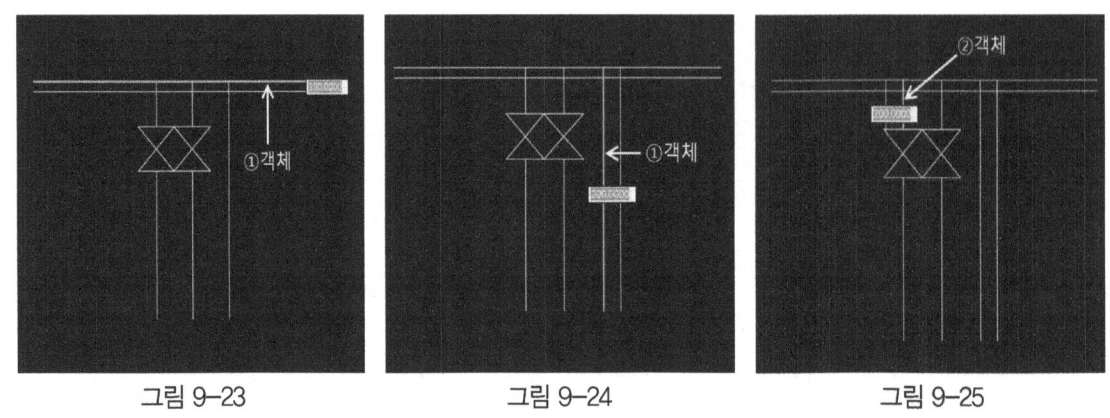

그림 9-23   그림 9-24   그림 9-25

[그림 9-23~9-25]
OFFSET(단축명령어 O) 명령어 입력
→ [Enter↵] → 100 입력 → ①객체 좌 클릭 → 마우스 아래이동 → 좌 클릭 → [Enter↵]
→ OFFSET(단축명령어 O) 명령어 입력
→ [Enter↵] → 200 입력 → ①객체 좌 클릭 → 마우스 우측이동 → 좌 클릭
→ ②객체 좌 클릭 → 마우스 좌측이동 → 좌 클릭 → [Enter↵]

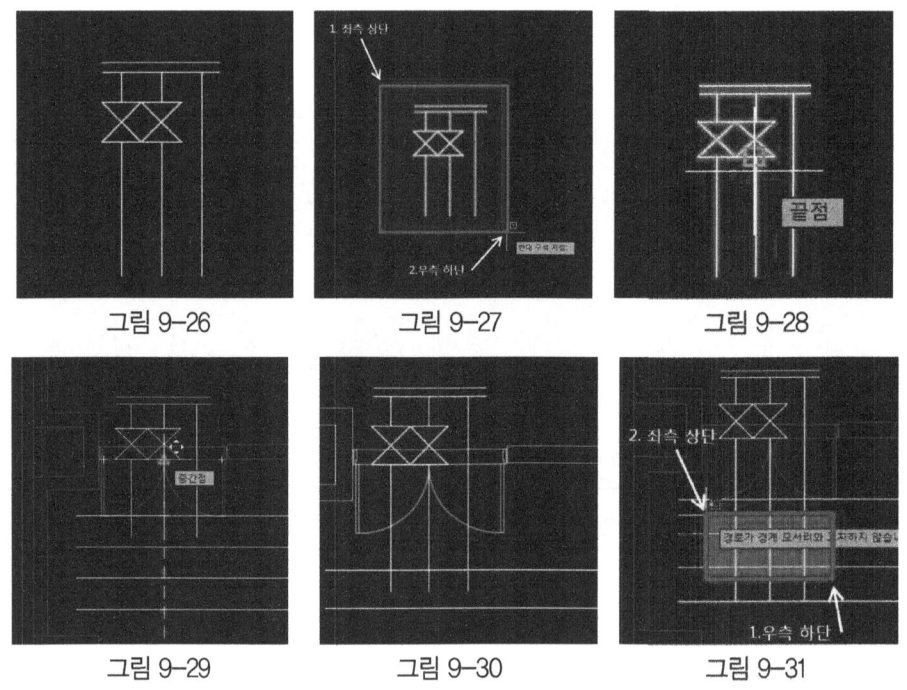

그림 9-26   그림 9-27   그림 9-28
그림 9-29   그림 9-30   그림 9-31

[그림 9-26~9-31]
TRIM과 ERASE 명령어를 이용하여 그림 9-26과 같이 만드시오. MOVE(단축명령어 M) 명령어 입력
→ [Enter↵] → 객체 드래그 전체 좌 클릭 → [Enter↵] → 1번문 앞 중간점 좌 클릭 → 마우스 위로이동
→ 끝점 좌 클릭 → 객체 이동완료 → EXTEND(연장하기)를 이용하여 선을 연장한다.

[그림 9-32]
그림 9-31에서 만든 객체를 그림 9-32와 같이 출입문에 복사하시오.

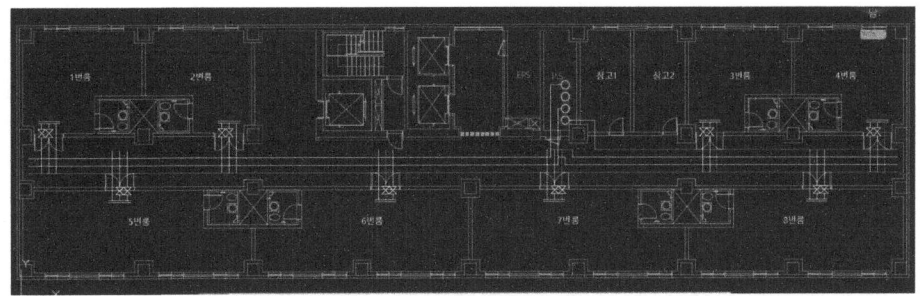
그림 9-32

[그림 9-33]
TRIM과 ERASE 명령어를 이용하여 그림 9-33과 같이 만드시오.

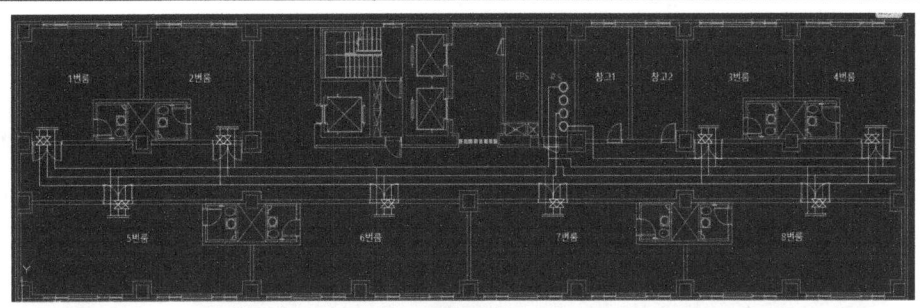
그림 9-33

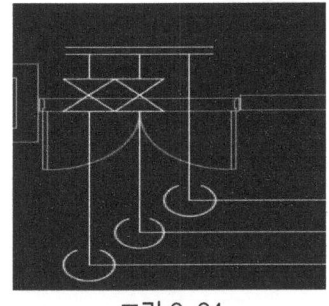
그림 9-34

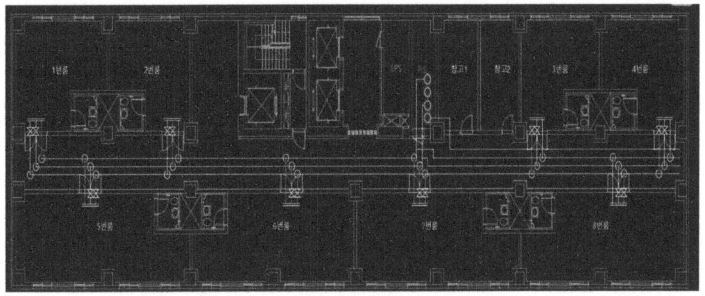
그림 9-35

[그림 9-34]
그림 9-17에서 미리 만들었던 객체를 그림 9-34와 같이 멀티 복사하시오.

[그림 9-35]
동일한 방법으로 그림 9-35와 같이 만드시오.

[그림 9-36]
OFFSET(단축명령어 O) 명령어 입력
→ [Enter↵] → 1350 입력 → [Enter↵] → ①객체 좌 클릭
→ 마우스 우측이동 → 좌 클릭 → [Enter↵]

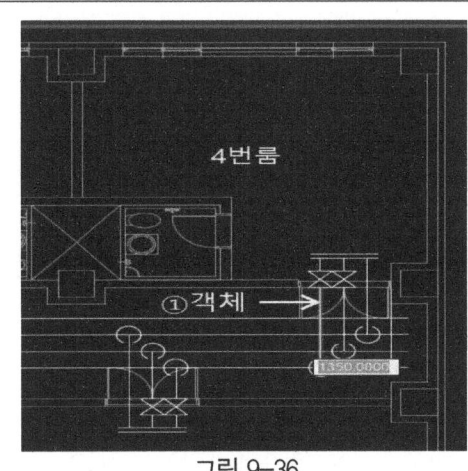
그림 9-36

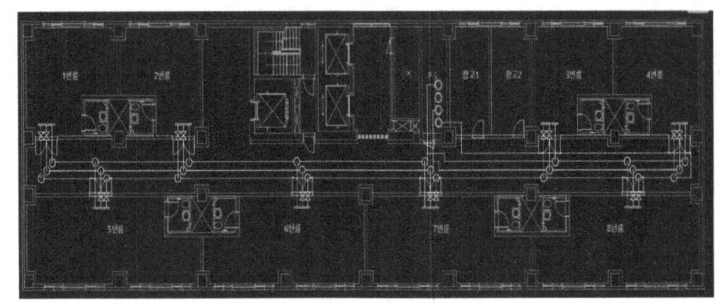

그림 9-37

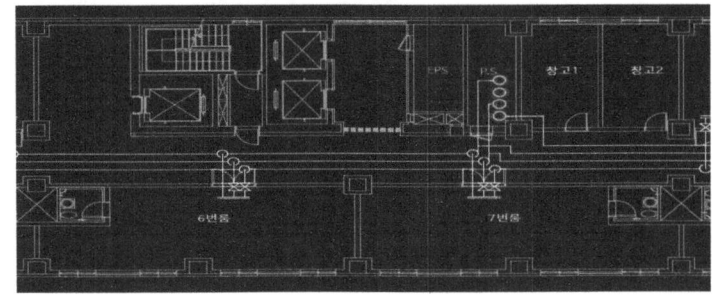

그림 9-39

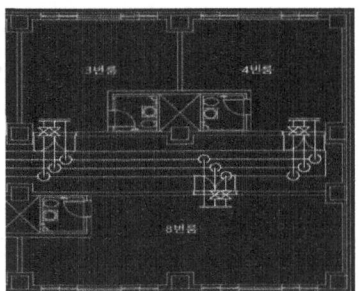

그림 9-38

[그림 9-37~9-40]
TRIM과 ERASE 명령어를 이용하여 그림 9-37과 같이 만드시오. → 확대그림 9-38, 9-39, 9-40 참조

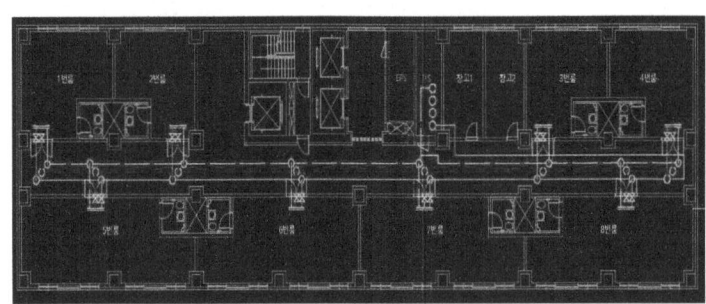

그림 9-41

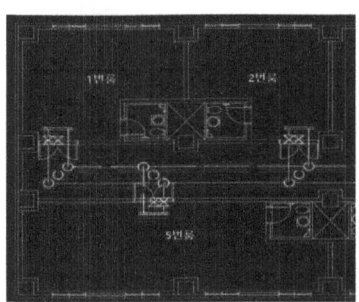

그림 9-42

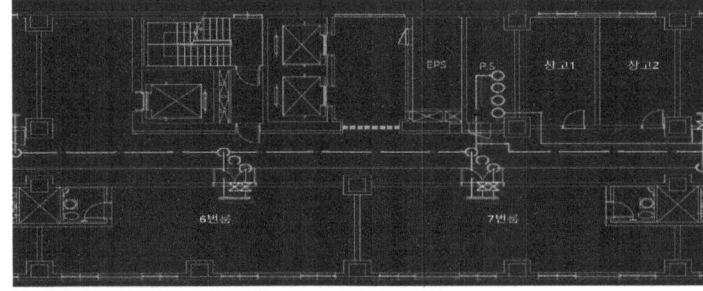

그림 9-43

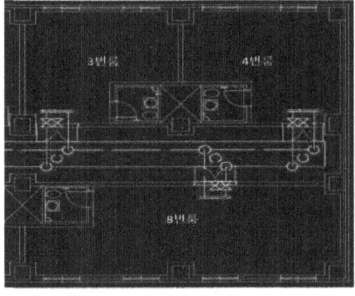

그림 9-44

[그림 9-41~9-44]
선을 좌 클릭하여 장비배수관(FCR)은 DASHDOT, 팬코일 급수관(FCS)은 By Layer 그리고 팬코일환수관(FCR)은 DASHED로 하여 그림 9-41과 같이 그리시오. → 확대그림 9-42, 9-43, 9-44 참조

[그림 9-45] 그림 9-45와 같이 만드시오. 문자크기 : 500	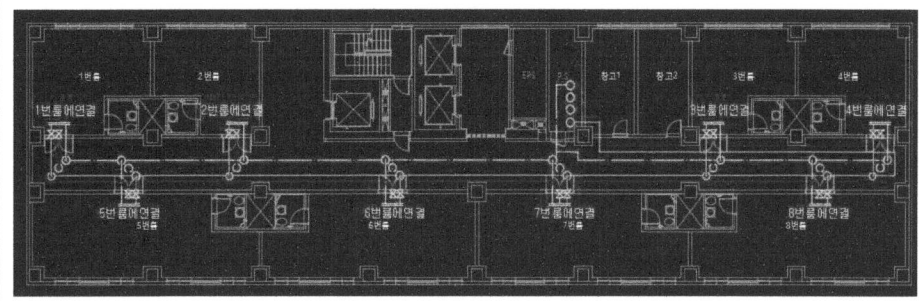 그림 9-45
[그림 9-46] CHAPTER 07에서 화살표를 복사하여 그림 9-46과 같이 만드시오.	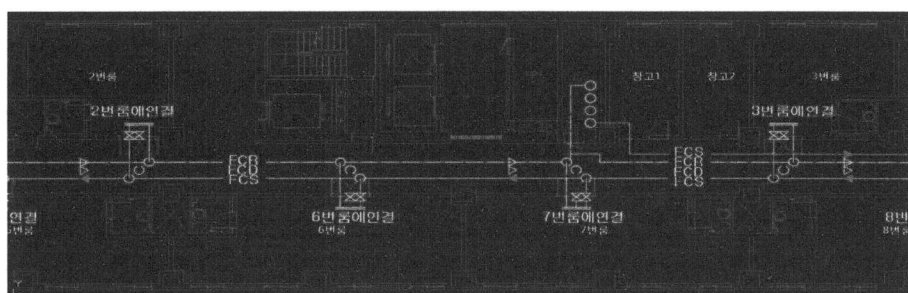 그림 9-46
[그림 9-47] 그림 9-47과 같이 만드시오.	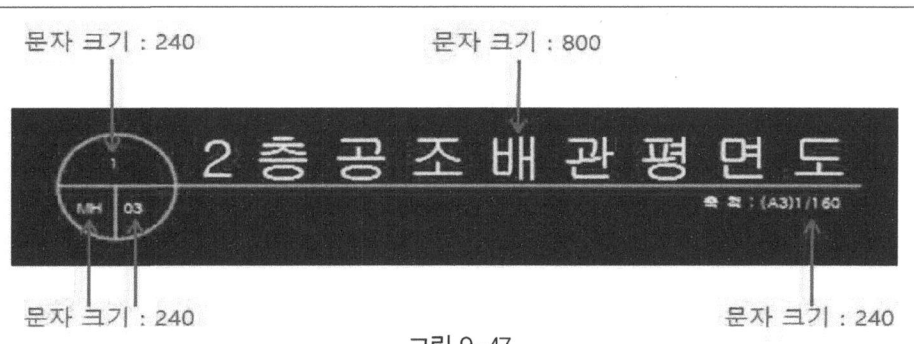 그림 9-47
그림 9-48과 같이 완성하시오. 완성된 도면을 다음의 파일명으로 저장한다.	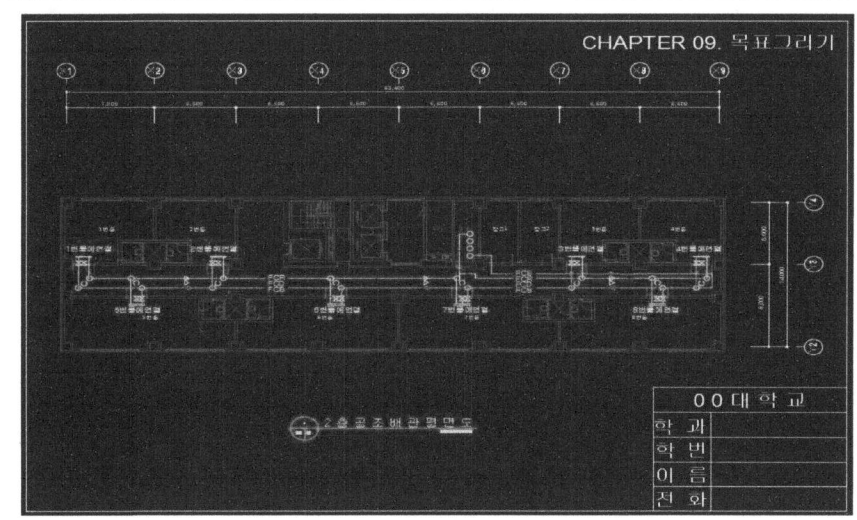 그림 9-48
파일명 : CHAPTER09_학번_홍길동(년/월/일)	

CHAPTER 10

급수급탕배관 계통도 설계

CHAPTER 10 급수급탕배관 계통도 설계

10-1 급수급탕배관

시수에서 각 층의 화장실과 탕비실에 연결하는 냉수배관을 급수배관이라고 하고, 보일러에서 각 층의 화장실과 탕비실에 연결되는 온수배관을 급탕배관이라고 한다. 계통도란 기계실에서 각 실까지의 덕트와 배관의 경로를 나타내며, 이 계통도로부터 각종 설비의 입상덕트와 배관 물량을 산출하며, 각종 장비의 압력과 펌프의 양정을 계산한다.

10-2 급수급탕배관 계통도 설계하기

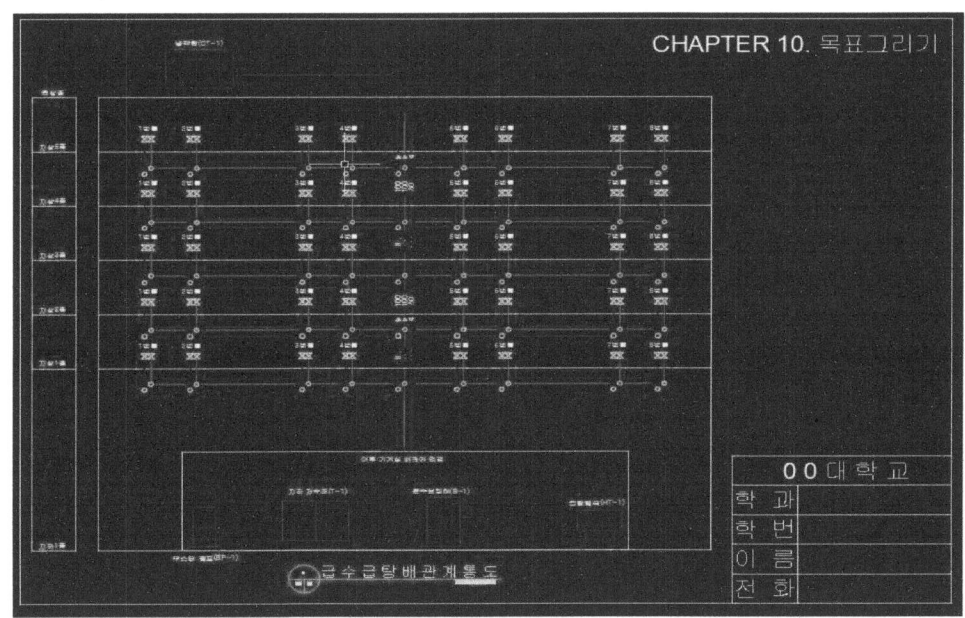

그림 10-1 목표 그리기
(부록 8참조)

방 법	화 면
[그림 10-2] 좌 클릭하여 그림 10-2와 같이 십자선을 만들어 준다.	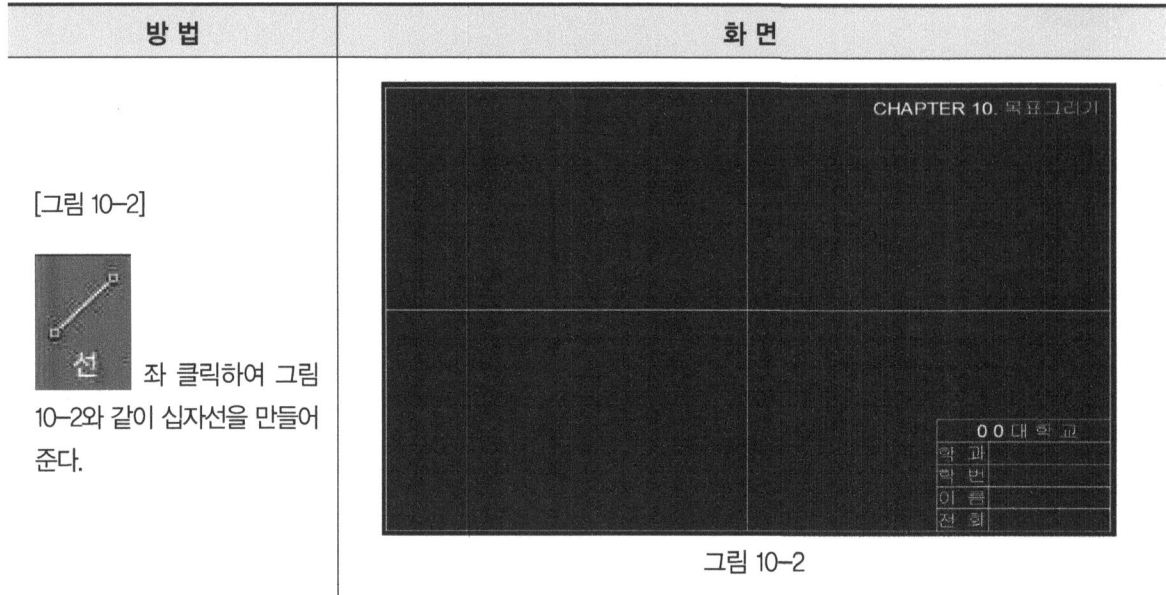 그림 10-2

[그림 10-3]
OFFSET(단축명령어 O) 명령어 입력
→ [Enter↵] → 40 입력 → [Enter↵]
→ ①객체 좌 클릭 → 마우스 아래이동
→ 좌 클릭 → [Enter↵]

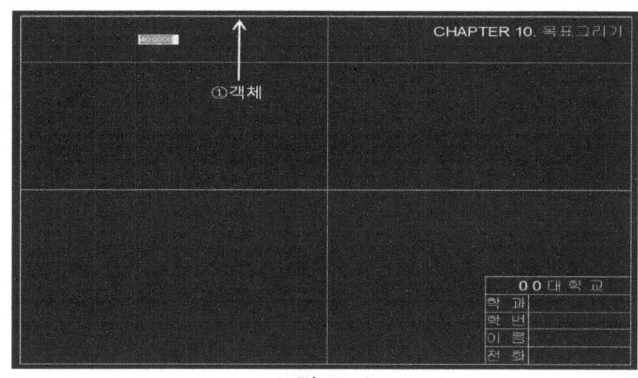
그림 10-3

[그림 10-4]
OFFSET(단축명령어 O) 명령어 입력
→ [Enter↵] → 35 입력 → [Enter↵]
→ ①객체 좌 클릭 → 마우스 우측이동
→ 좌 클릭 → [Enter↵]

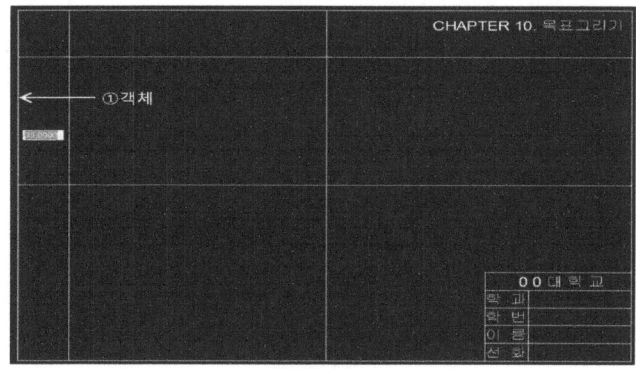
그림 10-4

[그림 10-5]
OFFSET(단축명령어 O) 명령어 입력
→ [Enter↵] → 110 입력 → [Enter↵]
→ ①객체 좌 클릭 → 마우스 좌측이동
→ 좌 클릭 → [Enter↵]

그림 10-5

[그림 10-6]
OFFSET(단축명령어 O) 명령어 입력
→ [Enter↵] → 27 입력 → [Enter↵]
→ ①객체 좌 클릭 → 마우스 위로이동
→ 좌 클릭 → [Enter↵]

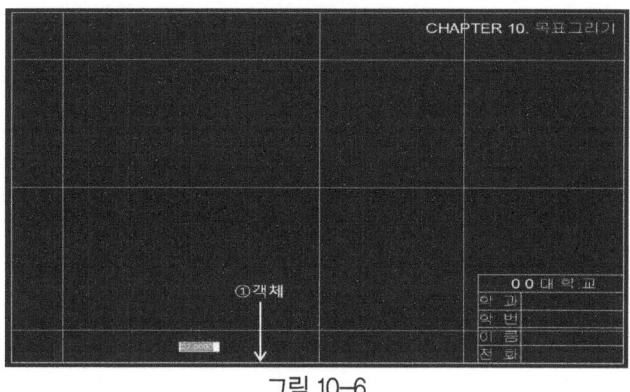
그림 10-6

[그림 10-7]
TRIM 명령어를 이용하여 그림 10-7과 같이 만드시오.

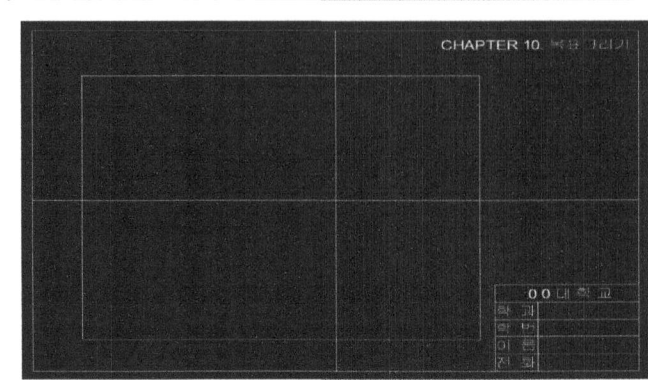
그림 10-7

[그림 10-8]
OFFSET(단축명령어 O) 명령어 입력
→ Enter↵ → 27.5 입력 → Enter↵
→ ①객체 좌 클릭 → 마우스 아래이동
→ 좌 클릭 → Enter↵

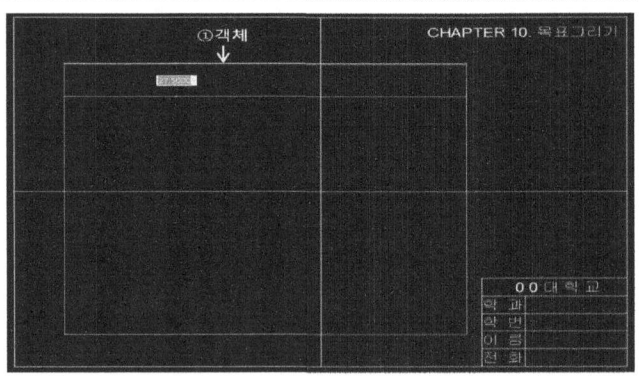
그림 10-8

[그림 10-9]
그림 10-8과 동일한 방법으로 OFFSET을 이용하여 그림 10-9와 같이 만드시오.

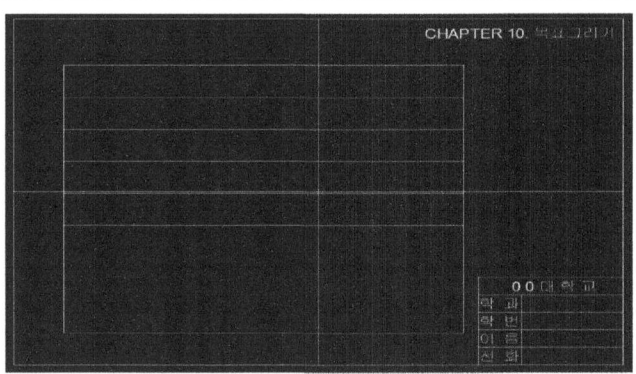
그림 10-9

[그림 10-10]
OFFSET(단축명령어 O) 명령어 입력
→ Enter↵ → 8 입력 → Enter↵
→ ①객체 좌 클릭 → 마우스 아래이동
→ 좌 클릭 → Enter↵

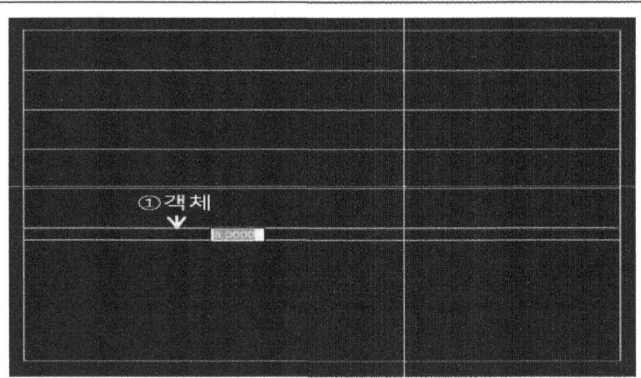
그림 10-10

[그림 10-11]
OFFSET(단축명령어 O) 명령어 입력
→ Enter↵ → 3 입력 → Enter↵
→ ①객체 좌 클릭 → 마우스 아래이동
→ 좌 클릭 → Enter↵

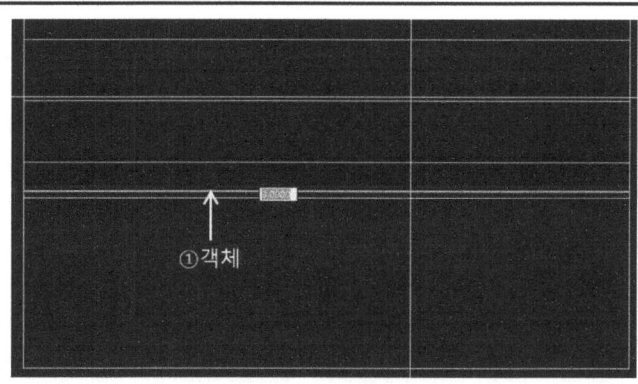

그림 10-11

[그림 10-12]
OFFSET(단축명령어 O) 명령어 입력
→ Enter↵ → 21 입력 → Enter↵
→ ①객체 좌 클릭 → 마우스 우측이동
→ 좌 클릭 → Enter↵

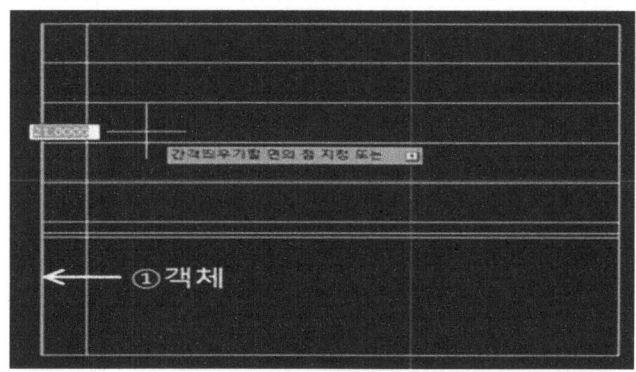

그림 10-12

[그림 10-13]
OFFSET(단축명령어 O) 명령어 입력
→ Enter↵ → 3 입력 → Enter↵
→ ①객체 좌 클릭 → 마우스 우측이동
→ 좌 클릭 → Enter↵

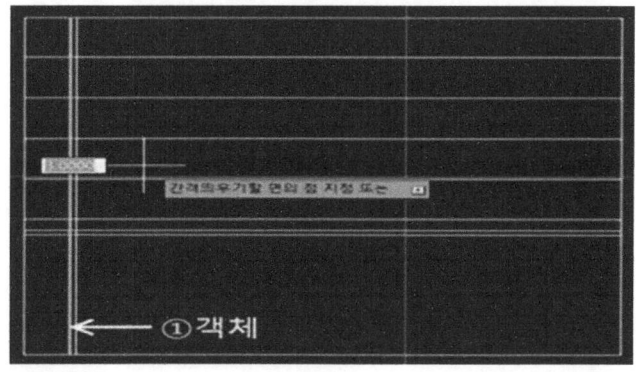

그림 10-13

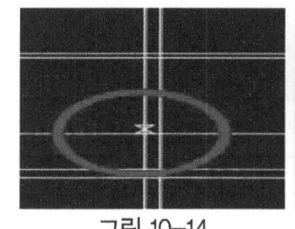
그림 10-14

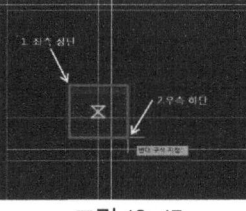
그림 10-15

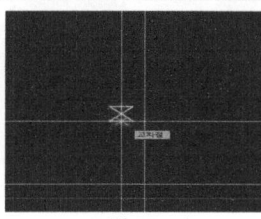
그림 10-16

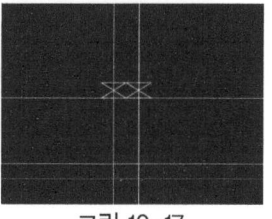
그림 10-17

[그림 10-14~10-17]
그림 8-19의 밸브를 드래그 하여 Ctrl C한 후 10장에서 Ctrl V하여 그림 10-14와 같이 붙여넣기한다.
→ COPY(단축명령어 CO) 명령어 입력 → Enter↵ → 그림 10-15와 같이 1에서 2로 드래그 → Enter↵
→ 교차점 좌 클릭 → 마우스 우측이동 → 3 입력 → Enter↵ → Enter↵

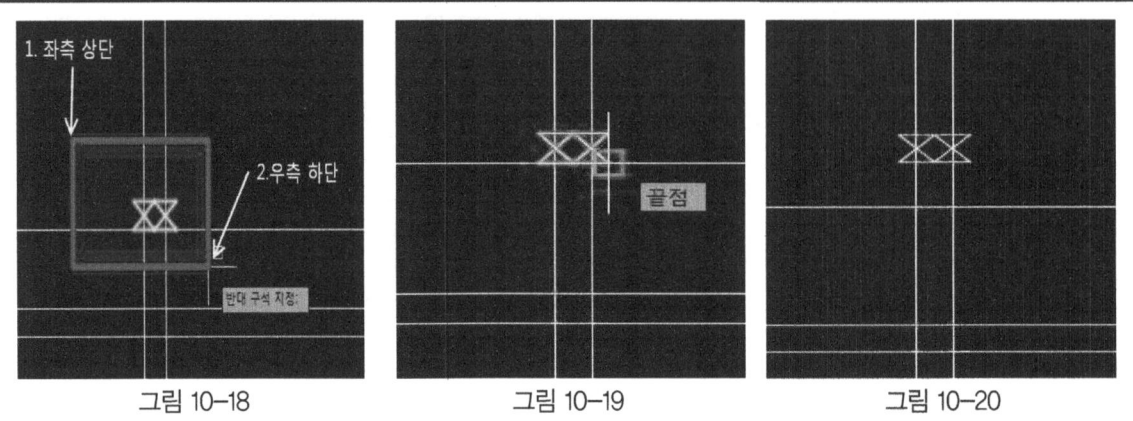

그림 10-18   그림 10-19   그림 10-20

[그림 10-18~10-20]

MOVE(단축명령어 M) 명령어 입력

→ Enter↵ → 객체 드래그 좌 클릭 → Enter↵ → 끝점 좌 클릭 → 마우스 위로이동 → 5 입력 → Enter↵

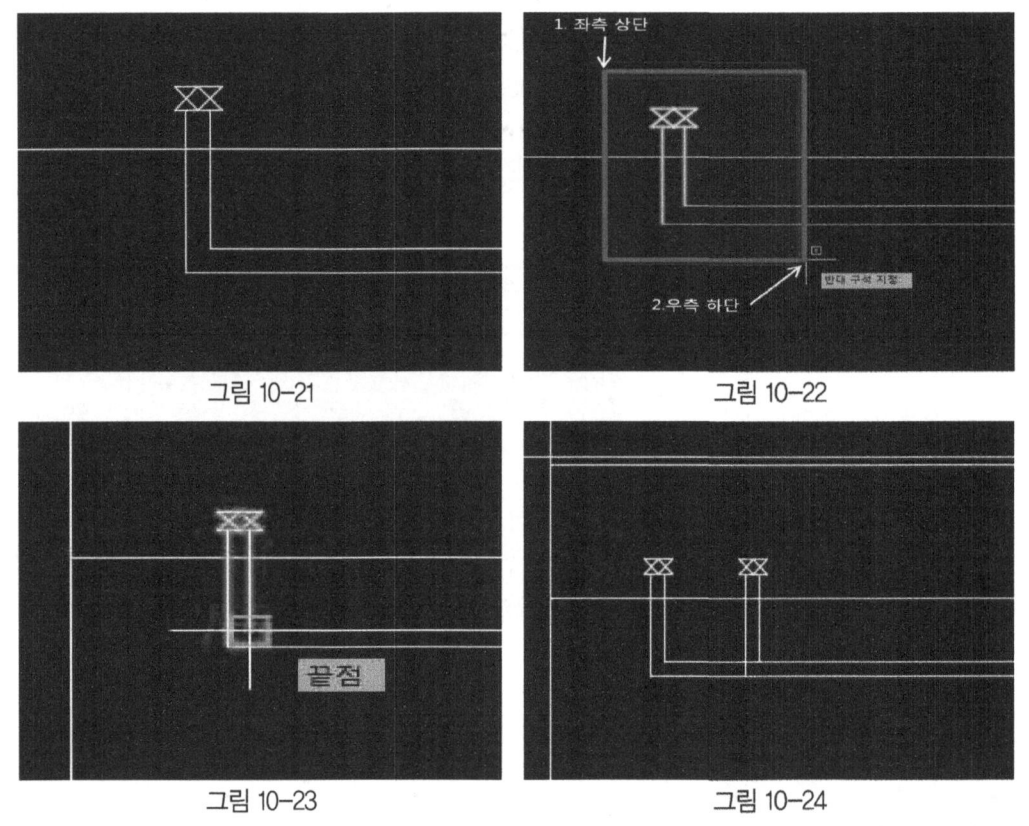

그림 10-21   그림 10-22

그림 10-23   그림 10-24

[그림 10-21]

TRIM과 ERASE 명령어를 이용하여 그림 10-21과 같이 만드시오.

[그림 10-22~10-24]

COPY(단축명령어 CO) 명령어 입력

→ Enter↵ → 객체 드래그 좌 클릭 → Enter↵ → 끝점 좌 클릭 → 마우스 우측이동 → 20 입력

→ Enter↵ → Enter↵

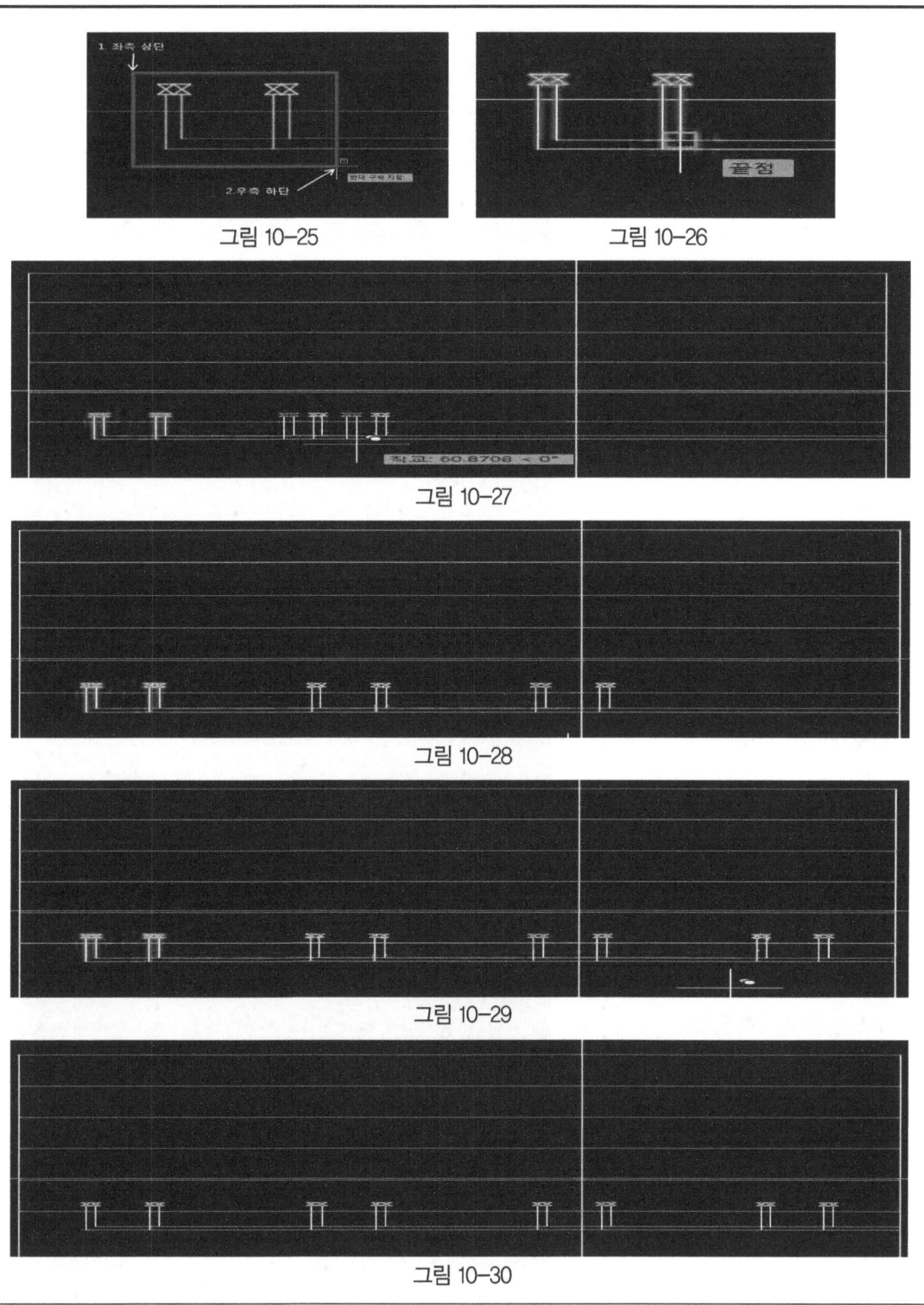

그림 10-25

그림 10-26

그림 10-27

그림 10-28

그림 10-29

그림 10-30

[그림 10-25~10-30]
COPY(단축명령어 CO) 명령어 입력
→ Enter↵ → 객체 드래그 좌 클릭 → Enter↵ → 끝점 좌 클릭 → 마우스 우측이동 → 70 입력
→ Enter↵ → 140 입력 → Enter↵ → 210 입력 → Enter↵ → Enter↵

[그림 10-31]
TRIM과 ERASE 명령어를 이용하여
그림 10-31과 같이 만드시오.

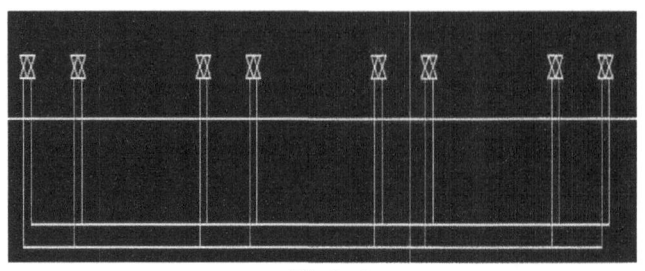
그림 10-31

[그림 10-32]

좌 클릭 → 끝점 좌 클릭
→ 마우스 우측이동 → 2 입력
→ Enter↵
그림 10-32와 같이 그리시오.

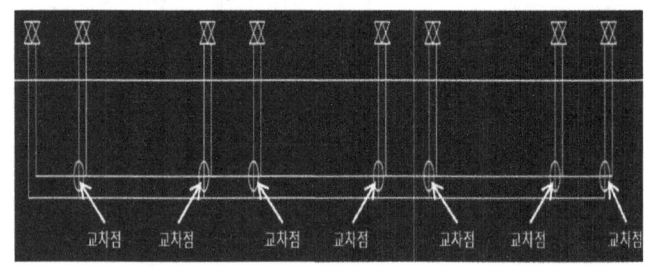
그림 10-32

[그림 10-33]
TRIM과 ERASE 명령어를 이용하여
그림 10-33과 같이 만드시오.

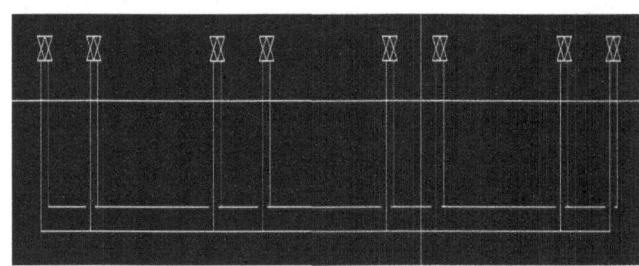
그림 10-33

[그림 10-34]

좌 클릭 → 끝점 좌 클릭
→ 마우스 우측이동 → 1 입력
→ Enter↵
그림 10-34와 같이 원을 16개 그리시오.

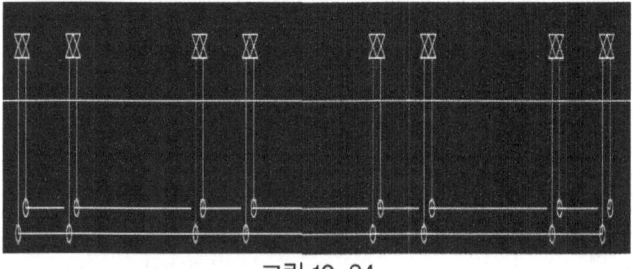
그림 10-34

[그림 10-35]
OFFSET(단축명령어 O) 명령어 입력
→ Enter↵ → 34.5 입력 → Enter↵
→ ①객체 좌 클릭 → 마우스 좌측이동
→ 좌 클릭 → Enter↵

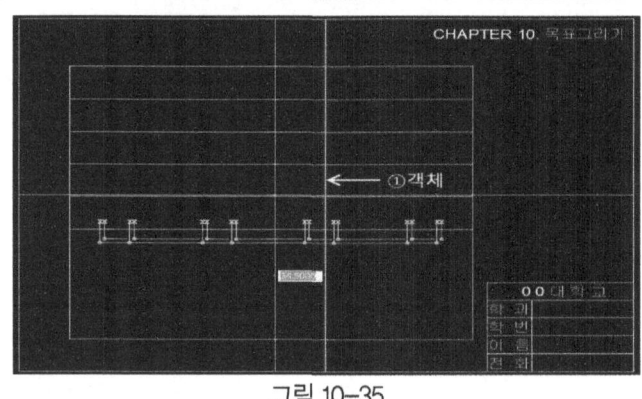
그림 10-35

[그림 10-36]
OFFSET(단축명령어 O) 명령어 입력
→ Enter↵ → 3 입력 → Enter↵
→ ①객체 좌 클릭 → 마우스 좌측이동
→ 좌 클릭

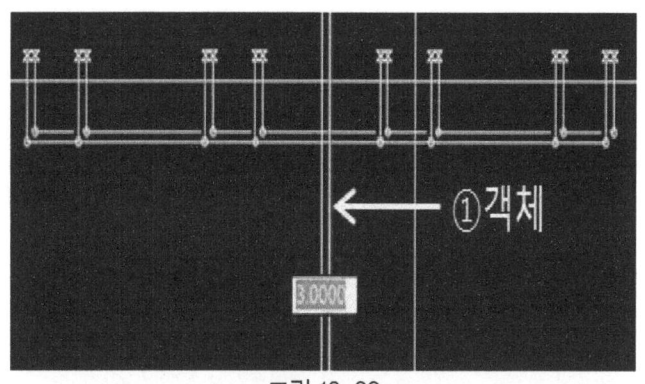
그림 10-36

[그림 10-37]
②객체 좌 클릭 → 마우스 좌측이동
→ 좌 클릭 → Enter↵

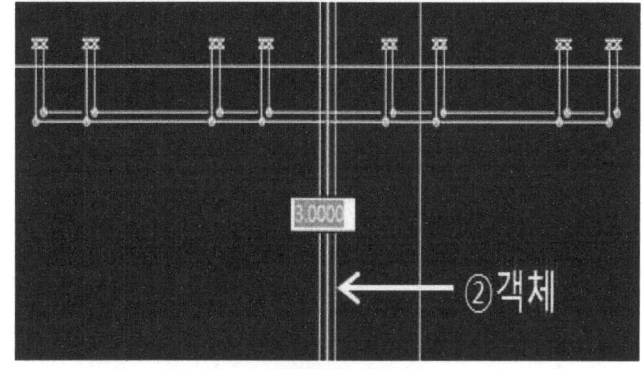
그림 10-37

[그림 10-38]
 좌 클릭 → 교차점 좌 클릭
→ 마우스 우측이동 → 1 입력
→ Enter↵

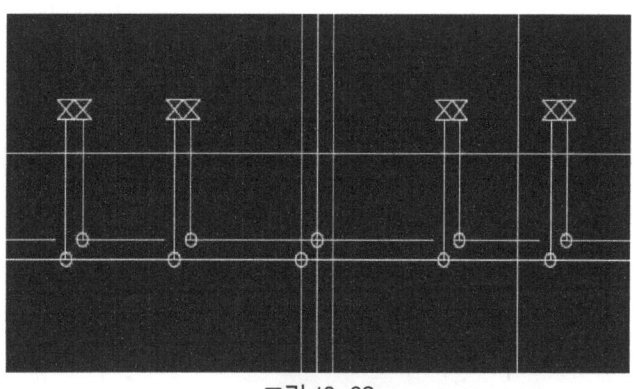
그림 10-38

[그림 10-39]
 좌 클릭
→ 교차점 좌 클릭 → 마우스 우측이동 → 2 입력
→ Enter↵

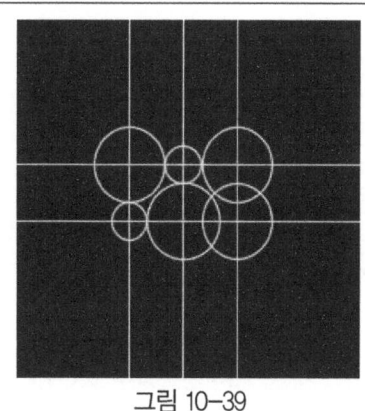
그림 10-39

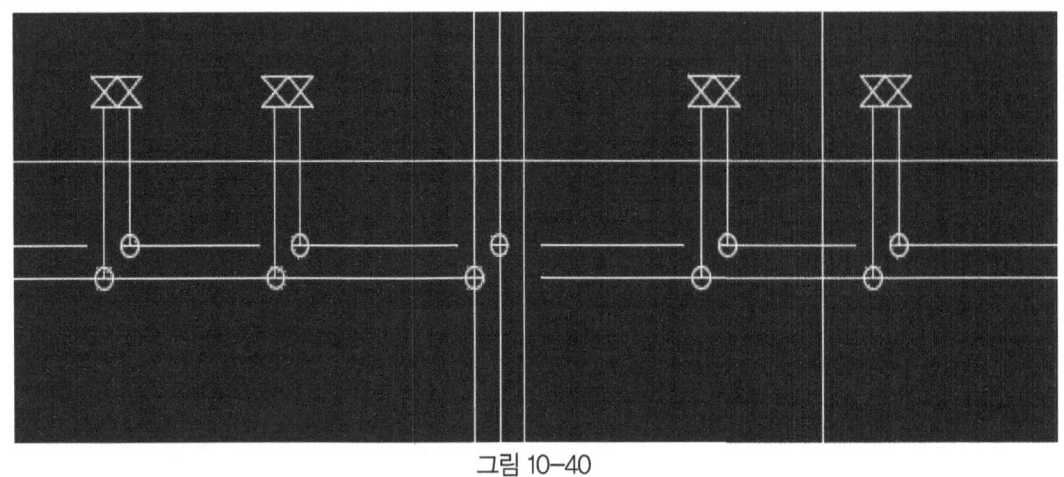
그림 10-40

[그림 10-40]
원을 그린부분만 TRIM과 ERASE 명령어를 이용하여 그림 10-40과 같이 만드시오.

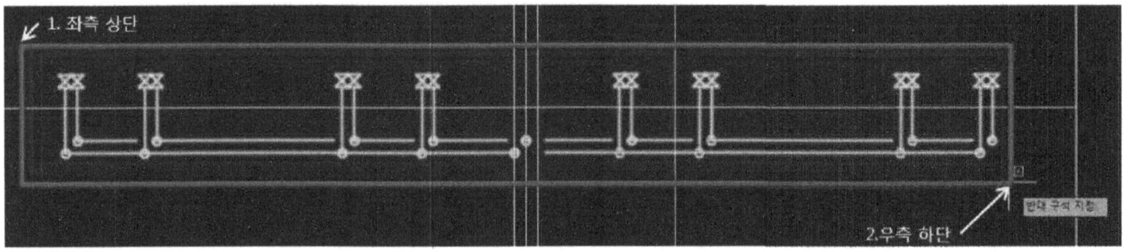

그림 10-41

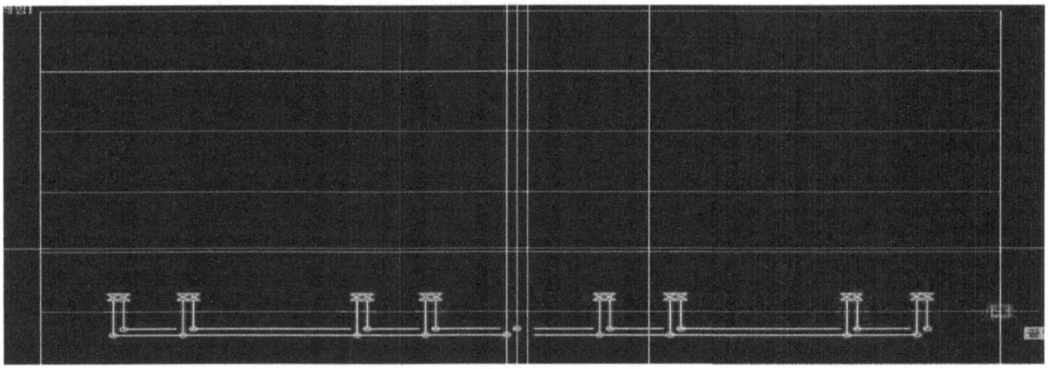

그림 10-42

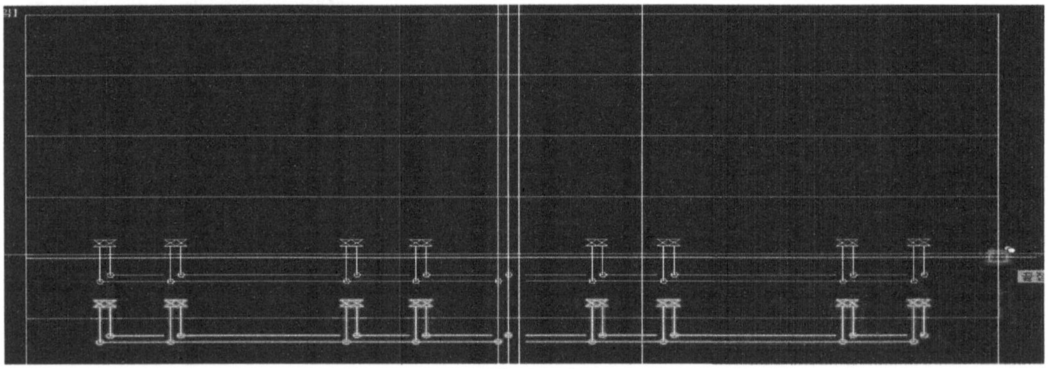

그림 10-43

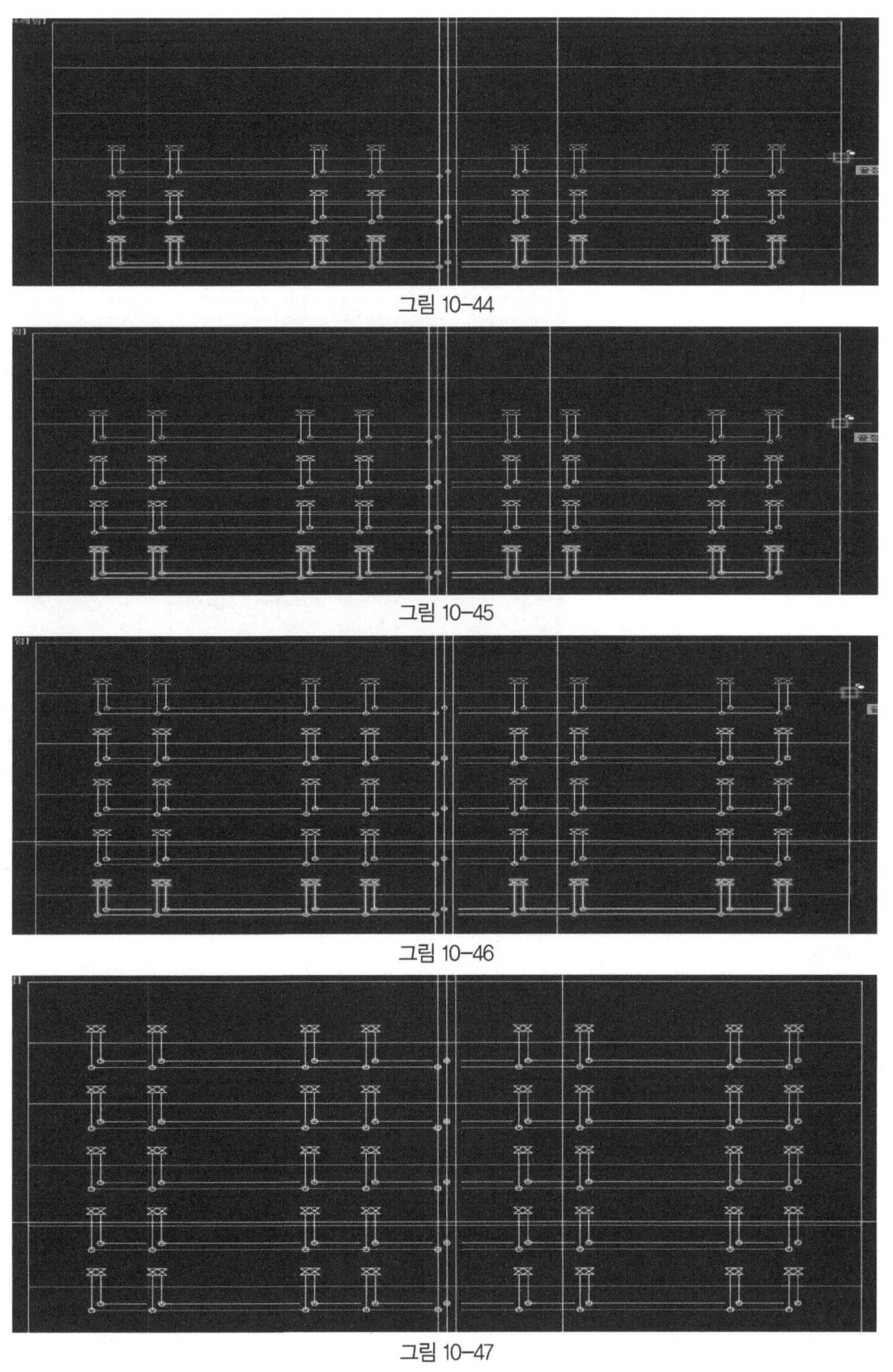

그림 10-44

그림 10-45

그림 10-46

그림 10-47

[그림 10-41~10-47]
COPY(단축명령어 CO) 명령어 입력
→ Enter↵ → 그림 10-41과 같이 1에서 2로 드래그 → Enter↵ → 끝점 좌 클릭 → 마우스 위로이동
→ 끝점 좌 클릭 → 마우스 위로이동 → 끝점 좌 클릭 → 마우스 위로이동 → 끝점 좌 클릭 → 마우스 위로이동
→ 끝점 좌 클릭 → Enter↵

[그림 10-48]
OFFSET(단축명령어 O) 명령어 입력
→ Enter↵ → 20 입력 → Enter↵
→ ①객체 좌 클릭 → 마우스 위로이동 → 좌 클릭 → Enter↵

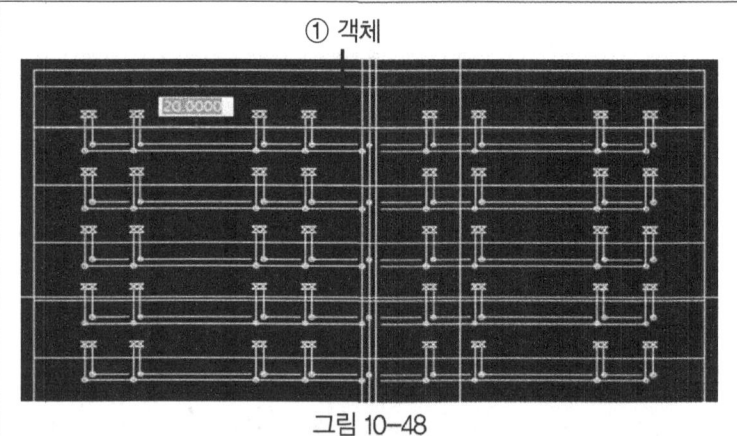
그림 10-48

[그림 10-49]
TRIM과 ERASE 명령어를 이용하여 그림 10-49와 같이 만드시오.

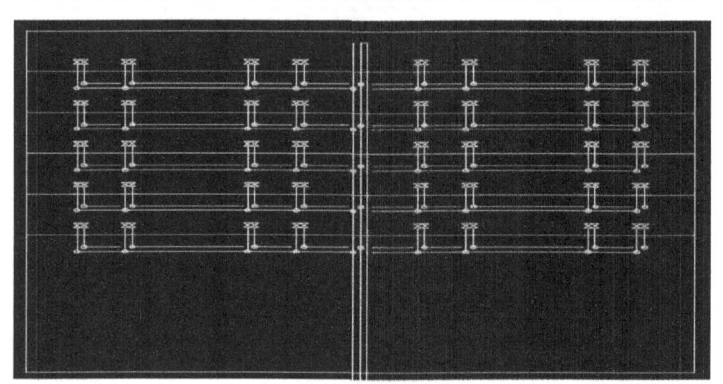
그림 10-49

[그림 10-50]
 좌 클릭 → 임의의 첫점 좌 클릭

→ Shift 2 (15 , 2) 입력 → Enter↵ →  좌 클릭
→ 임의의 첫점 좌 클릭

→ Shift 2 (10 , 10) 입력 → Enter↵ →  좌 클릭
→ 임의의 첫점 좌 클릭 → Shift 2 (10 , 10) 입력 → Enter↵
중간점을 기준으로 그림 10-50과 같이 만드시오.

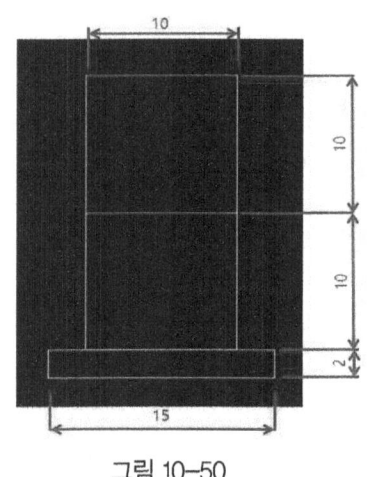
그림 10-50

[그림 10-51]
MOVE(단축명령어 M) 명령어 입력
→ Enter↵
그림 10-50에서 만들어진 직사각형을 그림 10-51과 같이 이동시키시오.

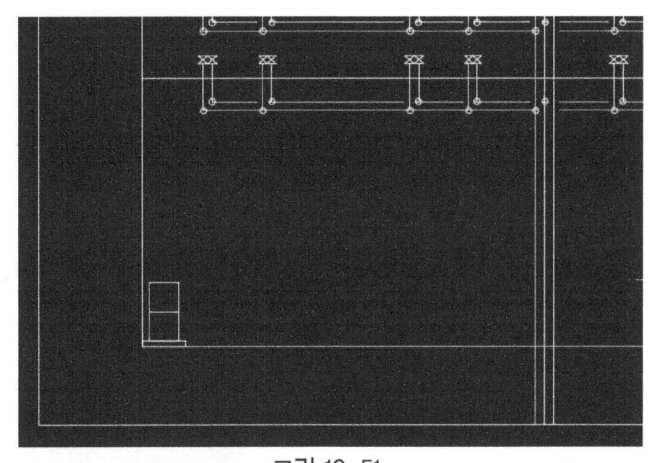
그림 10-51

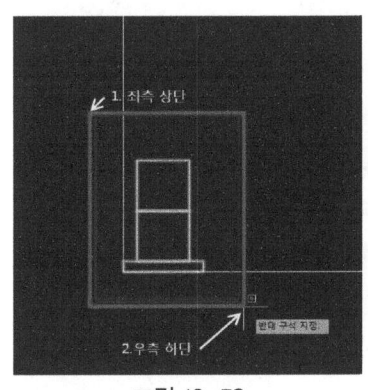
그림 10-52

그림 10-53

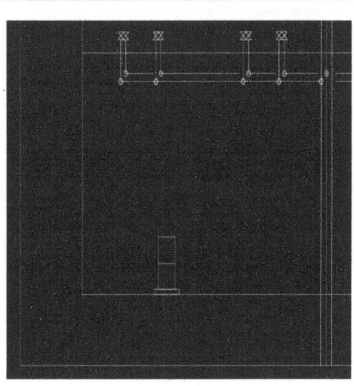
그림 10-54

[그림 10-52~10-54]
MOVE(단축명령어 M) 명령어 입력
→ Enter↵ → 그림 10-52와 같이 1에서 2로 드래그 → Enter↵ → 끝점 좌 클릭 → 마우스 우측이동
→ 40 입력 → Enter↵

[그림 10-55]
 좌 클릭하여
그림 10-55와 같이 만드시오.

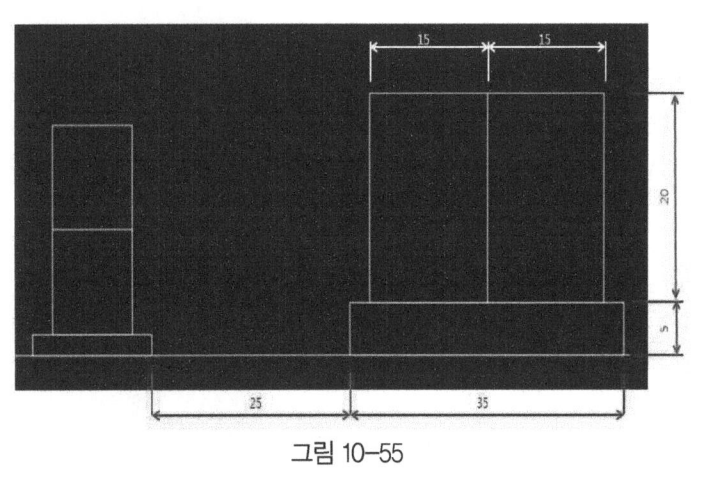
그림 10-55

[그림 10-56]
 좌 클릭하여 그림 10-56과 같이 만드시오.

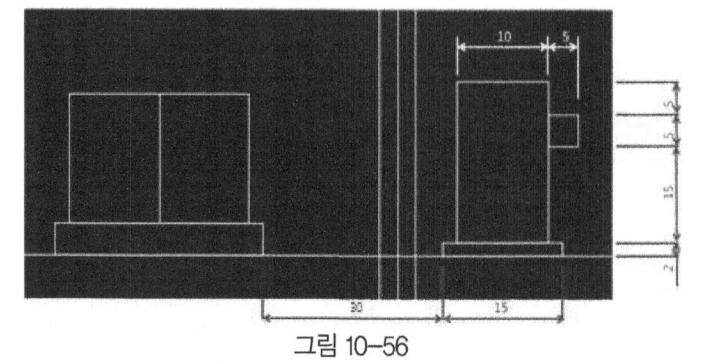
그림 10-56

[그림 10-57]
 좌 클릭하여 그림 10-56과 같이 만드시오.

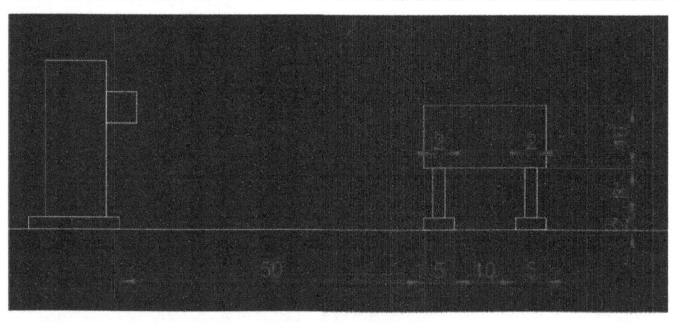
그림 10-57

[그림 10-58]
 좌 클릭
→ 임의의 첫점 좌 클릭
→ [Shift] 2 (200 [,] 50) 입력
→ [Enter↵]

그림 10-58

[그림 10-59~10-61]
MOVE(단축명령어 M) 명령어 입력
→ [Enter↵] → 그림 10-59와 같이 1에서 2로 드래그 → [Enter↵] → 중간점 좌 클릭 → 마우스 우측이동 → 중간점 좌 클릭

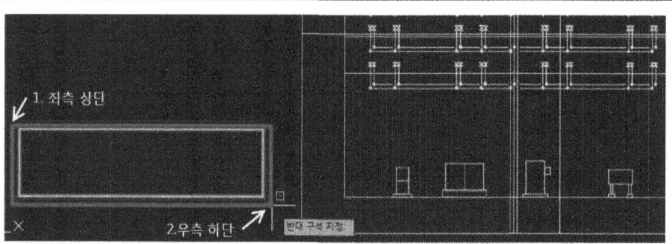
그림 10-59

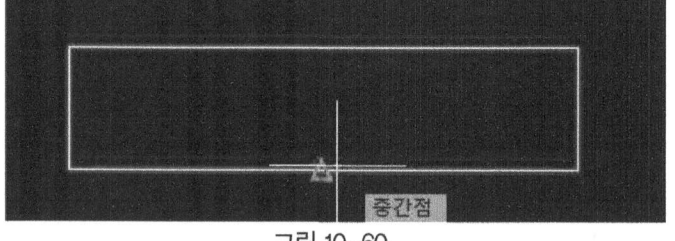
그림 10-60

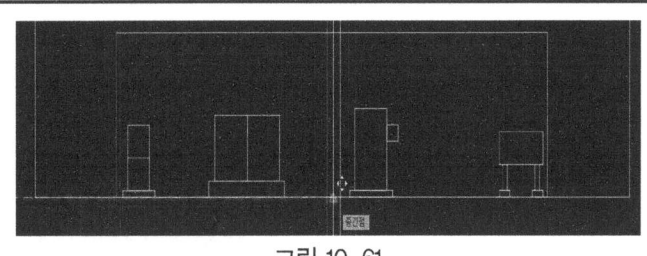

그림 10-61

[그림 10-62]
TRIM과 ERASE 명령어를 이용하여
그림 10-62와 같이 만드시오.

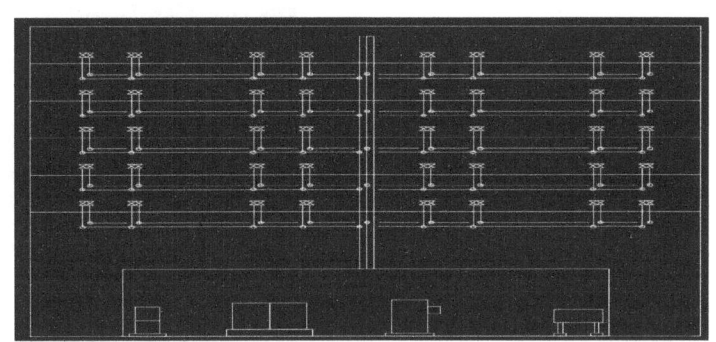

그림 10-62

[그림 10-63]
OFFSET(단축명령어 O) 명령어 입력
→ Enter↵ → 10 입력 → Enter↵
→ ①객체 좌 클릭 → 마우스 좌측이동
→ 좌 클릭 → Enter↵

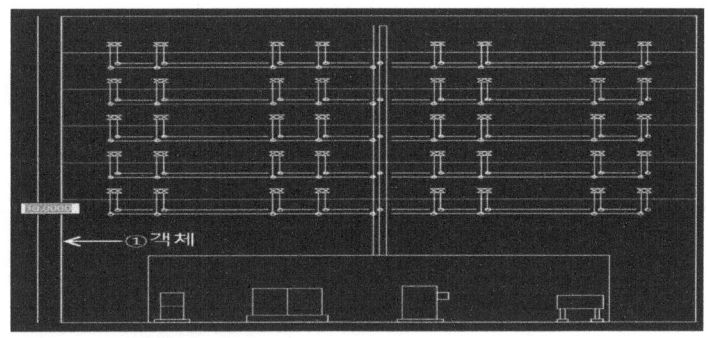

그림 10-63

[그림 10-64]
OFFSET(단축명령어 O) 명령어 입력
→ Enter↵ → 20 입력 → Enter↵
→ ①객체 좌 클릭 → 마우스 좌측이동
→ 좌 클릭 → Enter↵

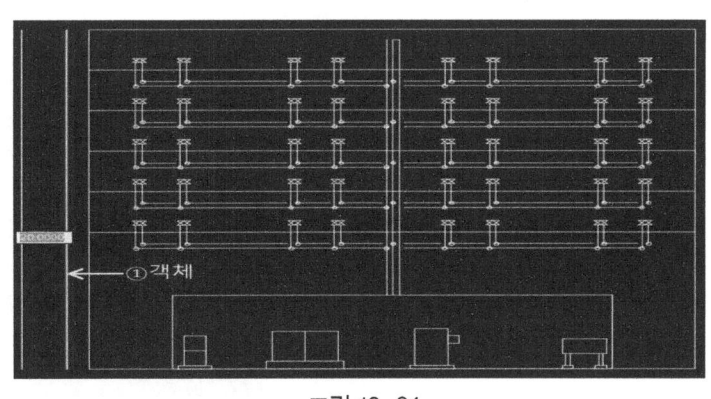

그림 10-64

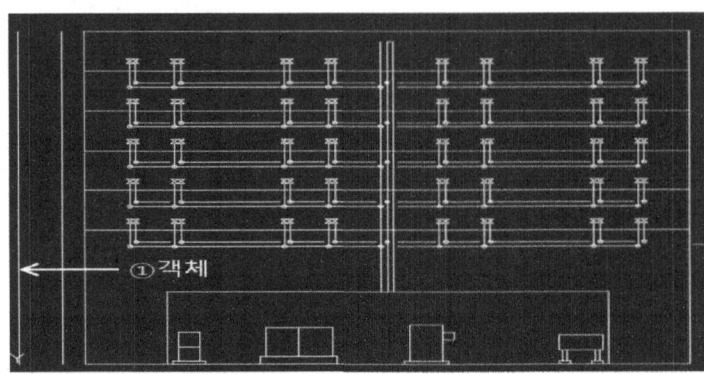
그림 10-65

[그림 10-65~10-67]
EXTEND(단축명령어 EX) 명령어 입력
→ Enter↵ → ①객체 좌 클릭
→ Enter↵ → 그림 10-66과 같이 1에서 2로 드래그 → Enter↵

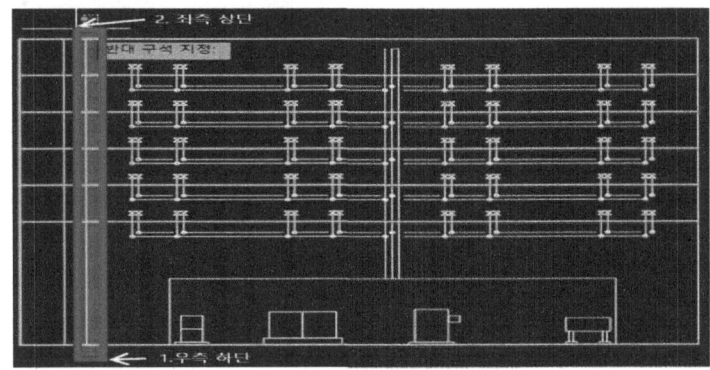
그림 10-66

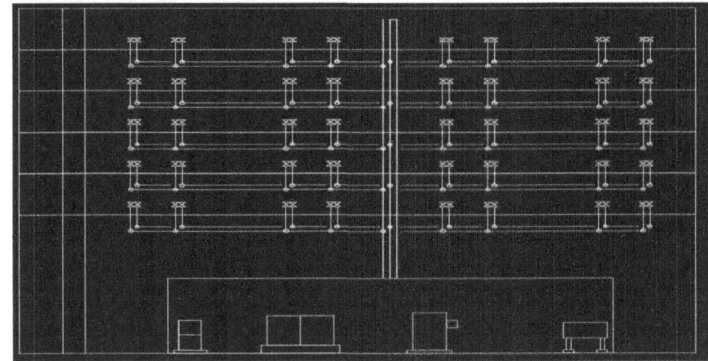
그림 10-67

[그림 10-68]
TRIM과 ERASE 명령어를 이용하여 그림 10-68과 같이 만드시오.

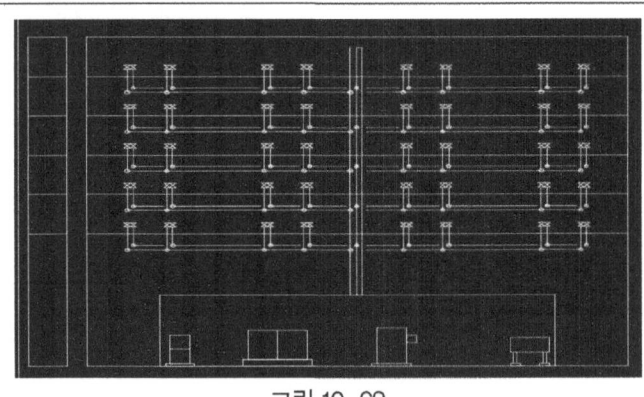
그림 10-68

[그림 10-69~10-70]

 좌 클릭 → 임의의
첫점 좌 클릭 → Shift 2 (30 `,` 20)
입력 → Enter↵

그림 10-69와 같이 좌측 상단에
직사각형을 그린다.
확대 10-70을 참조하시오.

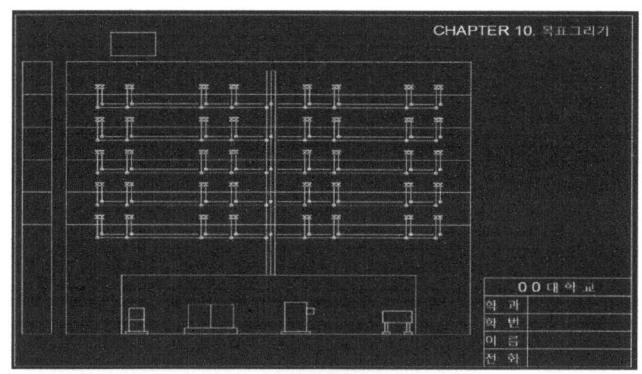

그림 10-69

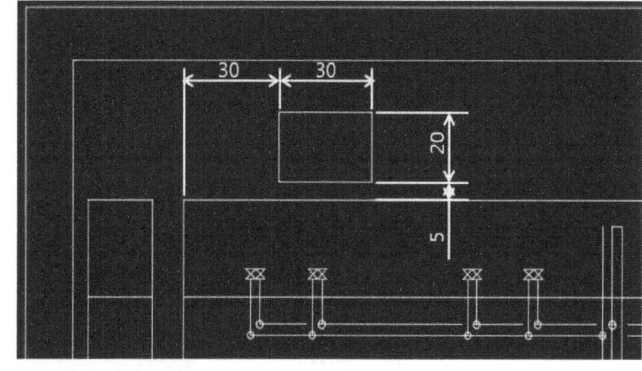

그림 10-70

[그림 10-71]

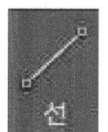 좌 클릭하여 그림 10-71과
같이 만드시오.

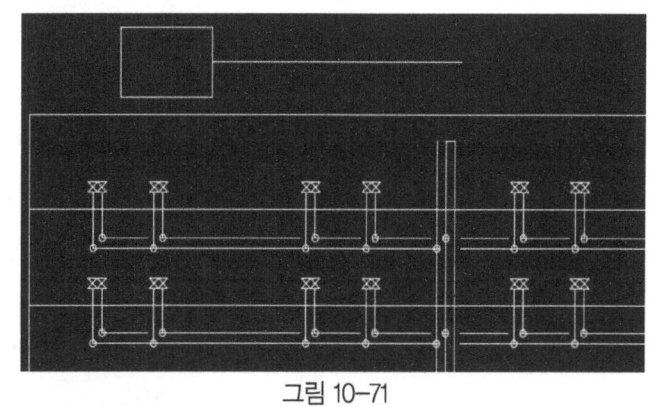

그림 10-71

[그림 10-72]

 좌 클릭
→ R 입력 → Enter↵
(모깎기 반지름 지정 문구 생성)
→ 0 입력 → Enter↵ → Enter↵
→ ①객체 좌 클릭 → ②객체 좌 클릭

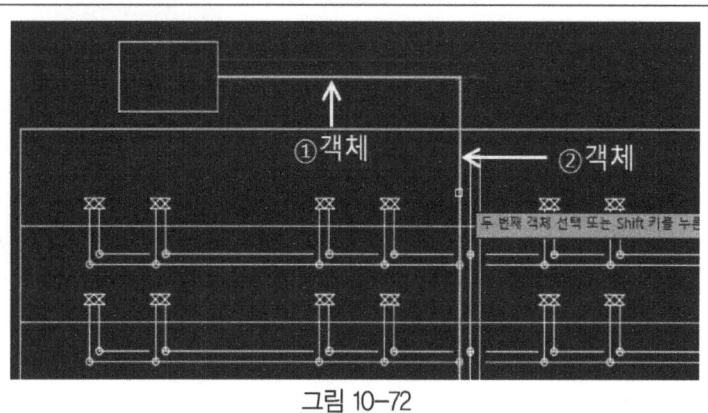

그림 10-72

[그림 10-73 ~ 10-74]
그림 10-73과 같이 만드시오. 확대그림 10-74를 참조하시오.

문자크기 : 2.5

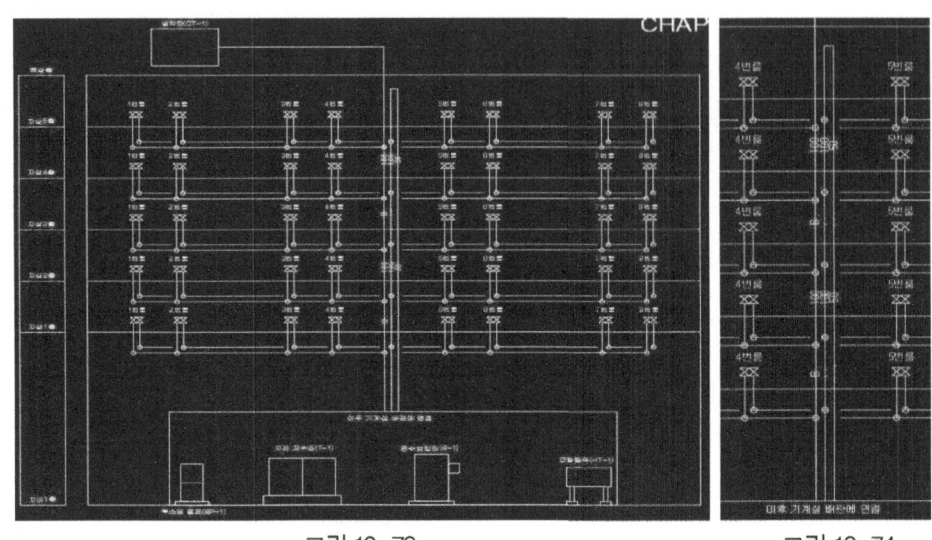

그림 10-73

그림 10-74

[그림 10-75]

![문자] 좌 클릭 → 임의의 한점에 100 입력 (그림 3-18참조) → 100을 Rotate 한다.(그림 8-84참조) → Move 이용 → 세로선의 직교점

좌 클릭 → ![원] 좌 클릭 → 세로선의 교차점 좌 클릭 → 5 입력 → Enter↵ → Move 이용 → 100 드래그 → Enter↵ → 원의 중심점 좌 클릭 → 원과 100을 함께 Copy → 원의 중심점 좌 클릭 → 우측으로 이동하여 직교점 좌 클릭 → 한번 더 우측으로 이동하여 직교점 좌 클릭 → Enter↵ → 그림 10-75와 같이 수치를 수정하고 그림을 완성하시오.
(※ 냉각탑과 각실의 냉수급수배관의 관경은 100, 각실에 공급되는 급탕배관의 관경도 100으로 하고, 급탕 환수배관의 관경은 50으로 하시오.)

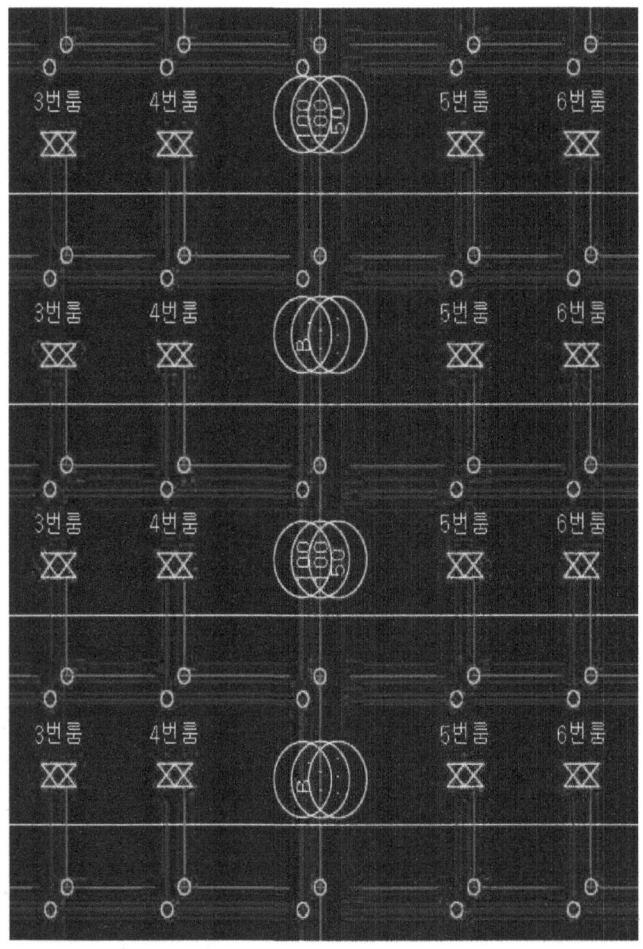

그림 10-75

CHAPTER 10 · 급수급탕배관 계통도 설계

[그림 10-76]
TRIM과 ERASE 명령어를 이용하여 그림 10-76과 같이 만드시오.

[그림 10-77]
CHAPTER 08.에서 화살표를 [Ctrl] C 한 후 10장에서 [Ctrl] V하여 그림 10-77과 같이 만드시오.

[그림 10-78]
그림 10-78과 같이 만드시오.

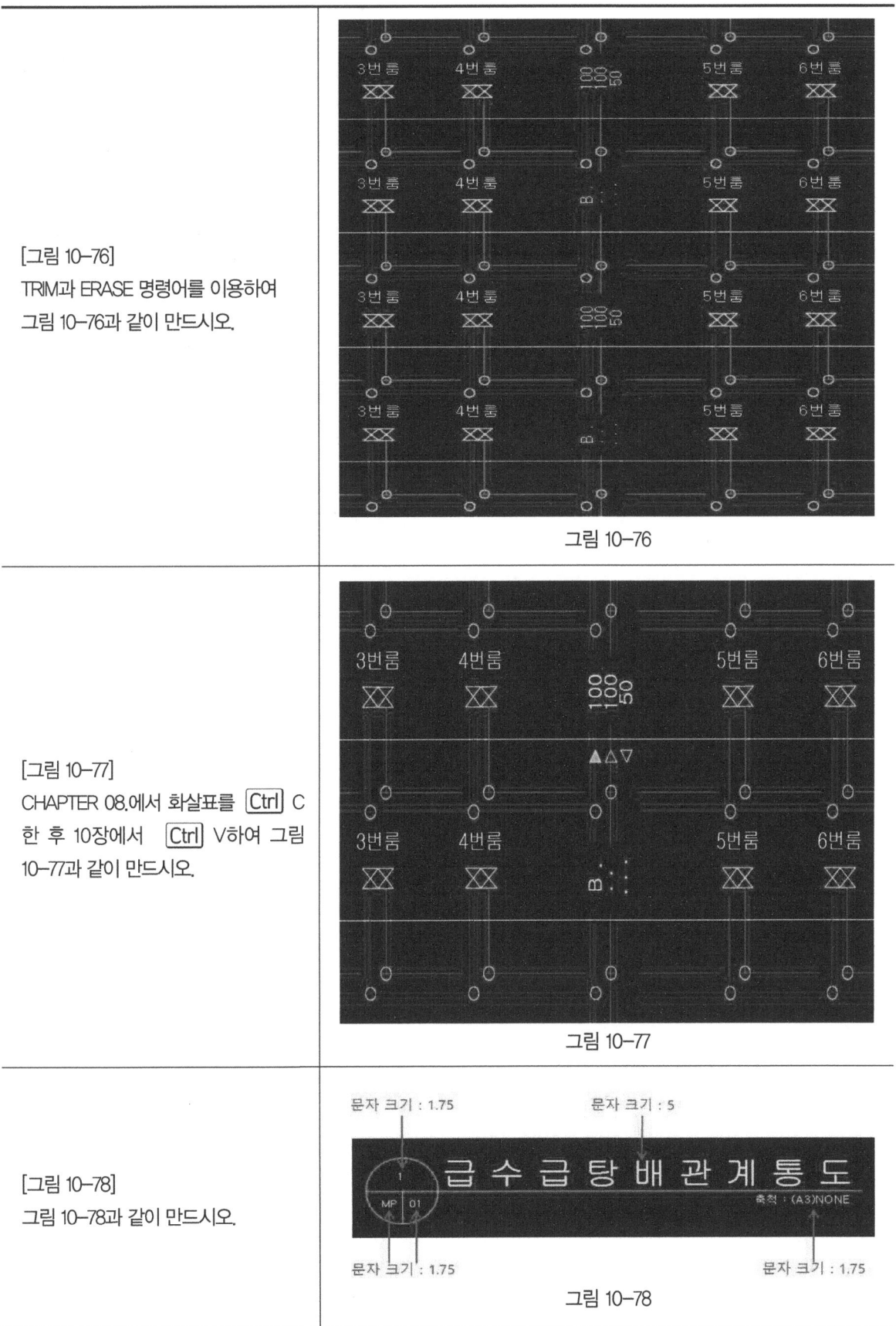

그림 10-76

그림 10-77

그림 10-78

그림 10-79와 같이 완성하시오. 완성된 도면을 저장한다.

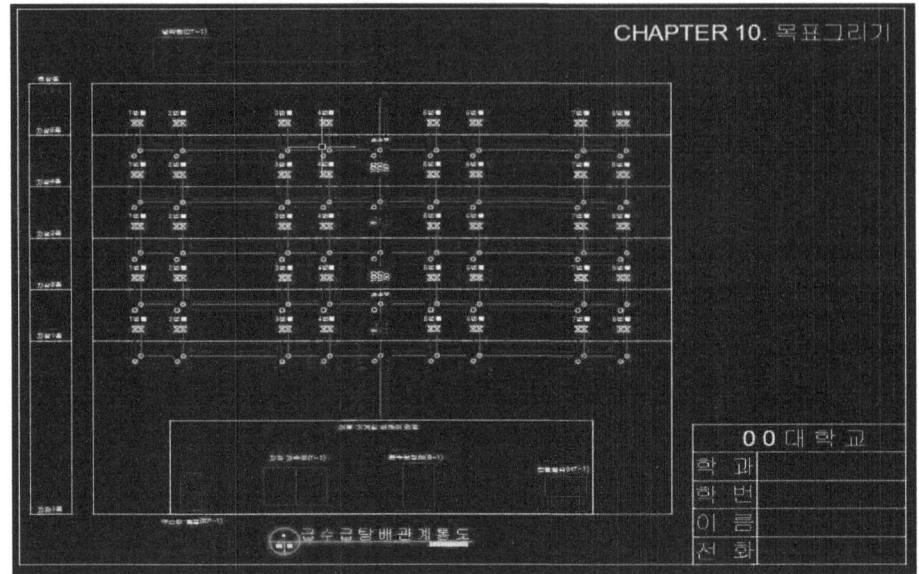

그림 10-79

파일명 : CHAPTER10_학번_홍길동(년/월/일)

CHAPTER 11

급수급탕배관 평면도 설계

CHAPTER 11 급수급탕배관 평면도 설계

11-1 급수급탕배관

시수에서 각 층의 화장실과 탕비실에 연결하는 냉수배관을 급수배관이라고 하고, 보일러에서 각 층의 화장실과 탕비실에 연결되는 온수배관을 급탕배관이라고 한다. 계통도란 기계실에서 각 실까지의 덕트와 배관의 경로를 나타내며, 이 계통도로부터 각종 설비의 입상덕트와 배관 물량을 산출하며, 각종 장비의 압력과 펌프의 양정을 계산한다.

11-2 급수급탕배관 평면도 설계하기

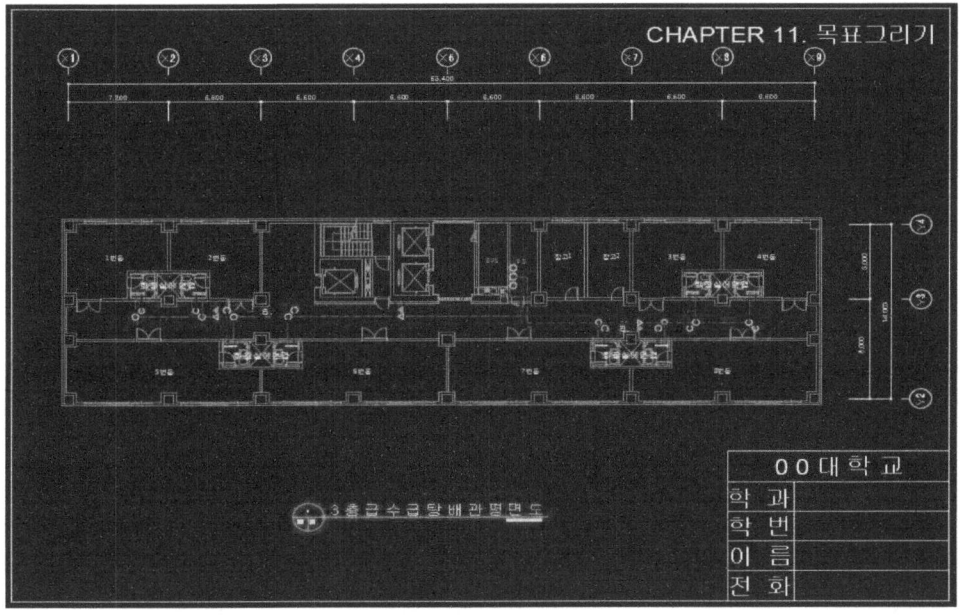

그림 11-1 목표 그리기
(부록 9 참조)

방 법	화 면
[그림 11-2] 그림 11-2의 도면에서부터 시작한다. → LTS 입력 → Enter↵ → 80 입력 → Enter↵ ※ 시작할 때 건축 도면층의 Layer잠금을 누르고 시작한다.	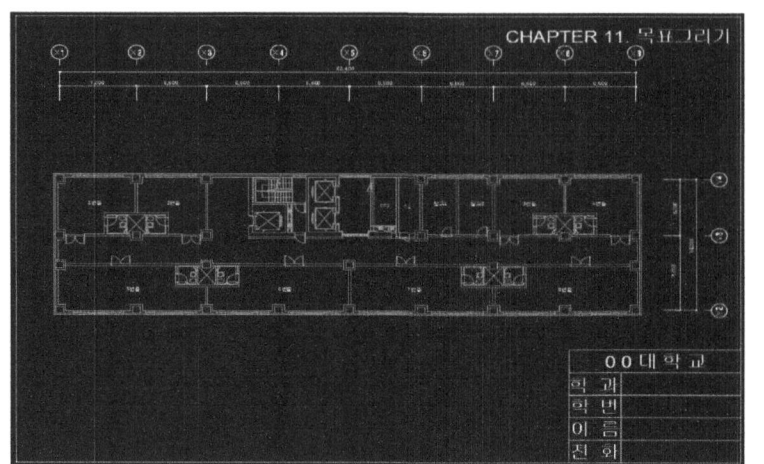 그림 11-2

[그림 11-3]

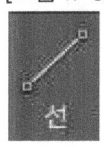 좌 클릭 → 임의의 점 좌 클릭 → 250 입력 → Enter↵
→ 그림 11-3과 같이 두 직교점에 원이 위치하도록 이동
→ 원의 아래면 사분점에서 위로 870 이동

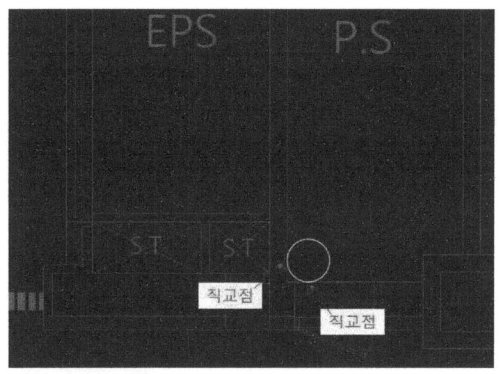
그림 11-3

[그림 11-4]
그림 11-4와 같이 원의 아래면 사분점에서 위로 700지점에 복사 → 원의 아래면 사분점에서 위로 1400지점에 복사 → Enter↵

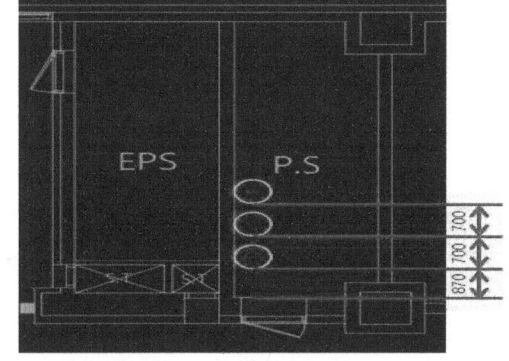
그림 11-4

[그림 11-5]

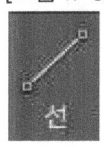 좌 클릭하여 그림 11-5와 같이 만드시오.

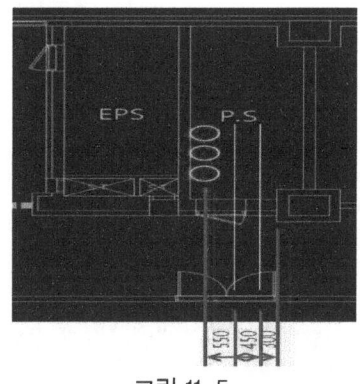
그림 11-5

[그림 11-6~11-7]

 좌 클릭하여 그림 11-6과 같이 만드시오. 확대그림 11-7과 같이 만드시오.

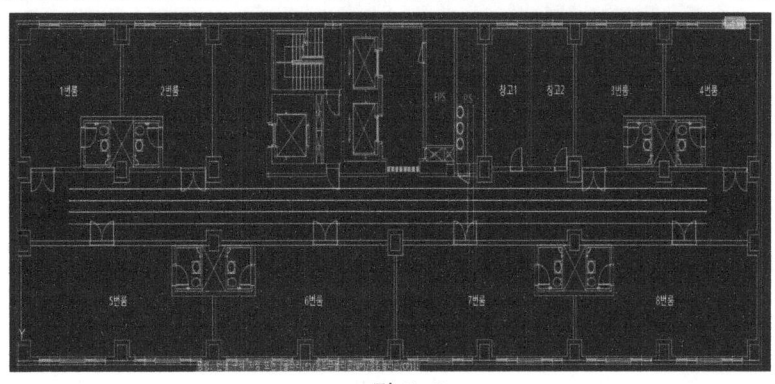
그림 11-6

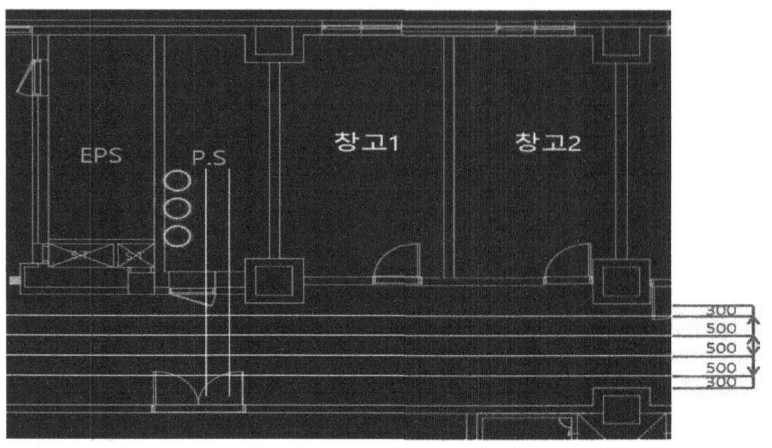

그림 11-7

[그림 11-8]
 좌 클릭하여 그림 11-8과 같이 만드시오.

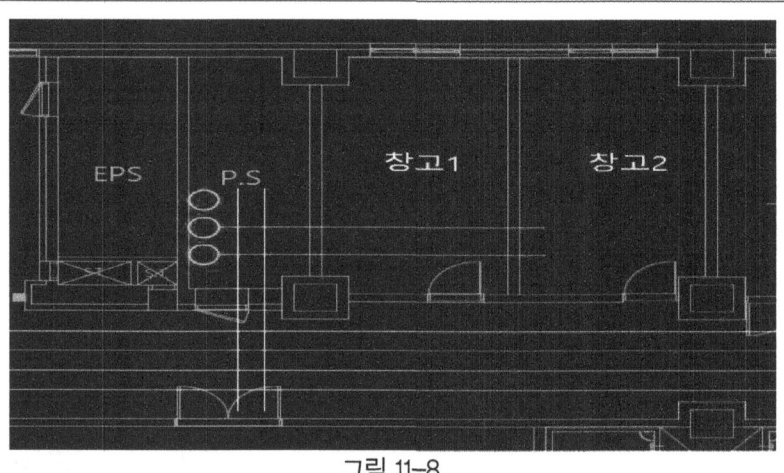

그림 11-8

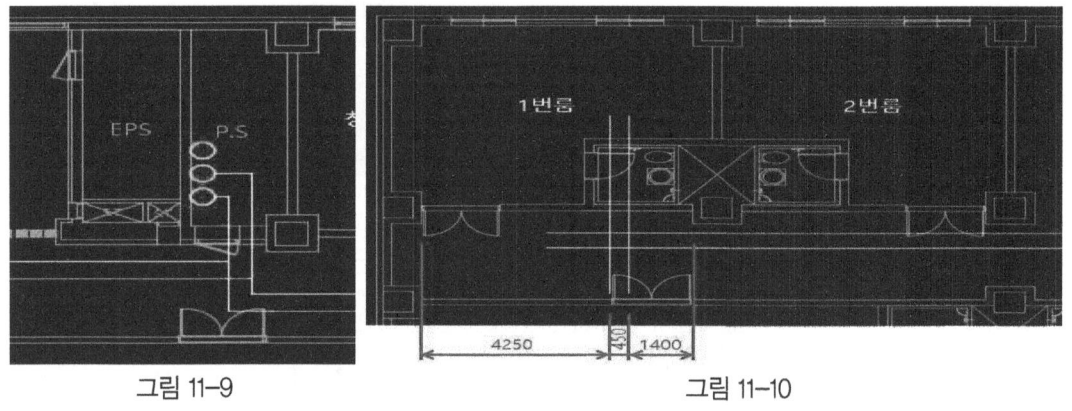

그림 11-9   그림 11-10

[그림 11-9]
TRIM과 ERASE 명령어를 이용하여 그림 11-9와 같이 만드시오.

[그림 11-10]
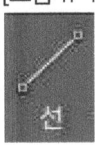 좌 클릭하여 그림 11-10과 같이 만드시오.

[그림 11-11]
OFFSET(단축명령어 O) 명령어 입력
→ Enter↵ → 1300 입력 → Enter↵
→ ①객체 좌 클릭 → 마우스 위로이동
→ 좌 클릭 → Enter↵

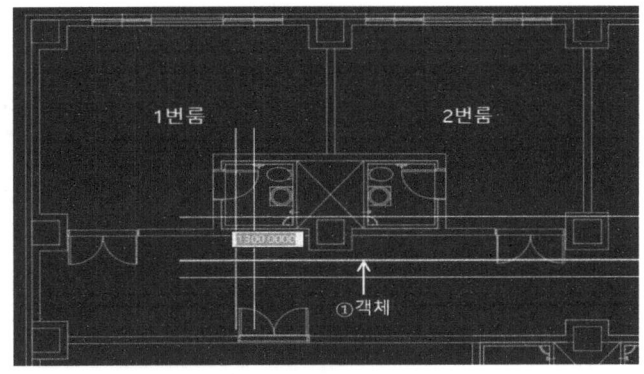

그림 11-11

[그림 11-12]
OFFSET(단축명령어 O) 명령어 입력
→ Enter↵ → 100 입력 → Enter↵
→ ①객체 좌 클릭 → 마우스 위로이동
→ 좌 클릭 → Enter↵

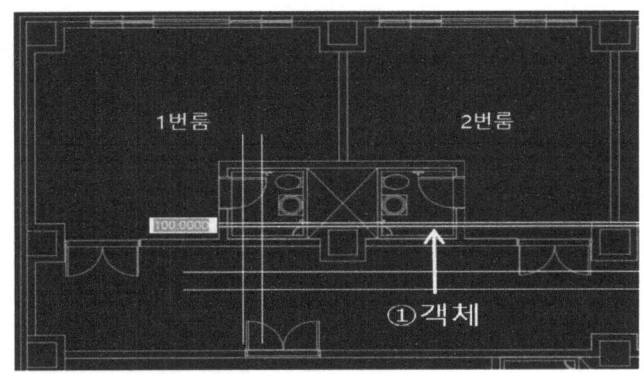

그림 11-12

[그림 11-13]
OFFSET(단축명령어 O) 명령어 입력
→ Enter↵ → 200 입력 → Enter↵
→ ①객체 좌 클릭 → 마우스 좌측이동
→ 좌 클릭 → Enter↵

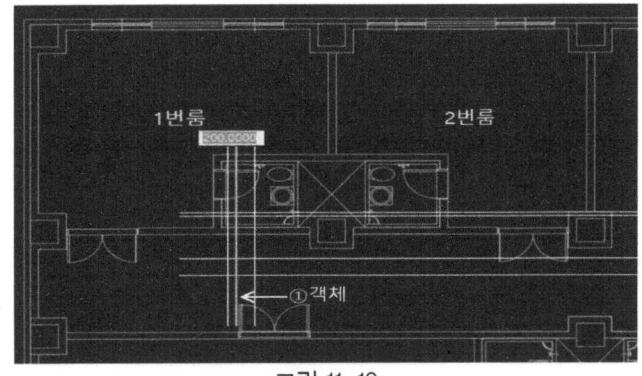

그림 11-13

[그림 11-14]
OFFSET(단축명령어 O) 명령어 입력
→ Enter↵ → 200 입력 → Enter↵
→ ①객체 좌 클릭 → 마우스 우측이동
→ 좌 클릭 → Enter↵

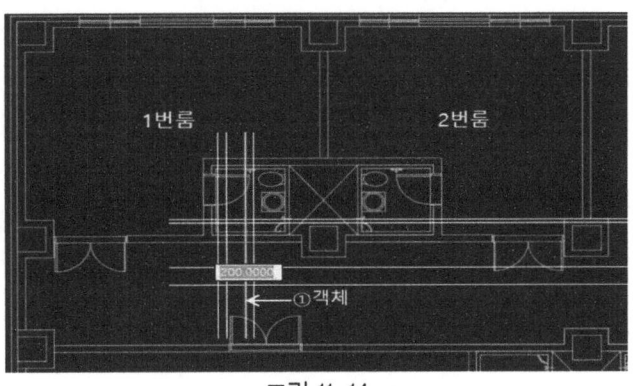

그림 11-14

[그림 11-15]
TRIM과 ERASE 명령어를 이용하여 그림 11-15와 같이 만드시오.

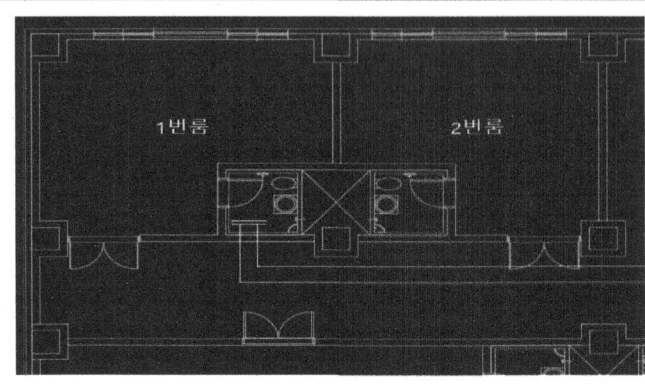
그림 11-15

[그림 11-16]
그림 9-15를 Ctrl C 후 11장에 Ctrl V하여 그림 11-16과 같이 만드시오.

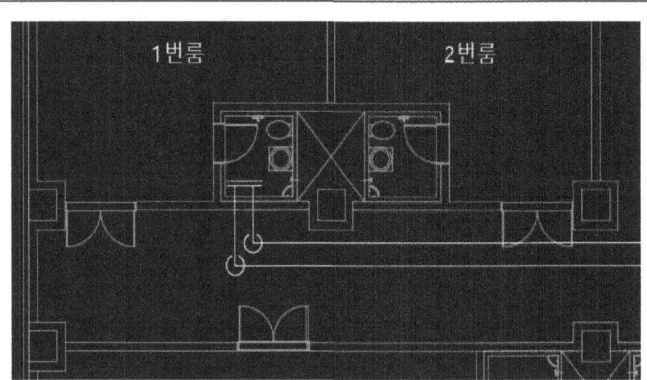
그림 11-16

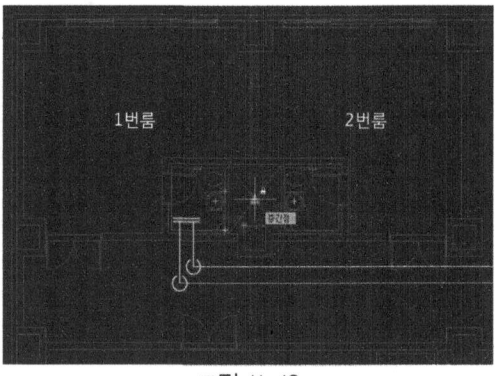
그림 11-17   그림 11-18

[그림 11-17~11-19]
MIRROR(단축명령어 MI) 명령어 입력
→ Enter↵ → 그림 11-17과 같이 1에서 2로 드래그 → Enter↵ → 중간점(또는 교차점) 좌클릭 → 마우스 아래이동
(※ 직교모드가 아닐 경우 F8 입력)
→ 좌 클릭 → Enter↵

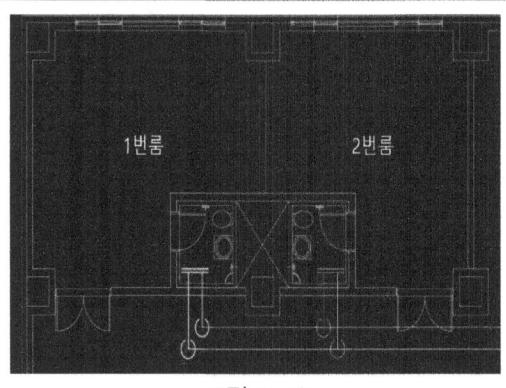
그림 11-19

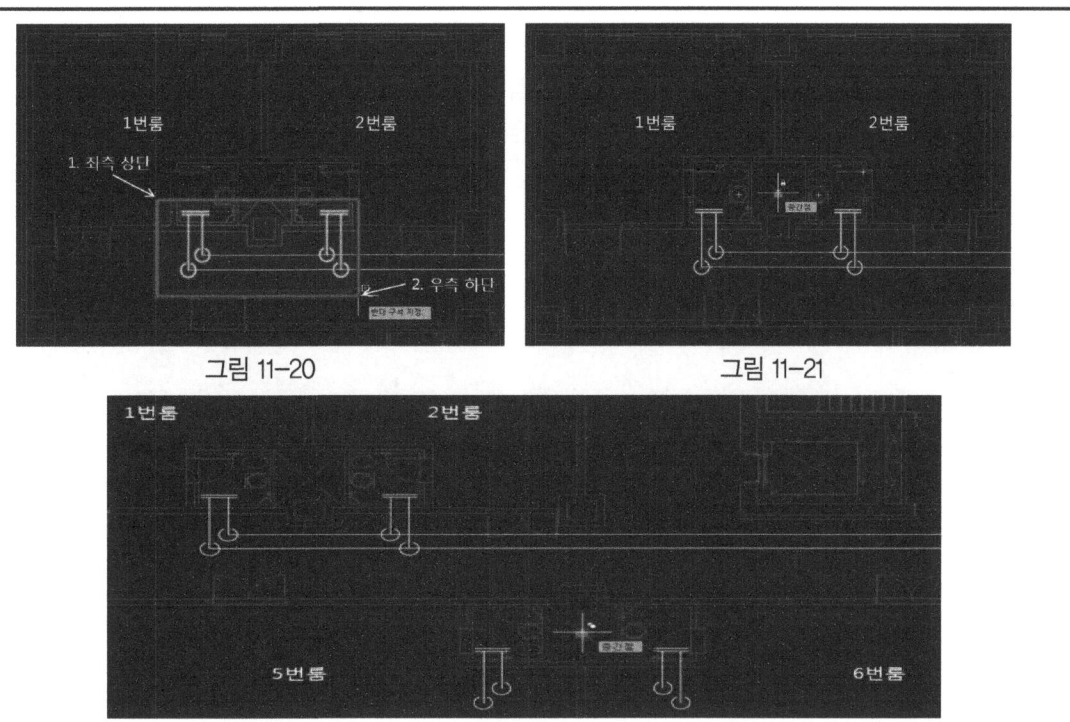

그림 11-20　　　　　　　　　　　그림 11-21

그림 11-22

[그림 11-20~11-22]
COPY(단축명령어 CO) 명령어 입력
→ Enter↵ → 그림 11-20과 같이 1에서 2로 드래그 → Enter↵ → 중간점(또는 교차점) 좌 클릭
→ 마우스 5시 방향으로 이동 → 중간점(또는 교차점) 좌 클릭 → Enter↵

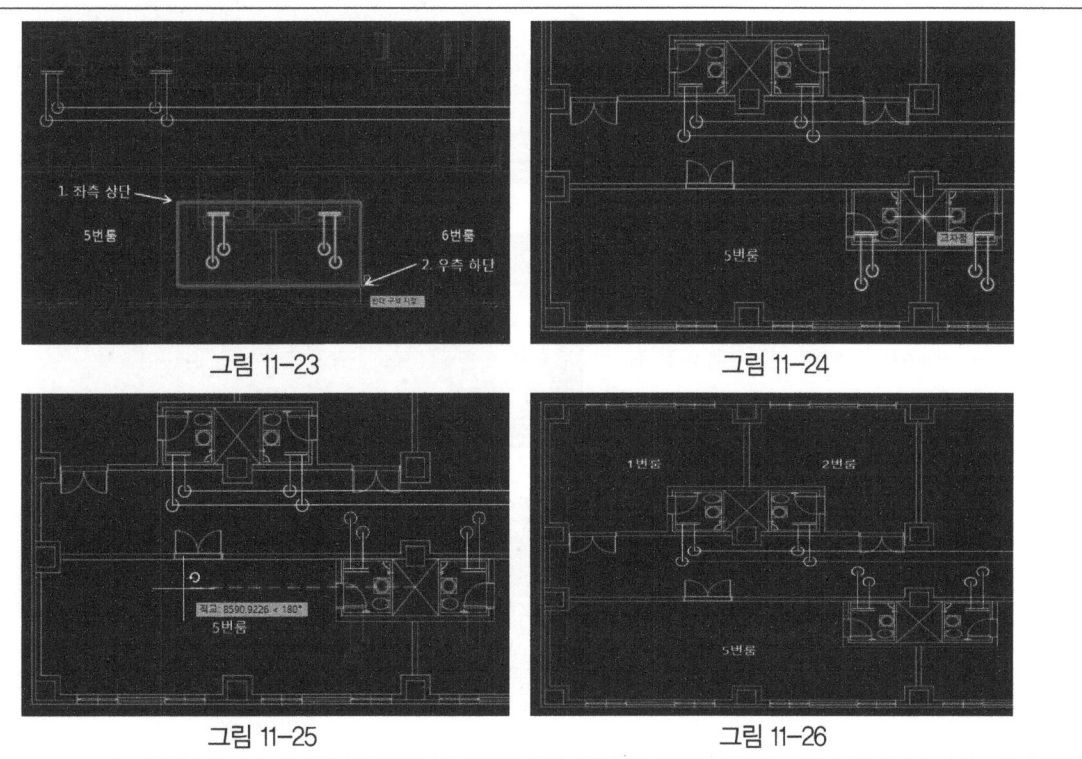

그림 11-23　　　　　　　　　　　그림 11-24

그림 11-25　　　　　　　　　　　그림 11-26

[그림 11-23~11-26]

ROTATE(단축명령어 RO) 명령어 입력 → Enter↵ → 그림 11-23과 같이 1에서 2로 드래그 → Enter↵ → 교차점(또는 중간점) 좌 클릭 → 마우스 좌측이동 → 교차점(또는 중간점) 좌 클릭 → Enter↵

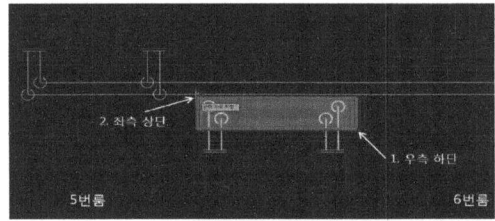
그림 11-27

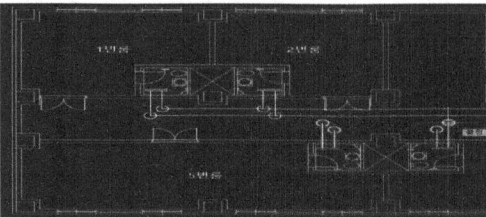
그림 11-28

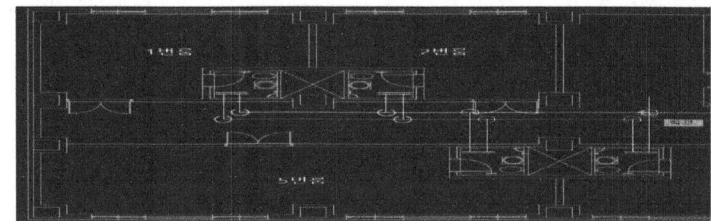
그림 11-29

[그림 11-27~11-29]

STRETCH(단축명령어 S) 명령어 입력
→ Enter↵ → 그림 11-27과 같이 1에서 2로 드래그 → Enter↵ → 끝점 좌 클릭 → 마우스 위로이동
→ 직교점 좌 클릭 → Enter↵

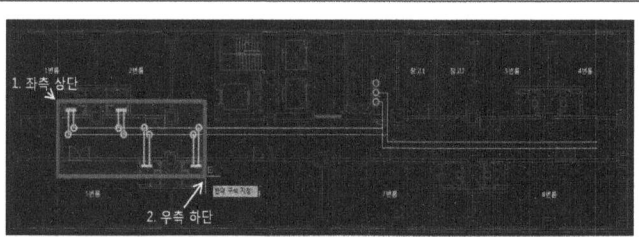
그림 11-30

[그림 11-30~11-32]

MIRROR(단축명령어 MI) 명령어 입력
→ Enter↵ → 그림 11-30과 같이 1에서 2로 드래그 → Enter↵ → X5열 기점으로 끝점 좌 클릭
(※ 직교모드가 아닐 경우 F8입력)
→ 마우스 아래이동 → 좌 클릭 → Enter↵

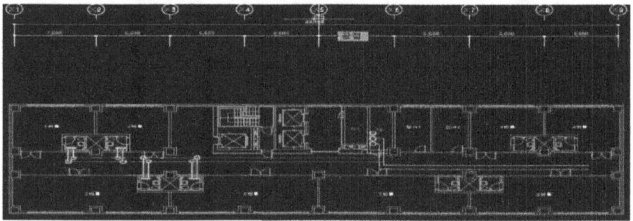
그림 11-31

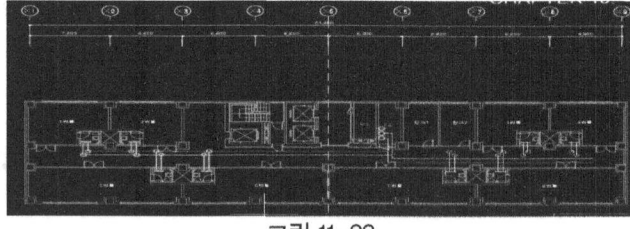
그림 11-32

[그림 11-33]
그림 11-27~11-29와 동일한 방법으로 급수급탕배관을 그림 11-33과 같이 만드시오.

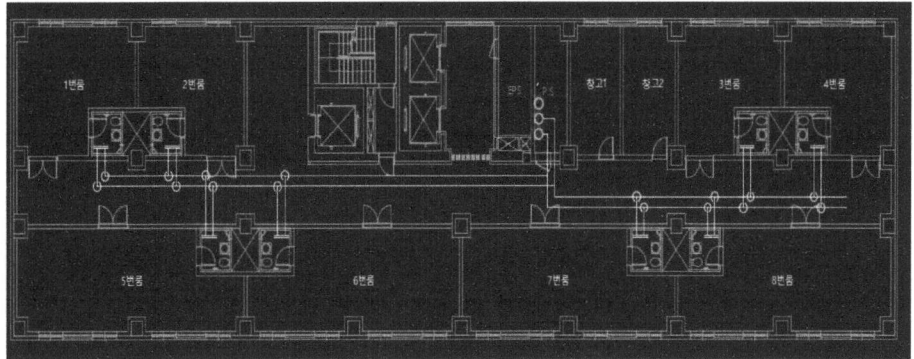

그림 11-33

[그림 11-34]
TRIM과 ERASE 명령어를 이용하여 그림 11-34와 같이 만드시오.

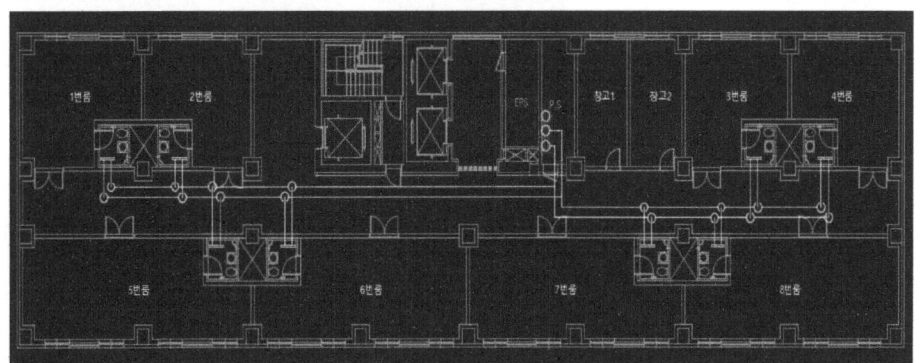

그림 11-34

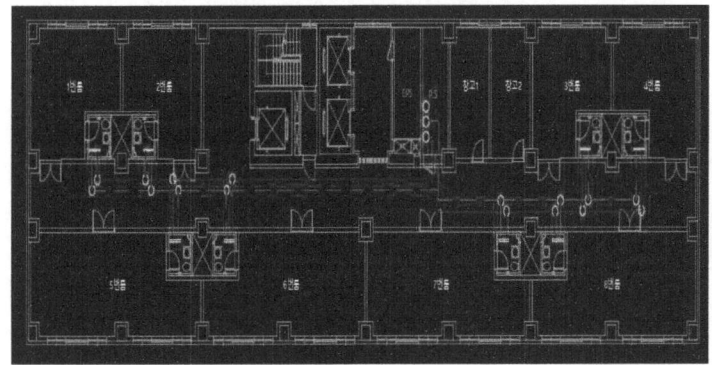

그림 11-35

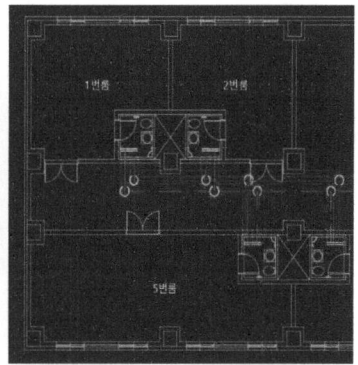

그림 11-36

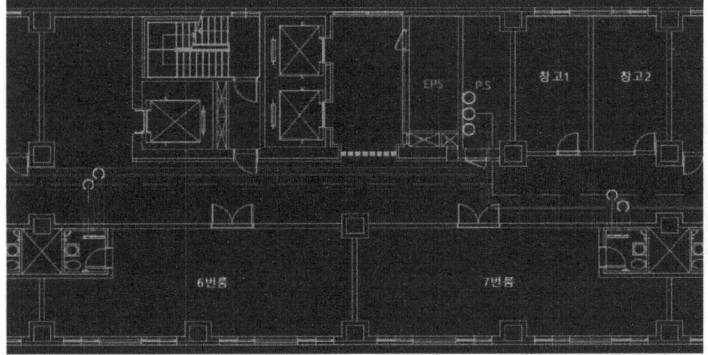

그림 11-37

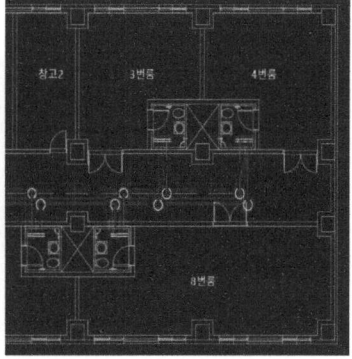

그림 11-38

[그림 11-35~11-38]
선을 좌 클릭하여 급수관은 파랑색에 선 타입 Bylayer로 하고, 급탕배관은 분홍색에 선 타입 DASHED로 하여 그림 11-35와 같이 그리시오. (※ DASHED선이 보이지 않으면 LTS 80을 확인하시오.)
확대그림 11-36, 11-37, 11-38과 같이 만드시오.

[그림 11-39] 그림 11-39와 같이 만드시오. 문자크기 : 50	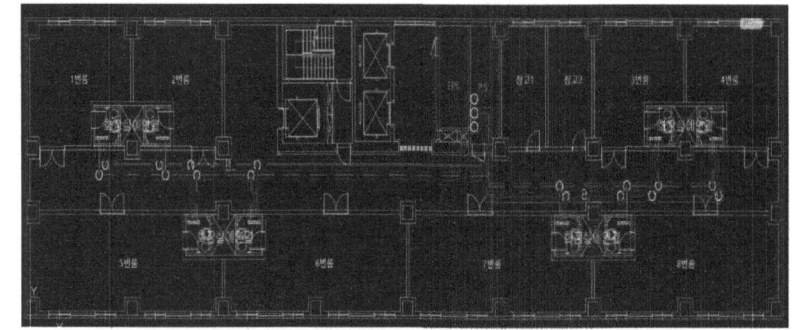 그림 11-39
[그림 11-40] CHAPTER 09에서 세모객체를 복사하여 그림 11-40과 같이 만드시오.	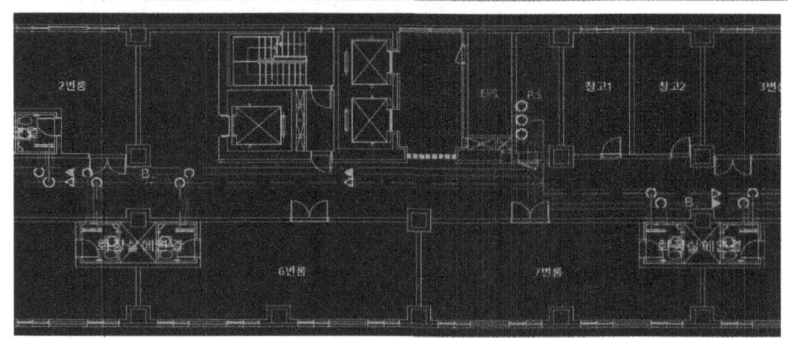 그림 11-40
[그림 11-41] 좌 클릭하여 원을 4개 그리고 그림 11-41과 같이 급수관은 점 한 개, 급탕관은 점 두 개로 표현하시오. (원의 반지름 800)	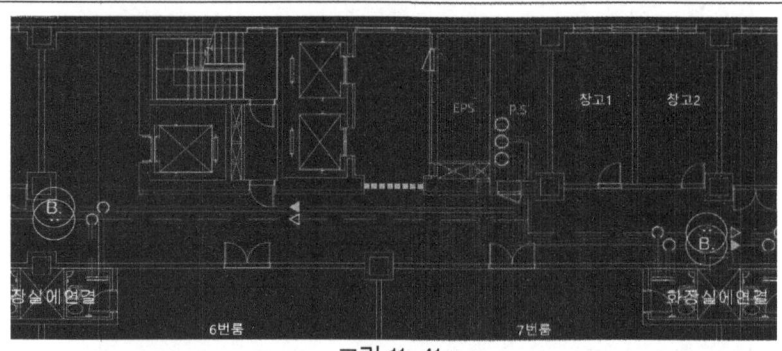 그림 11-41
[그림 11-42] TRIM과 ERASE 명령어를 이용하여 그림 11-42와 같이 만드시오.	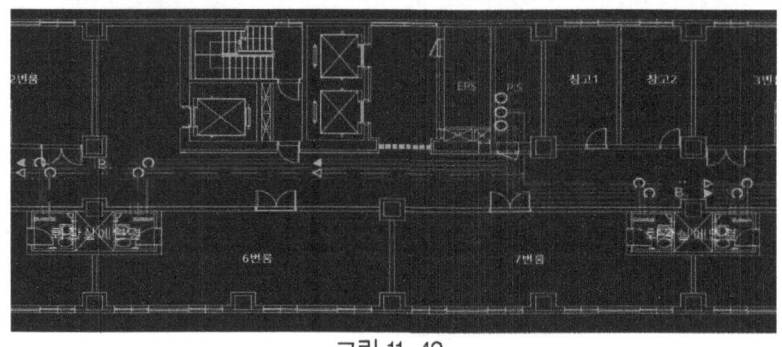 그림 11-42

[그림 11-43]

문자 좌 클릭하여 그림 11-43과 같이 만드시오.

제목 문자크기는 800, 나머지 문자는 240로 하시오.

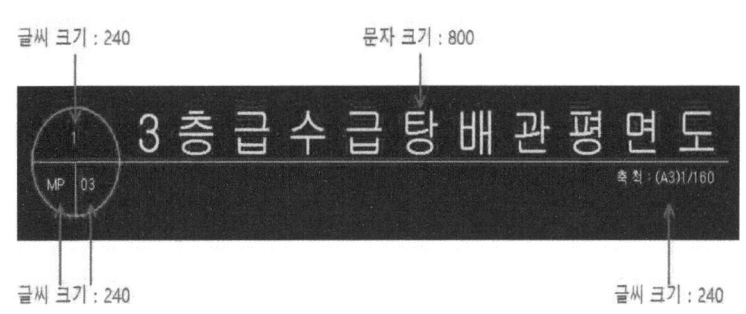

그림 11-43

그림 11-44와 같이 만드시오.

완성된 도면을 저장한다.

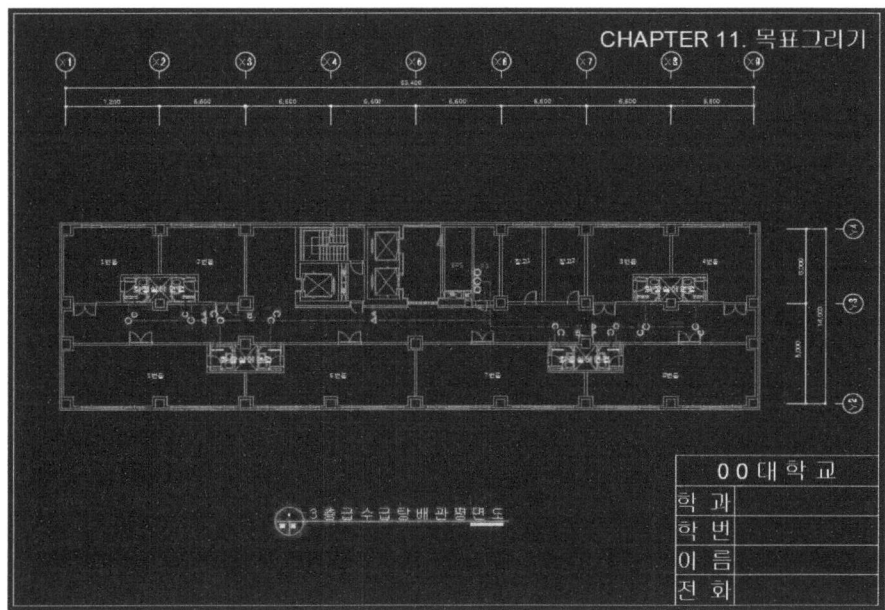

그림 11-44

파일명 : CHAPTER11_학번_홍길동(년/월/일)

CHAPTER 12

가스배관 평면도 설계

가스배관 평면도 설계

12-1 가스배관

도시가스배관과 건물 내 기계실에 있는 보일러와 각 실의 가스레인지를 연결하는 공정이며, 가스배관 설계 시 가스안전공사와의 협의를 통하여 배관 위치를 협의 한 후 설계 하여야 한다.

12-2 가스배관 평면도 설계하기

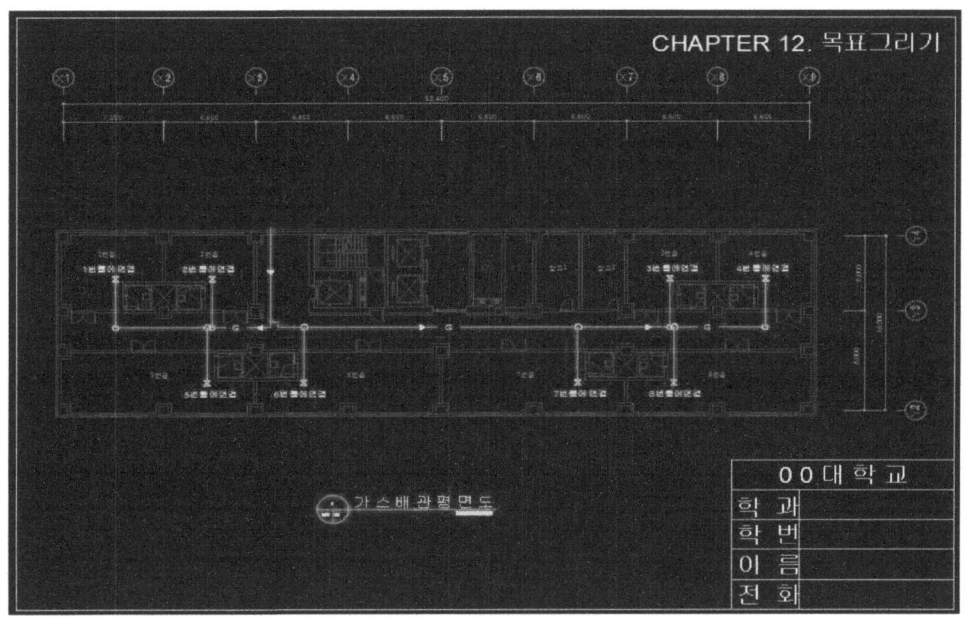

그림 12-1 목표 그리기
(부록 10 참조)

방법	화 면
[그림 12-2] 그림 12-2의 도면에서부터 시작한다. → LTS 입력 → Enter↵ → 80입력 → Enter↵ ※ 시작할 때 건축 도면층의 Layer잠금을 누르고 시작한다.	그림 12-2

[그림 12-3]

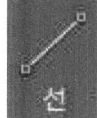 좌 클릭하여 그림 12-3과 같이 1번룸 문 앞과 4번룸 문 앞까지 가로선을 만드시오.

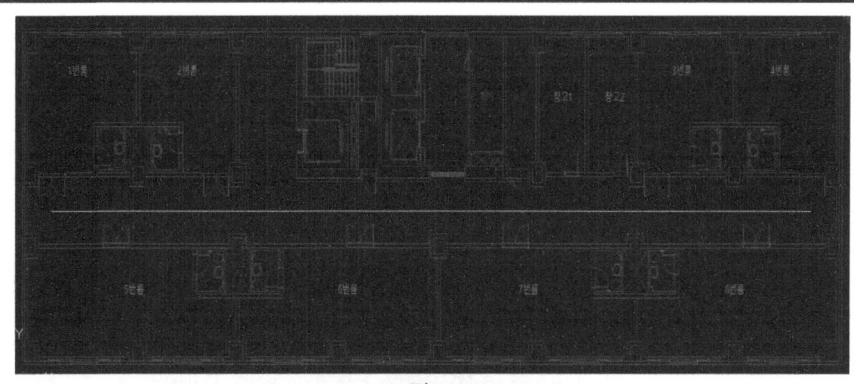

그림 12-3

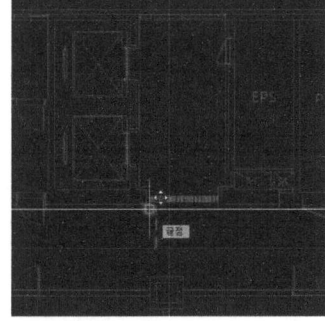

그림 12-4

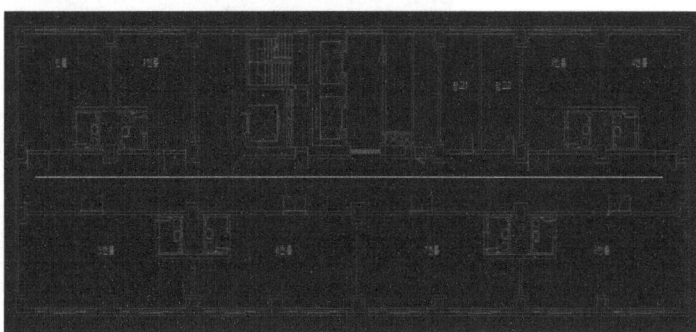

그림 12-5

[그림 12-4~12-5]

M 입력 → Enter↵ → 가로선 좌 클릭 → Enter↵ → 가로선 중간점 좌 클릭 → 마우스 위로이동 → 기둥모서리 끝점 좌 클릭 → MOVE 780으로 가로선을 아래로 이동시키시오.

[그림 12-6]

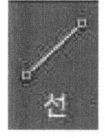 좌 클릭 하여 그림 12-6과 같이 2번 룸 문 옆 기둥 끝점에 첫 점 좌 클릭

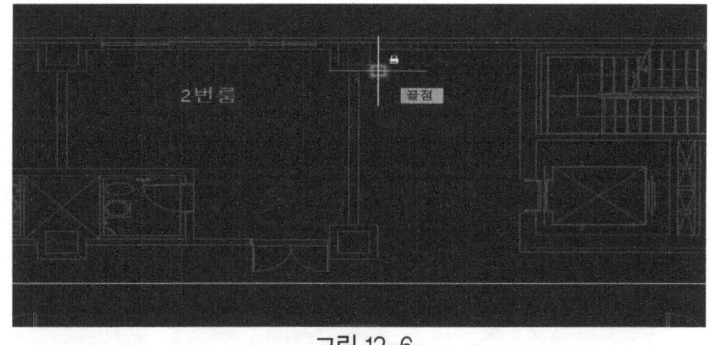

그림 12-6

[그림 12-7]

마우스 아래이동 → 가로선과 직교 되는 지점 좌 클릭 → Enter↵

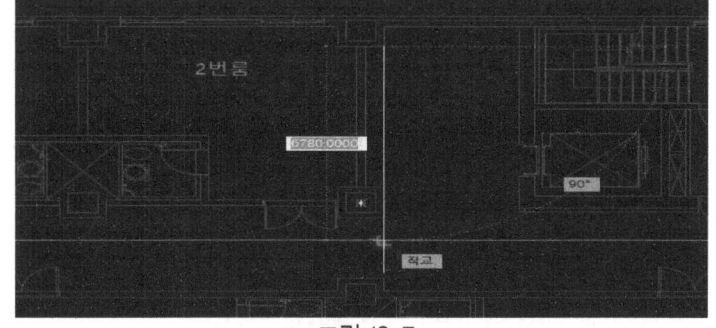

그림 12-7

[그림 12-8]
MOVE(단축명령어 M) 명령어 입력
→ Enter↵ → 세로선 좌 클릭 → 마우스 우측이동 → 500 입력 → Enter↵

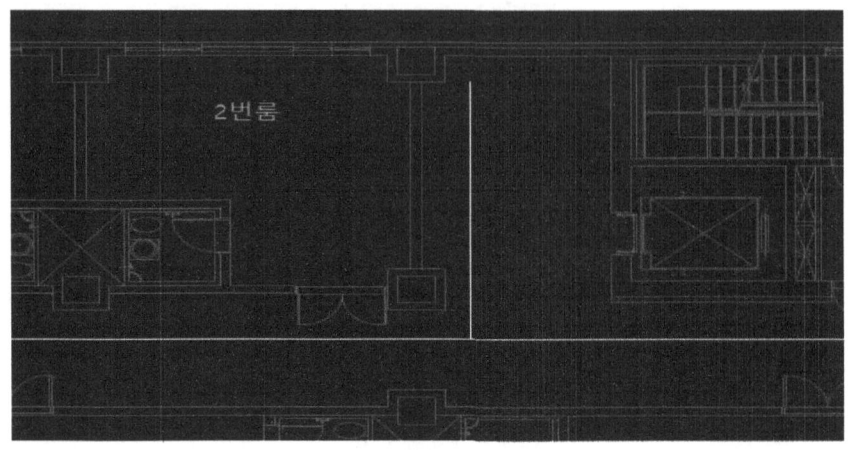

그림 12-8

[그림 12-9]
OFFSET(단축명령어 O) 명령어 입력
→ Enter↵ → 500 입력 → Enter↵ → ①객체 좌 클릭 → 마우스 우측이동 → 좌 클릭 → Enter↵

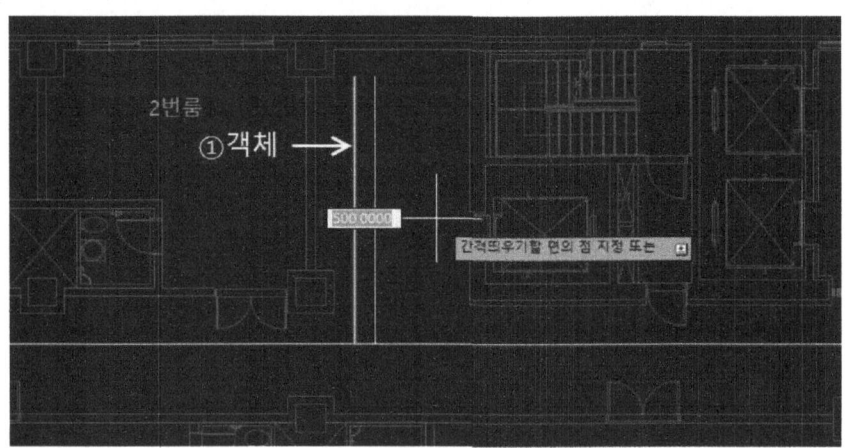

그림 12-9

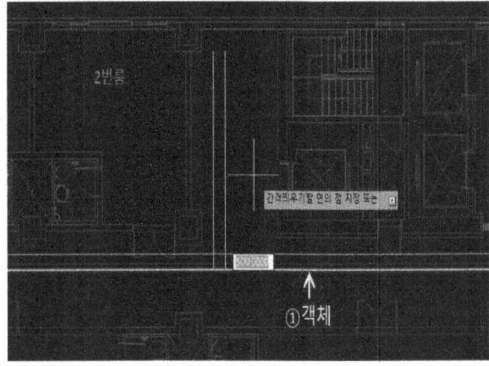

그림 12-10

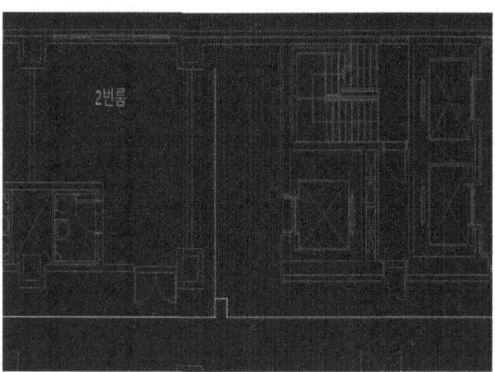

그림 12-11

[그림 12-10]
OFFSET(단축명령어 O) 명령어 입력
→ Enter↵ → 500 입력 → Enter↵ → ①객체 좌 클릭 → 마우스 위로이동 → 좌 클릭 → Enter↵

[그림 12-11]
TRIM 명령어를 이용하여 그림 12-11과 같이 만드시오.

	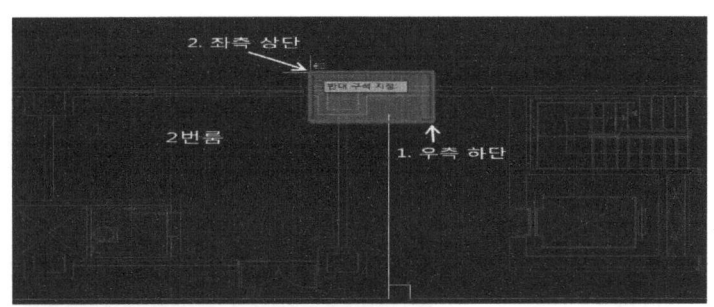
그림 12-12
[그림 12-12~12-14] STRETCH(단축명령어 S) 명령어 입력 → Enter↵ → 그림 12-12와 같이 1에서 2로 드래그 → Enter↵ → 끝점 좌 클릭 → F3 (객체스냅 ON) 입력 → 마우스 위로이동 → 1300 입력 → Enter↵	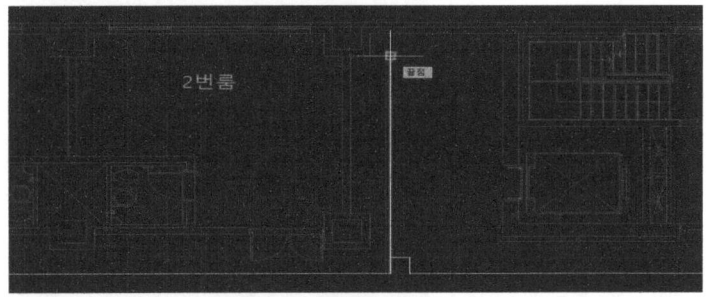
그림 12-13
	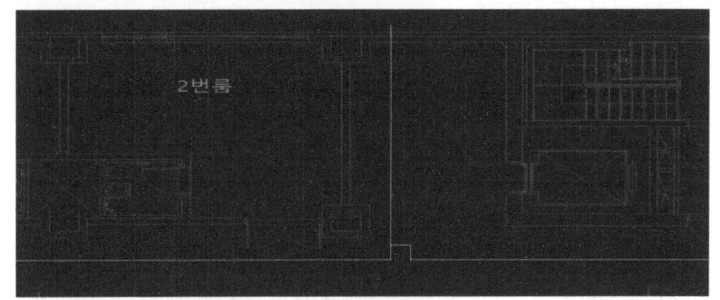
그림 12-14
[그림 12-15] 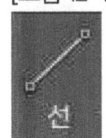 좌 클릭 하여 그림 12-15와 같이 1번룸 기둥 끝점에 첫점 좌 클릭	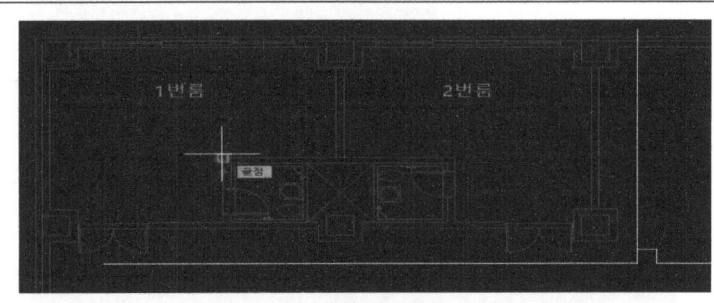
그림 12-15
[그림 12-16] 마우스 아래이동 → 가로선과 직교되는 지점 좌 클릭 → Enter↵	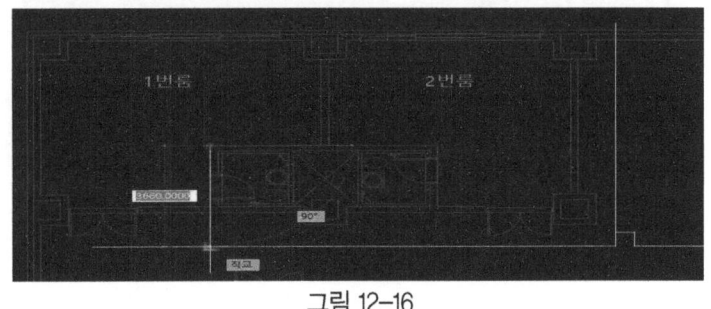
그림 12-16

[그림 12-17]
M 입력 → Enter↵
→ 세로선 좌 클릭
→ Enter↵
→ 세로선 좌 클릭
→ 마우스 좌측이동
→ 500 입력 → Enter↵

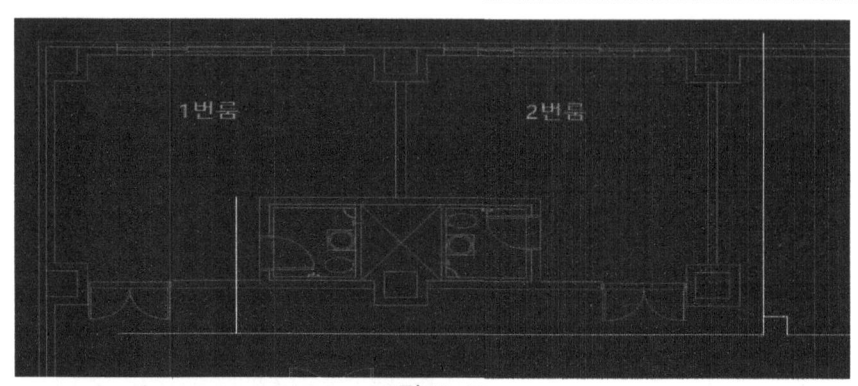

그림 12-17

[그림 12-18]
그림 9-23의 밸브를 Ctrl C 후 12장에 Ctrl V 하여 그림 12-18과 같이 그리시오.

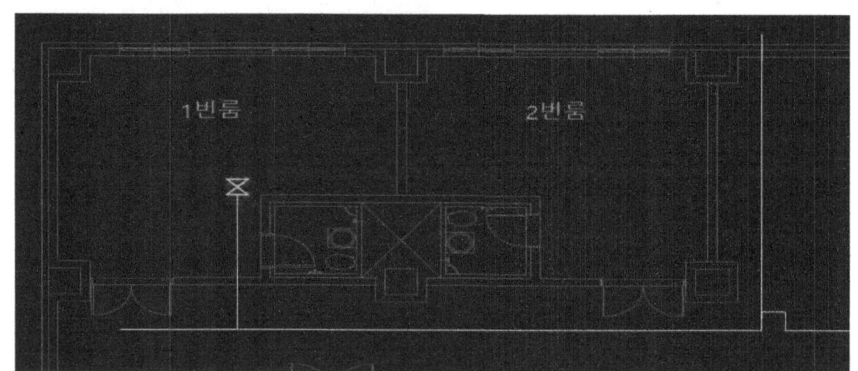

그림 12-18

[그림 12-19]
그림 9-17의 배관up 기호를 Ctrl C 후 12장에 Ctrl V 하여 그림 12-19와 같이 그리시오.

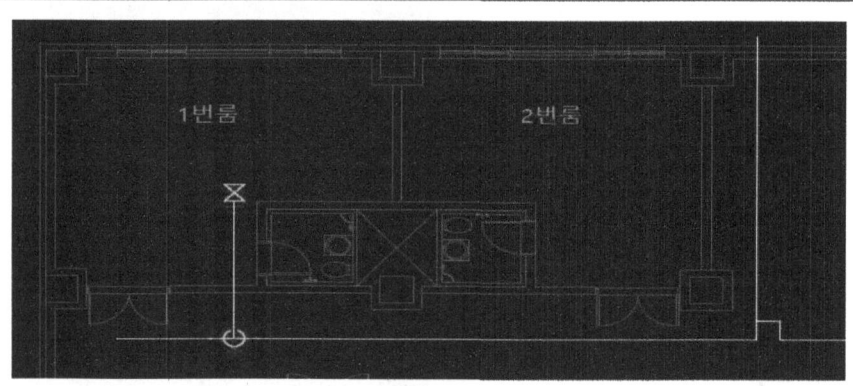

그림 12-19

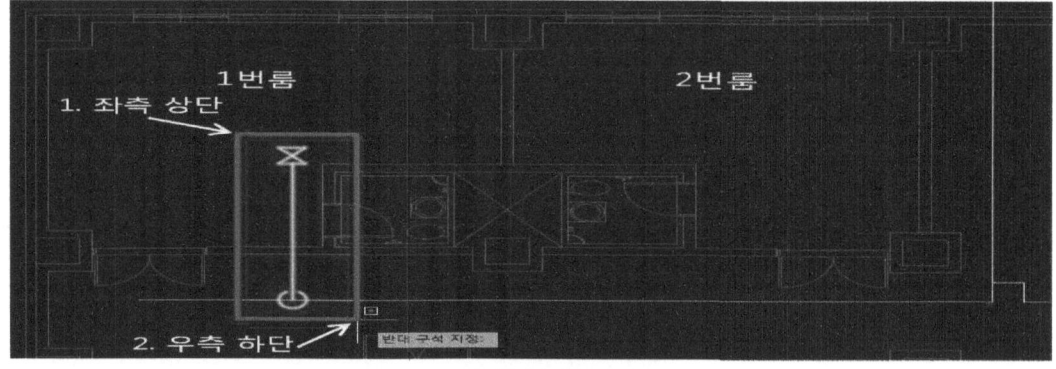

그림 12-20

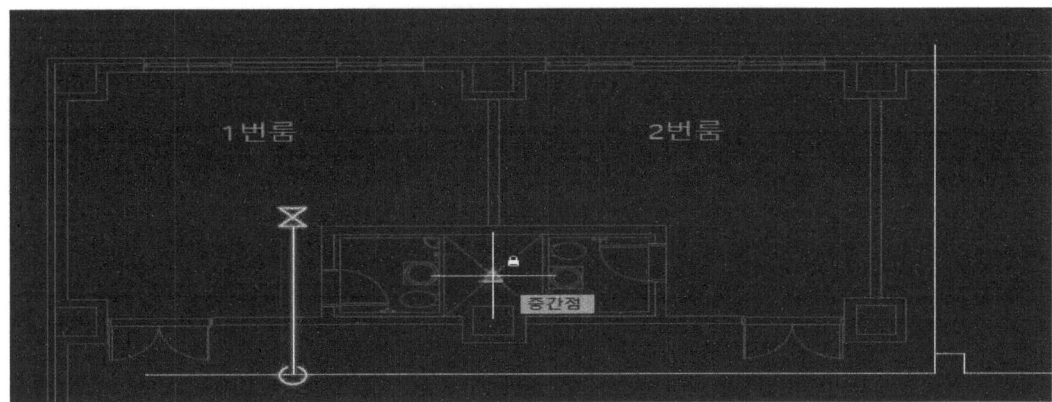

그림 12-21

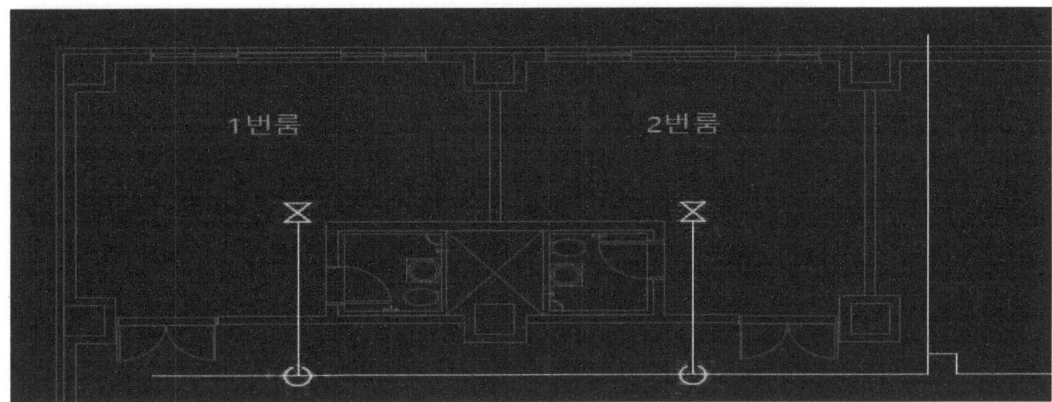

그림 12-22

[그림 12-20~12-22]
MIRROR(단축명령어 MI) 명령어 입력
→ Enter↵ → 그림 12-20과 같이 1에서2로 드래그 → Enter↵ → 중간점(또는 교차점) 좌 클릭 → 마우스 아래이동
(※ 직교모드가 아닐 경우 F8 입력)
→ 좌 클릭 → Enter↵

[그림 12-23]
COPY, ROTATE 와 STRETCH를 이용하여 그림 12-23과 같이 만드시오

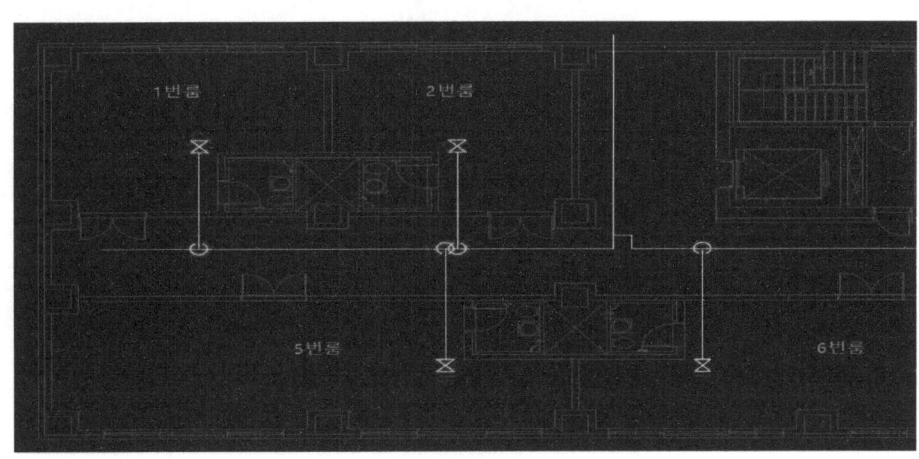

그림 12-23

[그림 12-24]
MIRROR를 이용하여 그림 12-24와 같이 만드시오.

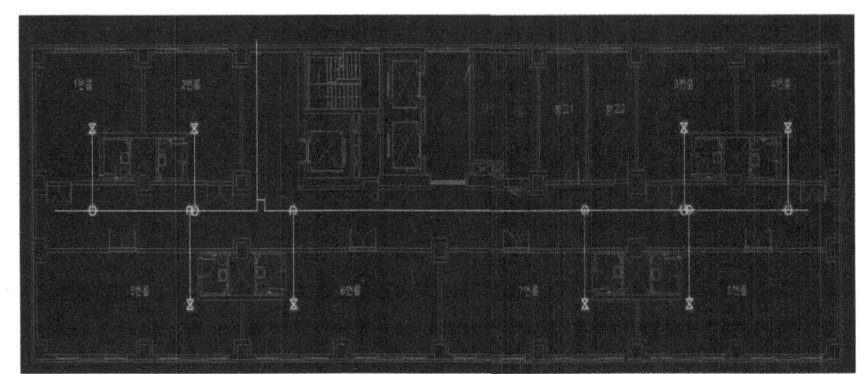
그림 12-24

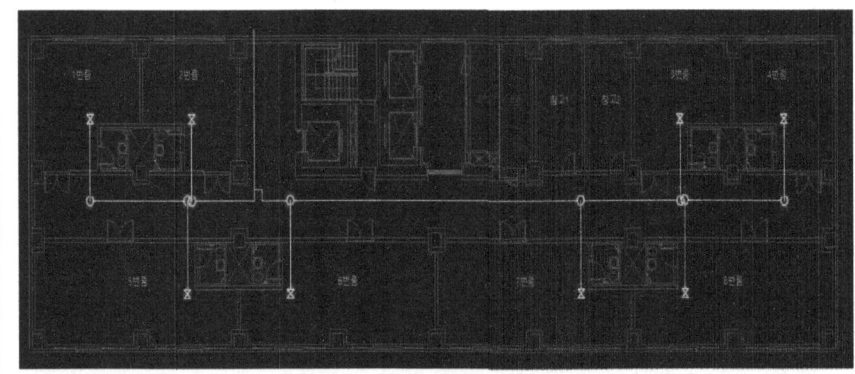
그림 12-25

[그림 12-25~12-27]
TRIM을 이용하여 그림 12-25와 같이 만드시오. 확대그림 12-26과 12-27을 참조하시오.

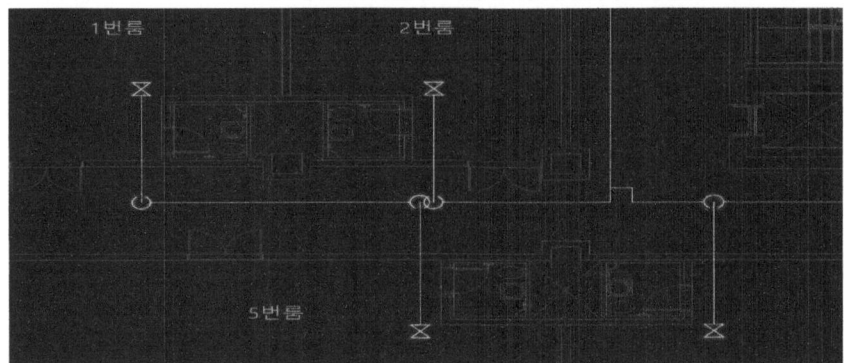
그림 12-26

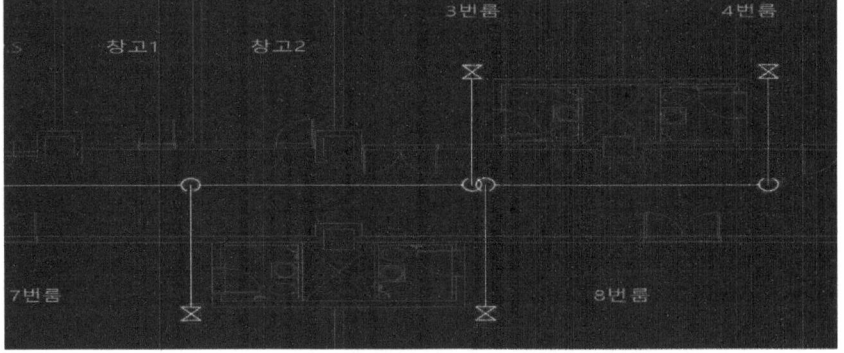
그림 12-27

[그림 12-28]

 를 이용하여 그림 12-28과 같이 G를 입력하시오.
(문자크기 : 250)

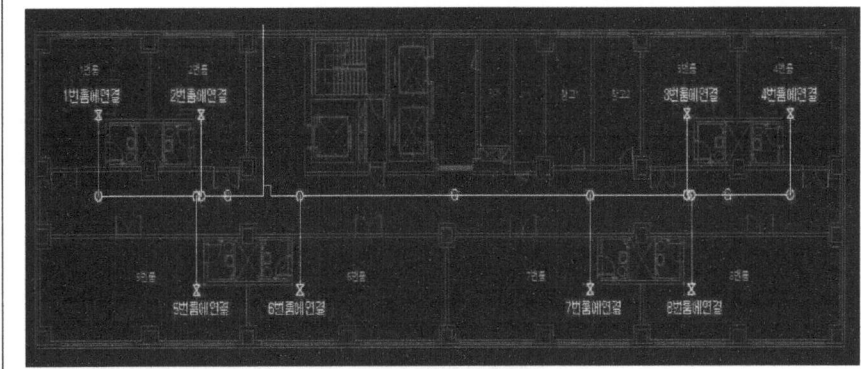
그림 12-28

[그림 12-29]

 좌 클릭
→ 문자 중심 좌 클릭
→ 마우스 우측이동
→ 800 입력 → Enter↵
(원 3개를 만드시오.)

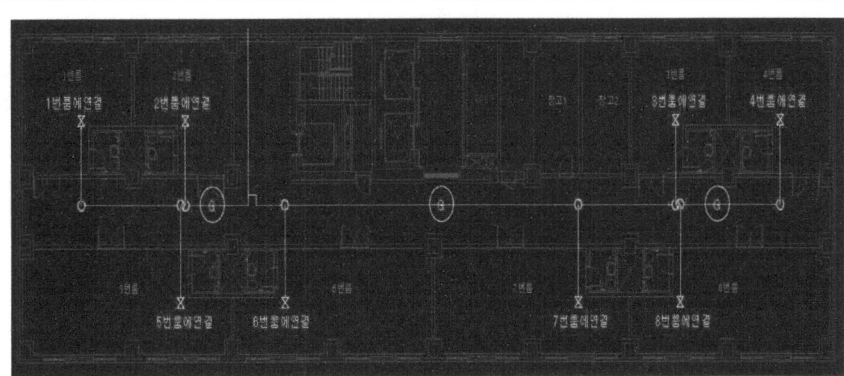
그림 12-29

[그림 12-30]
TRIM과 ERASE를 이용하여 그림 12-30과 같이 만드시오.

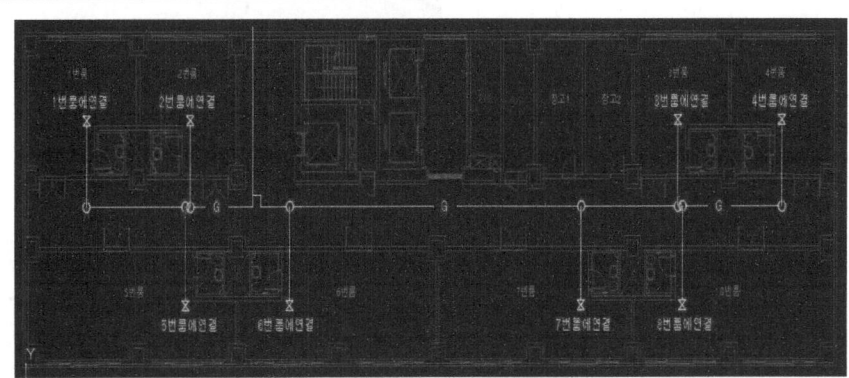
그림 12-30

[그림 12-31]
그림 7-86과 같이 반지름 250원에 내접하는 3면을 가진 폴리곤으로 그림 12-31과 같이 만드시오.

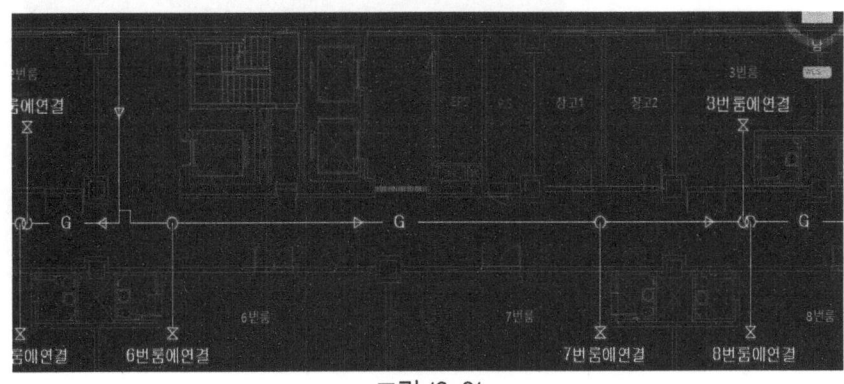
그림 12-31

[그림 12-32]
HATCH를 이용하여 그림 12-32와 같이 삼각형 안에 해치를 넣으시오. 가스배관 G선의 색상을 녹색으로 변경하시오.

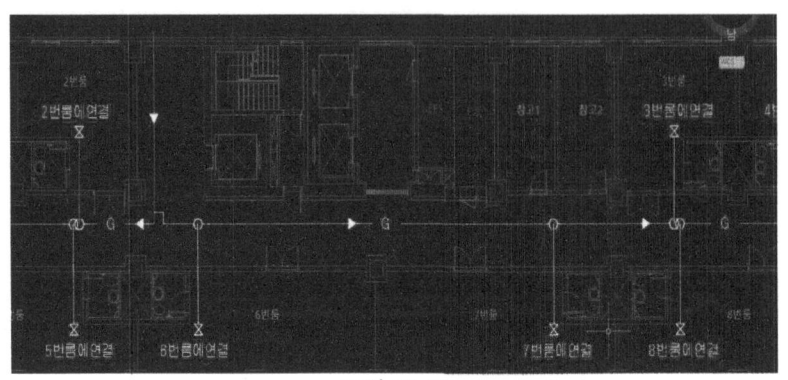

그림 12-32

[그림 12-33]

 과 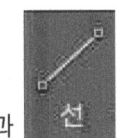 을 이용하여 그림 12-33과 같이 반지름 1120 원과 선을 만드시오.

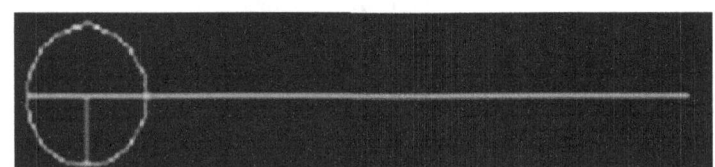

그림 12-33

[그림 12-34]

 좌 클릭하여 그림 12-34와 같이 만드시오.

제목 문자크기는 800, 나머지 문자는 240으로 하시오.

그림 12-34

그림 12-35와 같이 만드시오. 완성된 도면을 저장한다.

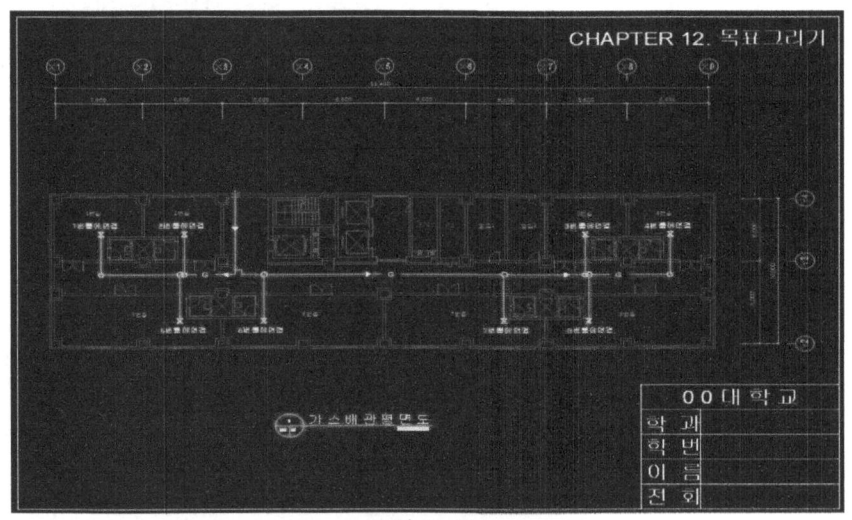

그림 12-35

파일명 : CHAPTER12_학번_홍길동(년/월/일)

CHAPTER 13

기계실 장비 기초도 설계

CHAPTER 13. 기계실 장비 기초도 설계

13-1 기초도

공조기나 보일러 등과 같은 장비의 실제 크기를 확인한 후, 유지보수 공간이 확보되는 위치에 장비를 배치한다. 장비는 벽체에서 최소 600[mm]가 이격되도록 건축설계팀과 협의 하여야 한다.

13-2 기계실 장비 기초도 설계하기

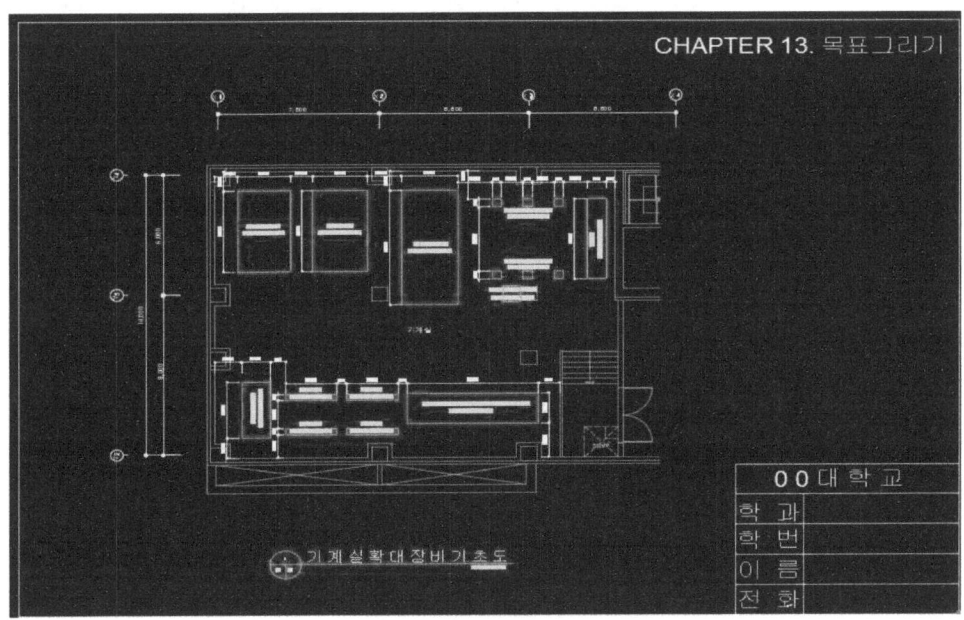

그림 13-1 목표 그리기
(부록 11 참조)

방 법	화 면
[그림 13-2] 그림 13-2에서 부터 시작한다. → LTS 입력 → Enter↵ → 50 입력→ Enter↵ ※ 시작할 때 건축 도면층의 Layer잠금을 누르고 시작한다.	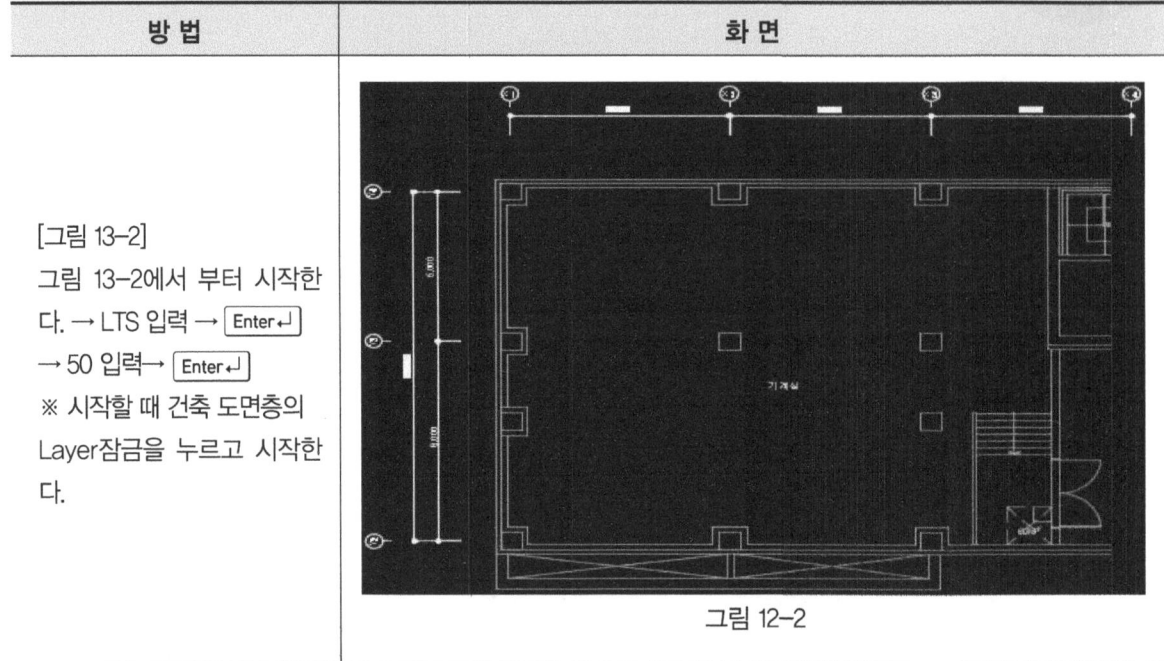 그림 12-2

[그림 13-3]
 좌 클릭 → 임의의 첫점 좌 클릭 → [Shift] 2 (2400 [,] 4000) 입력 → [Enter↵]

[그림 13-4]
MOVE(단축명령어 M) 명령어 입력 → [Enter↵] → 객체 드래그 좌 클릭 → [Enter↵] → 그림 13-4와 같이 건축 벽체에서 이동시킨다. → [Enter↵]

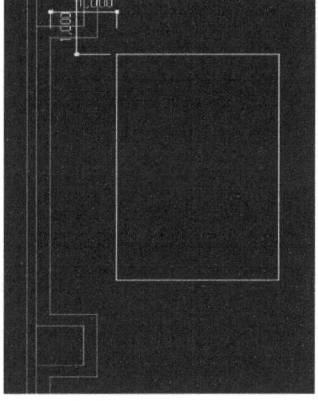

그림 13-3   그림 13-4

[그림 13-5]
우측으로 3400 되는 위치에 그림 13-30에서 만들었던 직사각형을 COPY하시오.

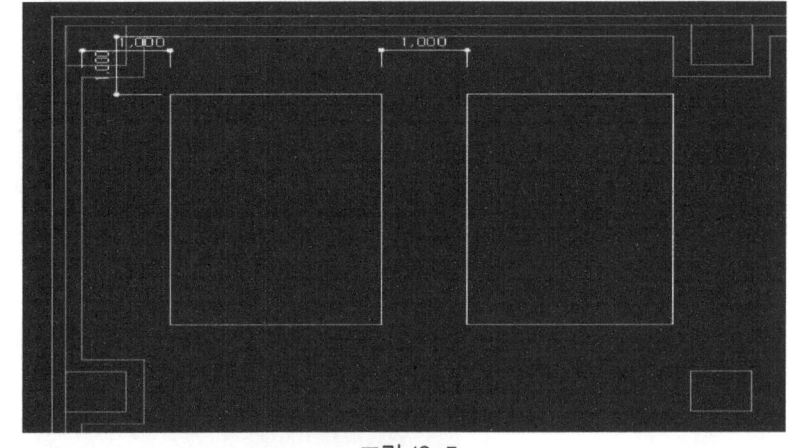

그림 13-5

[그림 13-6]
 좌 클릭 → 임의의 첫점 좌 클릭 → [Shift] 2 (2500 [,] 5700) 입력 → [Enter↵] → 그림 13-6과 같이 이격이동시킨다. → [Enter↵]

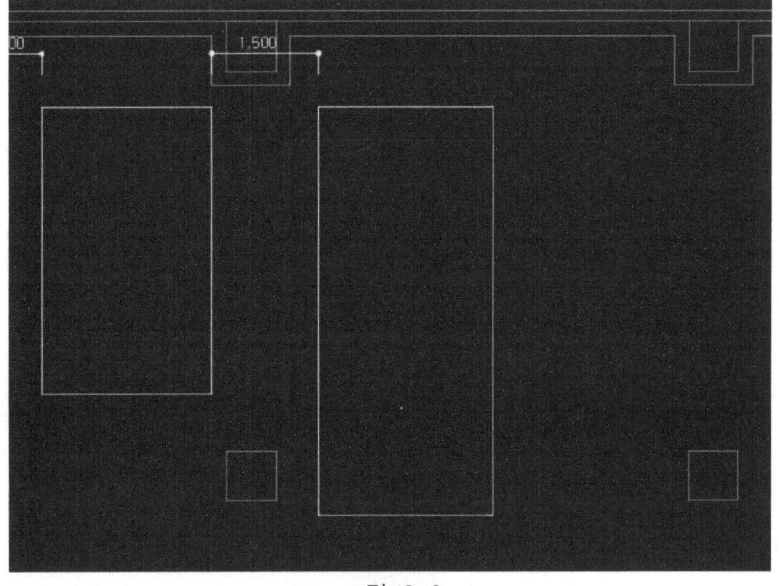

그림 13-6

[그림 13-7]

 좌 클릭
→ 임의의 첫점 좌 클릭
→ [Shift] 2 (400 [,] 400)
입력 → [Enter↵] → 그림 13-7
과 같이 6개를 만드시오.
→ [Enter↵]

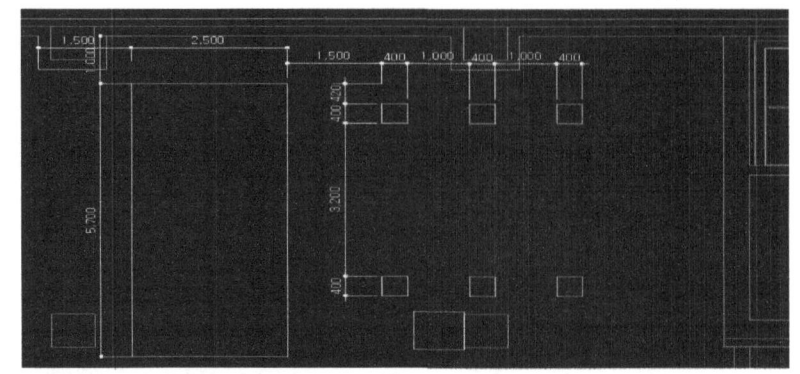
그림 13-7

[그림 13-8]

 좌 클릭
→ 임의의 첫점 좌 클릭
→ [Shift] 2 (800 [,] 4000)
입력 → [Enter↵] → 그림 13-8
과 같이 만드시오. → [Enter↵]

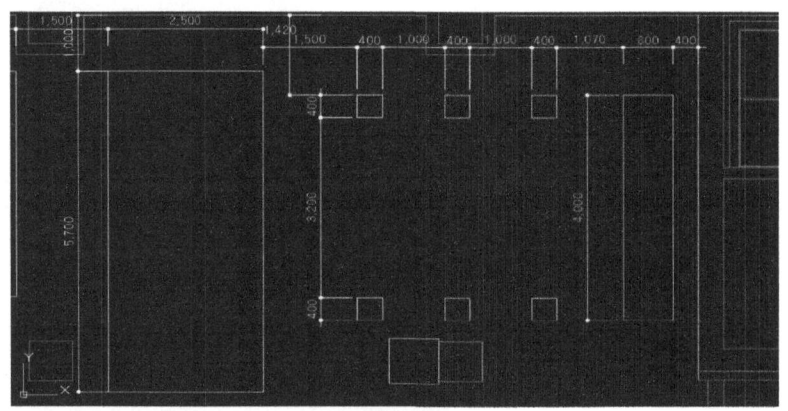
그림 13-8

[그림 13-9]

 좌 클릭
→ 임의의 첫점 좌 클 릭
→ [Shift] 2 (1300 [,] 2800)
입력 → [Enter↵] → 그림 13-9
와 같이 만드시오. → [Enter↵]

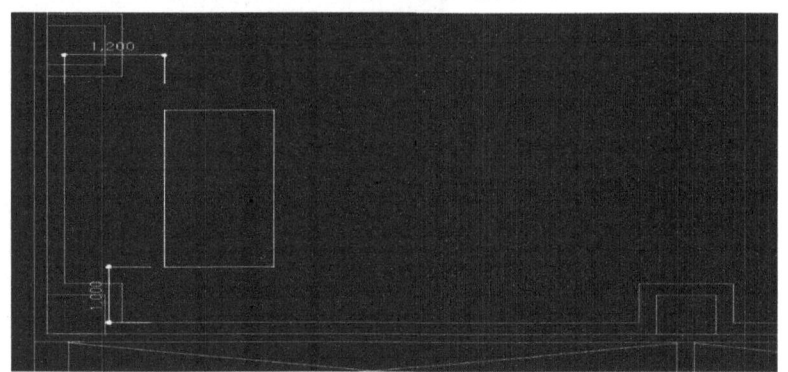
그림 13-9

[그림 13-10]

 좌 클릭
→ 임의의 첫점 좌 클릭
→ [Shift] 2 (2300 [,] 300)
입력 → [Enter↵] → 그림 13-10
과 같이 만드시오.
→ [Enter↵]

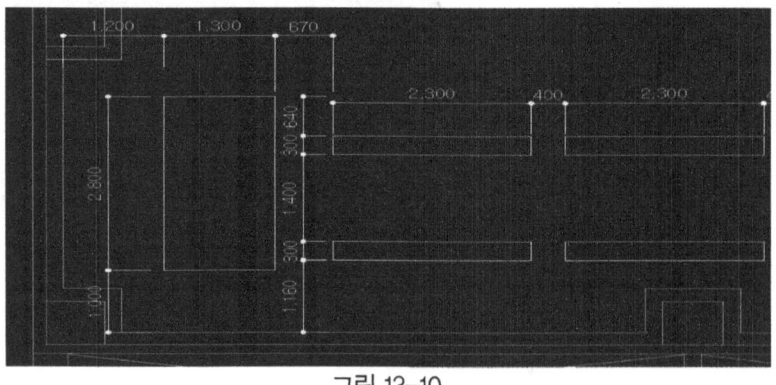
그림 13-10

[그림 13-11]
 좌 클릭
→ 임의의 첫점 좌 클릭
→ Shift 2 (5800 ⌐, 1500)
입력 → Enter↵ → 그림 13-11
과 같이 만드시오. → Enter↵

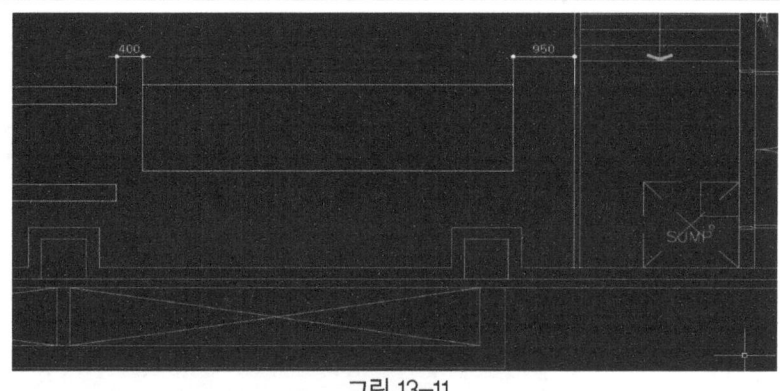
그림 13-11

[그림 13-12]
 좌 클릭
→ 임의의 첫점 좌 클릭
→ Shift 2 (800 ⌐, 800)
입력 → Enter↵ → 그림 13-12
와 같이 만드시오. → Enter↵

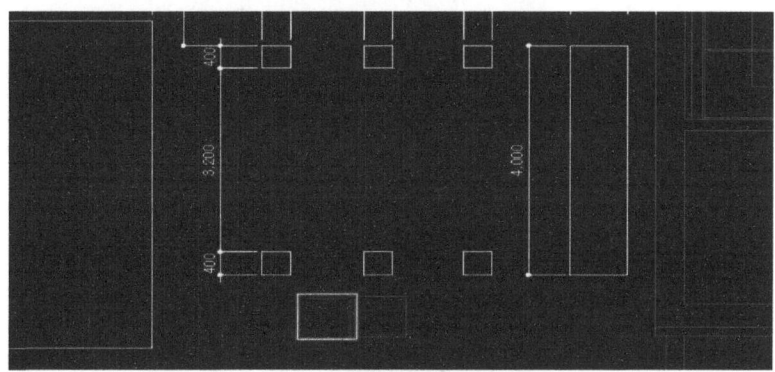
그림 13-12

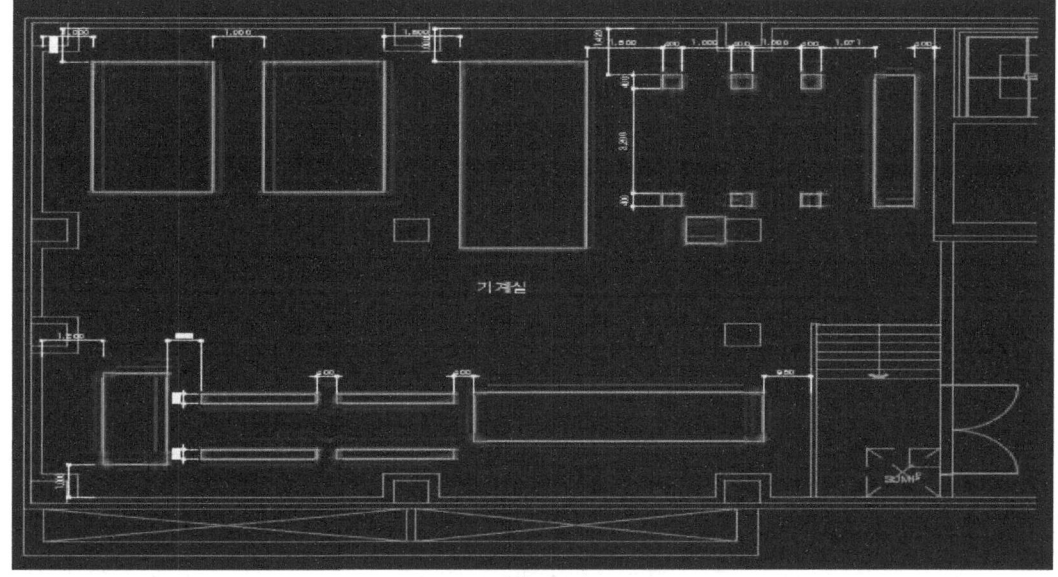
그림 13-13

[그림 13-13]
만든 사각형들을 모두 드래그 선택하여 도면층 별에서 녹색을 지정하면 사각형들의 선이 녹색으로 변경한다.
→ LA 입력 → Enter↵ → CON'C로 새 도면층을 만든다. → 나가기 → 도면 전체 드래그
→ 도면층 특성에서 CON'C를 좌 클릭 → Enter↵
LAYER 정리하여 객체를 정리시키고 그림 13-13과 같이 만드시오.

[그림 13-14]
치수선을 넣어 그림 13-14와 같이 만드시오.

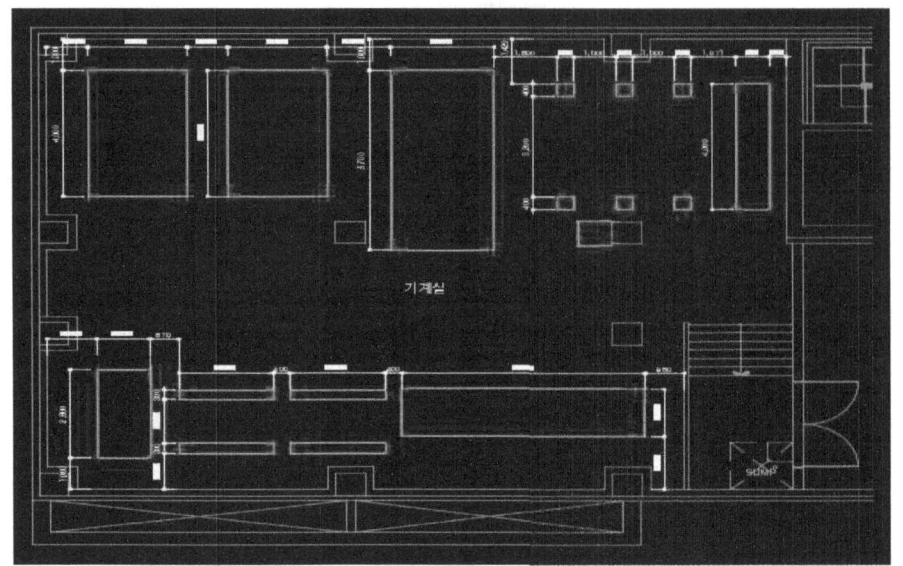
그림 13-14

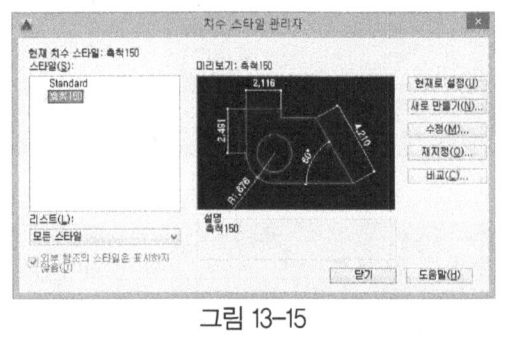
그림 13-15

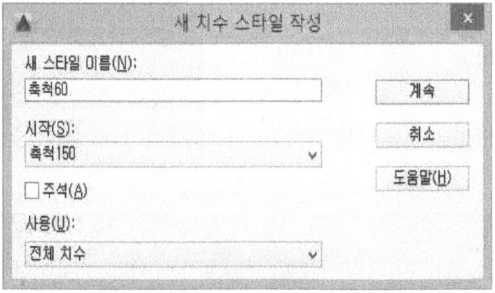
그림 13-16

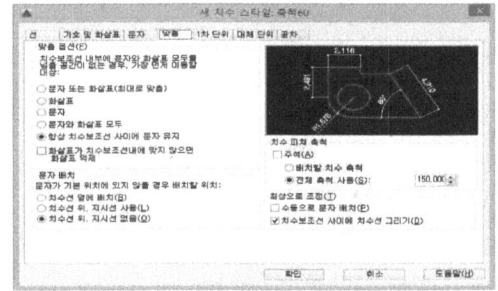
그림 13-17

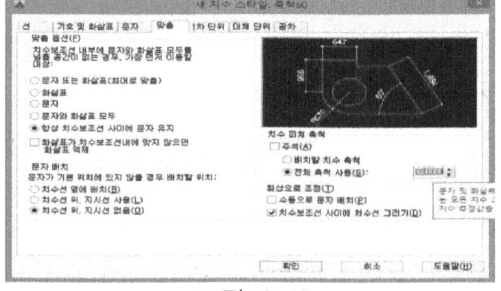
그림 13-18

[그림 13-15~13-18]
기계실에는 많은 장비가 배치되기 때문에, 지시선과 치수도 많이 기입된다. 따라서 많은 지시선과 치수가 서로 겹치는 것을 방지하기 위하여 DDIM 기능을 사용한다. DDIM 기능을 사용하면 지시선과 치수의 크기를 일일이 조정하지 않고, 일괄적으로 간편하게 기입할 수 있다.

→ DDIM 입력 → Enter↵ → 축척150 좌 클릭 → 새로 만들기(N)... 좌 클릭 → 새 스타일 이름(N): 축척60 입력

→ Enter↵ → 계속 좌 클릭 → 맞춤 좌 클릭 → 치수 피쳐 축척 60 입력

→ Enter↵ → 확인 좌 클릭 → 닫기 좌 클릭

[그림 13-19]
그림 13-19와 같이 주석 옆 세모를 좌 클릭 한다.
→ 원하는 치수 스타일 좌 클릭 →
 좌 클릭 → 치수를 기입하고자 하는 객체의 양단 좌 클릭

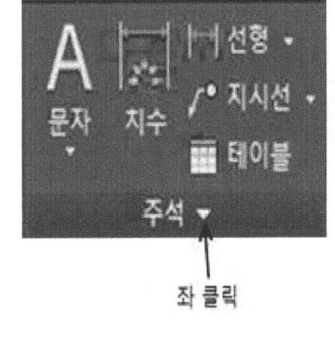
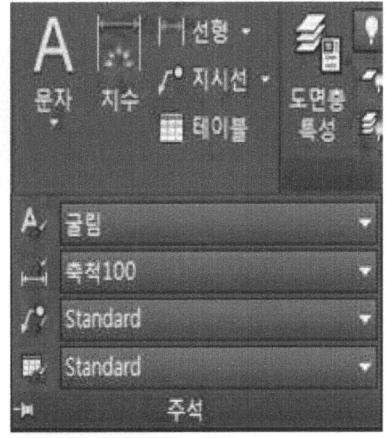

그림 13-19

[그림 13-20]
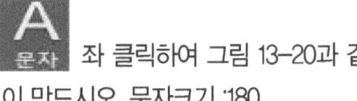 좌 클릭하여 그림 13-20과 같이 만드시오. 문자크기 :180

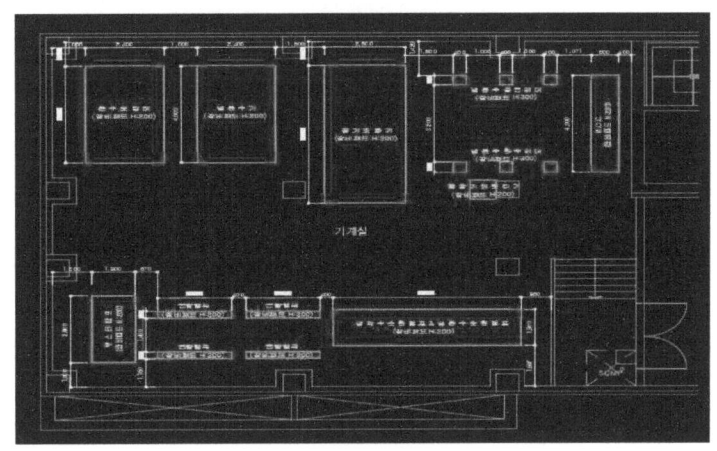

그림 13-20

[그림 13-21]
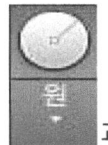 과  을 이용하여 그림 13-21과 같이 반지름 700 원과 선을 만드시오.

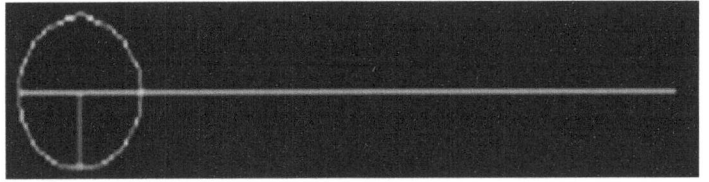

그림 13-21

[그림 13-22]
 좌 클릭하여 그림 13-22와 같이 만드시오.
제목 문자크기는 500, 나머지 문자는 150으로 한다.

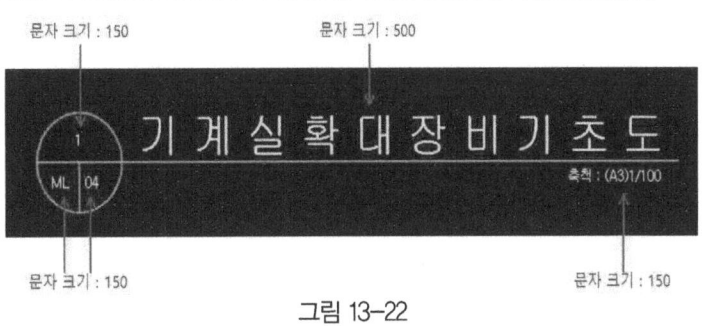

그림 13-22

그림 13-23과 같이 만드시오.

완성된 도면을 저장한다.

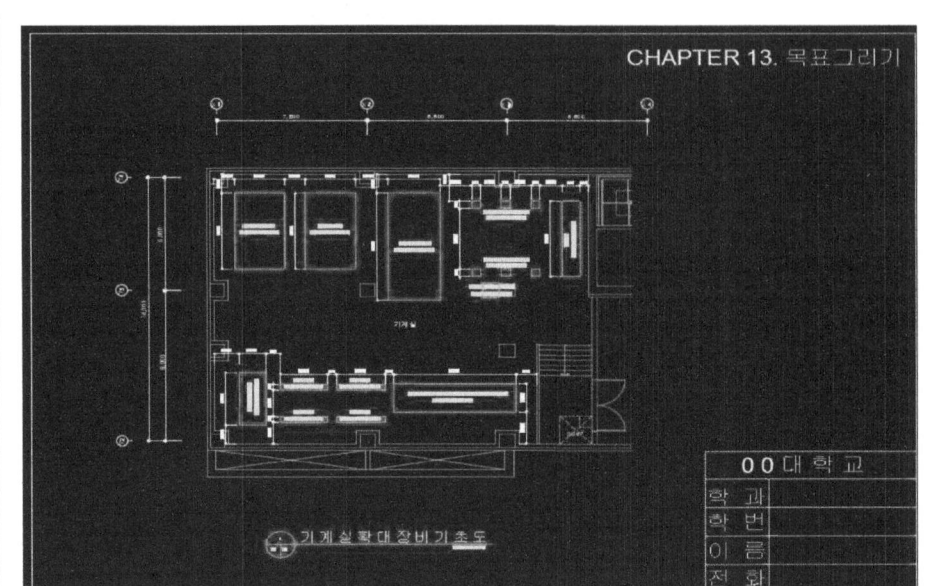

그림 13-23

파일명 : CHAPTER13_학번_홍길동(년/월/일)

CHAPTER 14

소화배관 계통도 설계

CHAPTER 14 소화배관 계통도 설계

14-1 소화배관

건물의 화재에 대비하여 시수-고가저수조-소화펌프-각 실의 스프링클러 또는 소화전의 계통으로 연결되는 배관을 소화배관이라고 한다. 스프링클러의 소화구역은 2.3(m) 이내, 옥내소화전의 직선간격은 20(m) 이내 등을 규정하는 소방시설 설치유지 및 안전관리에 관한 법률시행령에 의거하여 설계되어야 한다.

14-2 소화배관 계통도 설계하기

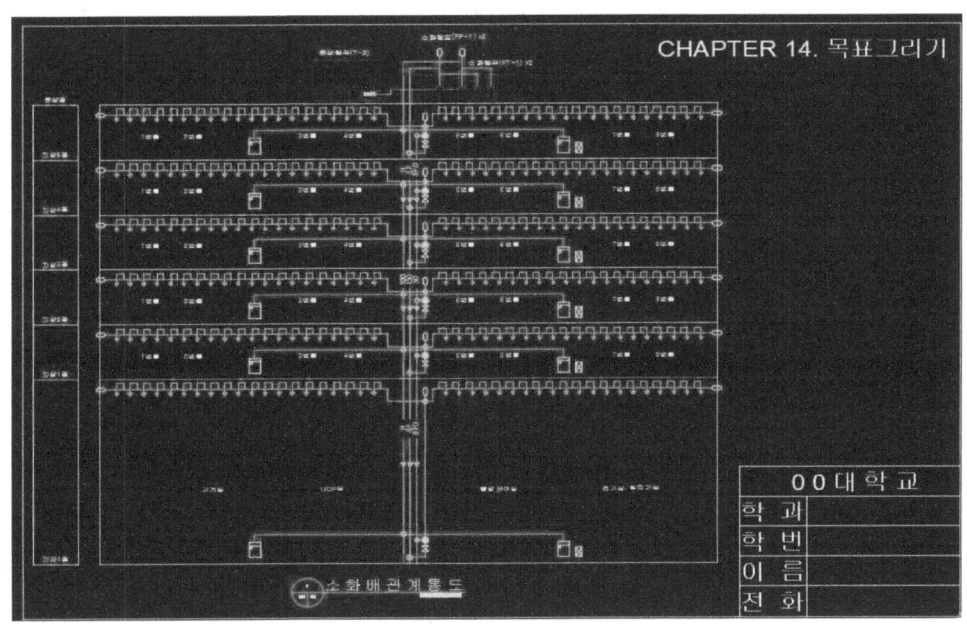

그림 14-1 목표 그리기
(부록 12 참조)

방 법	화 면
[그림 14-2] CHAPTER 10에서 Ctrl C 후 14장에서 Ctrl V하여 그림 14-2와 같이 만드시오.	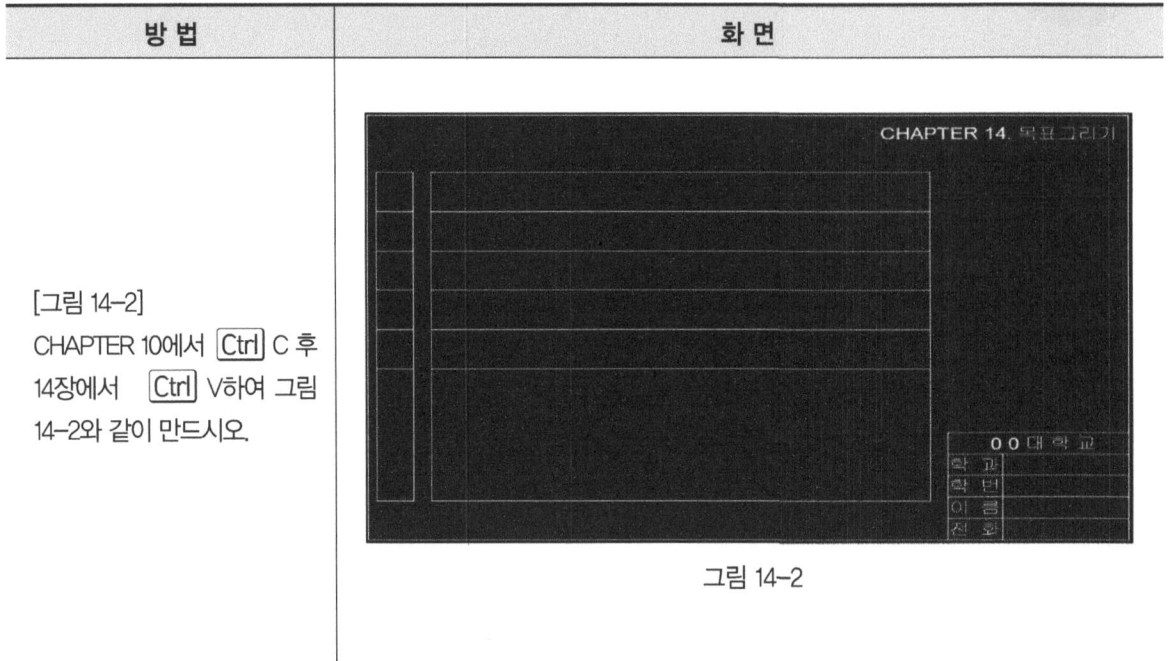 그림 14-2

[그림 14-3]
OFFSET(단축명령어 O) 명령어 입력
→ Enter↵ → 134.5 입력 → Enter↵
→ ①객체 좌 클릭 → 마우스 좌측이동
→ 좌 클릭 → Enter↵

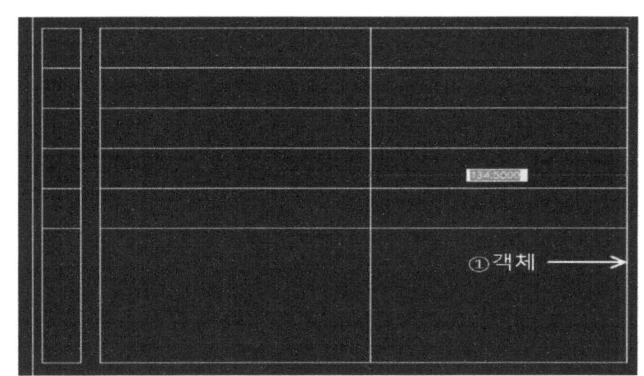
그림 14-3

[그림 14-4]
OFFSET(단축명령어 O) 명령어 입력
→ Enter↵ → 3 입력 → Enter↵
→ ①객체 좌 클릭 → 마우스 좌측이동
→ 좌 클릭 → Enter↵

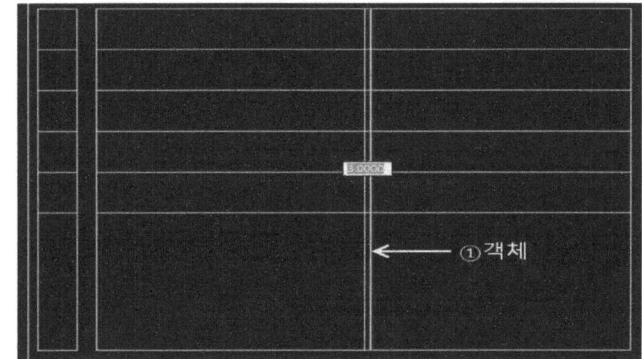
그림 14-4

[그림 14-5]
OFFSET(단축명령어 O) 명령어 입력
→ Enter↵ → 3 입력 → Enter↵
→ ①객체 좌 클릭 → 마우스 좌측이동
→ 좌 클릭 → Enter↵

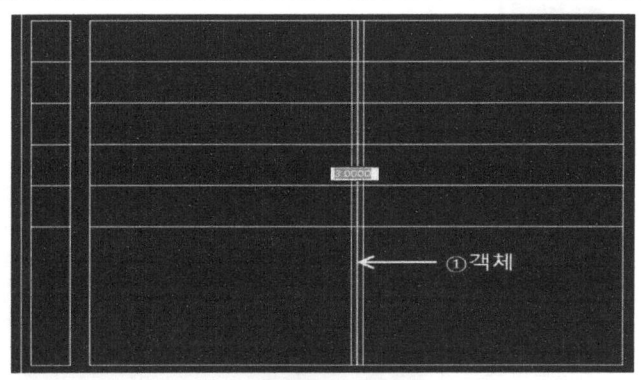
그림 14-5

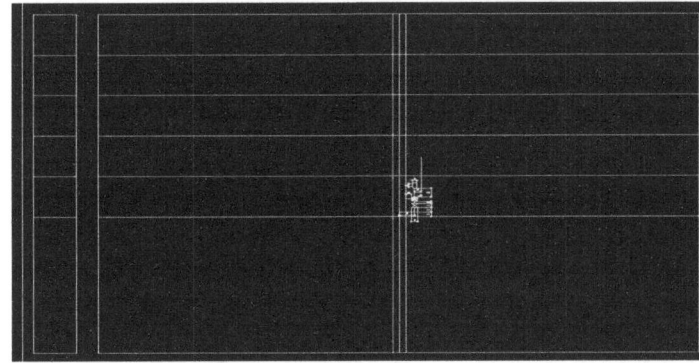
그림 14-6

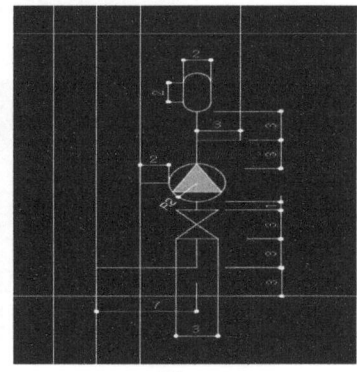
그림 14-7

[그림 14-6]
그림 14-6과 같이 만드시오. 확대그림 14-7을 참조하시오.

[그림 14-7]

 : 길이 2(mm)의 직선을 그리고, FILLET으로 연결하시오.

 : 반지름 2(mm)의 원에 내접하는 3면의 폴리곤을 만들고, 삼각형에 해치를 넣으시오.

 : 길이 3(mm)의 직선으로 만든 정사각형에 대각선으로 선을 그린후 세로선을 삭제한다.

[그림 14-8]
그림 14-8과 같이 만드시오.

 : 가로 6(mm)과 세로 5(mm)의 교차선을 그린 후, 교차점에 반지름 1의 원을 그리고 TRIM과 DELETE로 완성하시오.

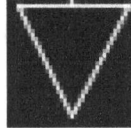 : 반지름 1인 3면의 폴리곤을 만든 후 ROTATE 하시오.

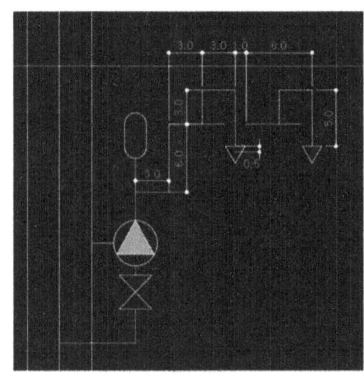

그림 14-8

[그림 14-9]
COPY 명령어를 이용하여 그림 14-9와 같이 만드시오.

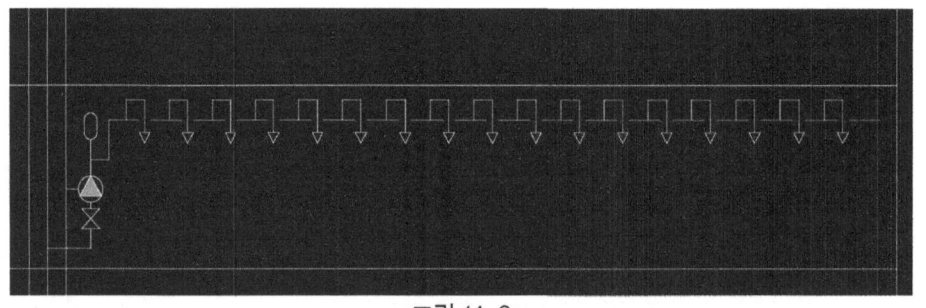

그림 14-9

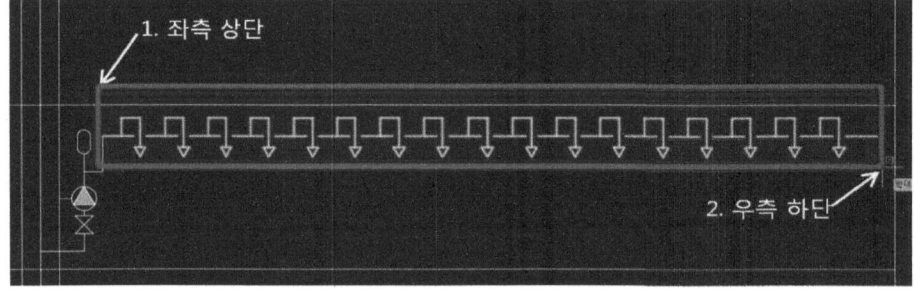

그림 14-10

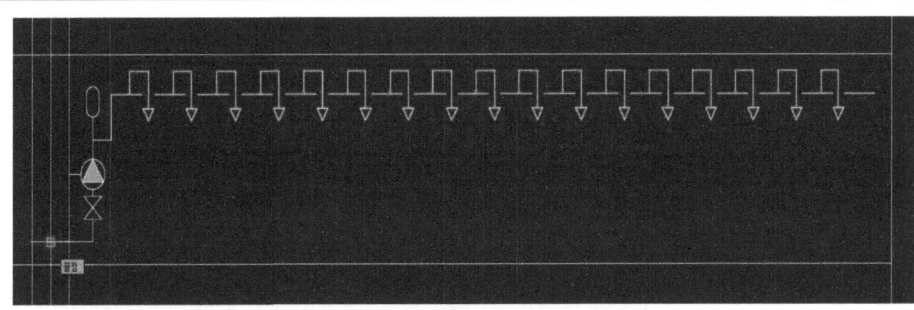

그림 14-11

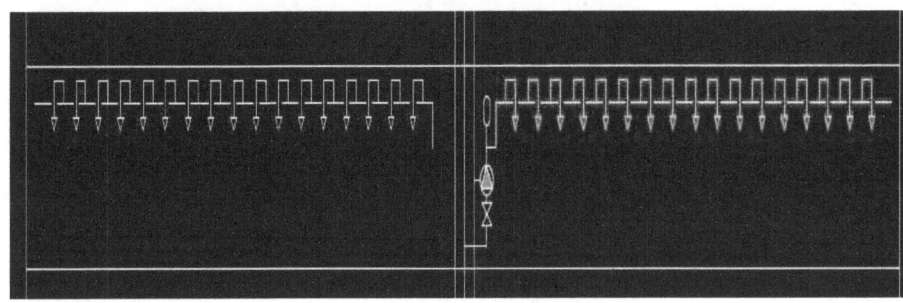

그림 14-12

[그림 14-10~14-12]
MIRROR(단축명령어 MI) 명령어 입력
→ Enter↵ → 그림 14-10과 같이 1에서 2로 드래그 → Enter↵ → 끝점 좌 클릭
(※ 직교모드가 아닐 경우 F8 입력) → 마우스 아래이동 → 좌 클릭 → Enter↵

[그림 14-13]
 좌 클릭
하여 그림 14-13과
같이 만드시오.

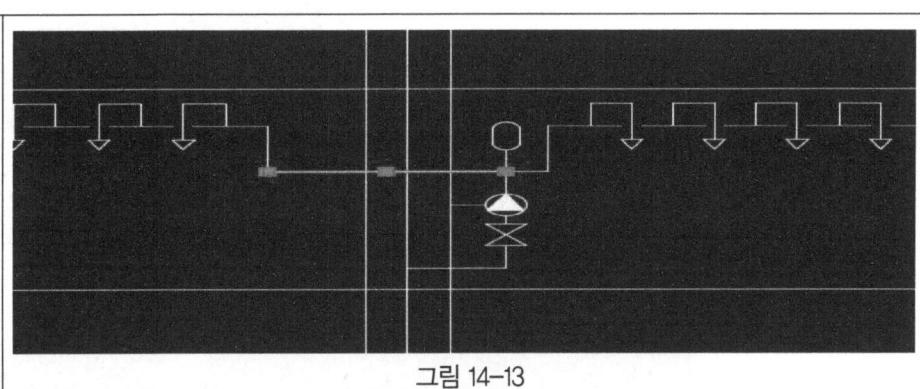

그림 14-13

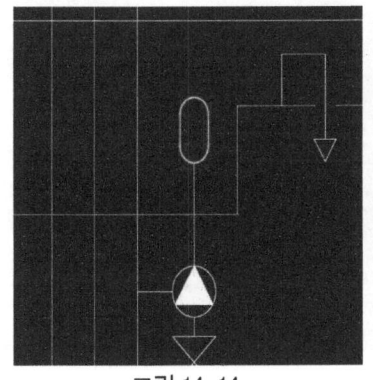

그림 14-14

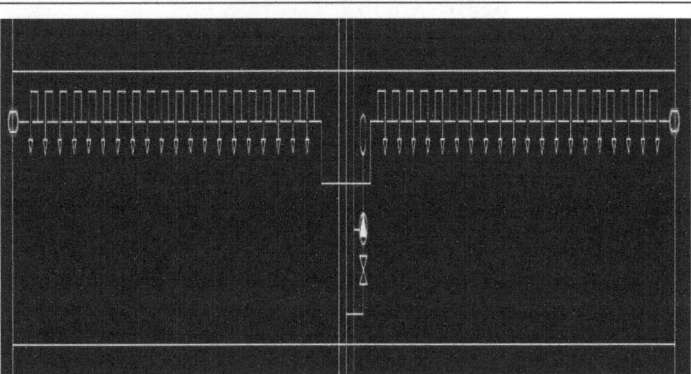

그림 14-15

[그림 14-14~14-15]

그림 14-14 수격방지기 를 복사하시오.
ROTATE 명령어를 이용하여 그림 14-15와 같이 양 끝에 복사하시오.

[그림 14-16]
OFFSET(단축명령어 O) 명령어 입력
→ Enter↵
→ 68.75 입력
→ Enter↵ → ①객체 좌 클릭
→ 마우스 좌측이동
→ 좌 클릭 → ①객체 좌 클릭
→ 마우스 우측이동
→ 좌 클릭 → Enter↵

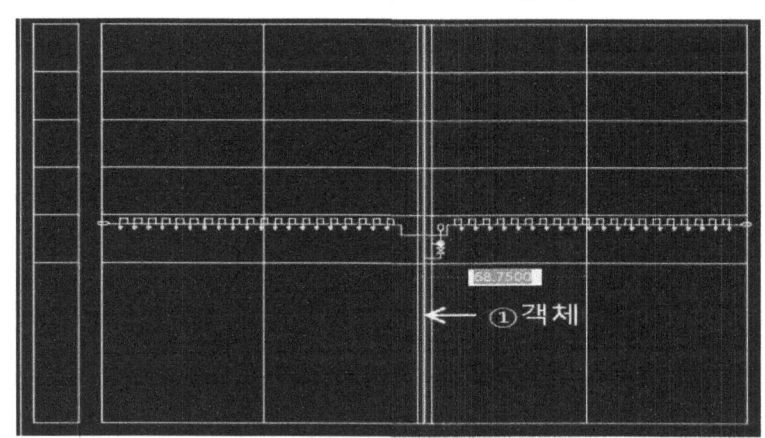

그림 14-16

[그림 14-17]
그림 14-17과 같이 만드시오.

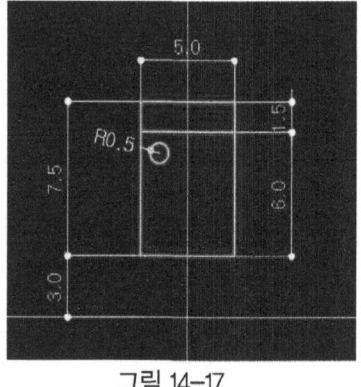

그림 14-17

[그림 14-18]
COPY 명령어를 이용하여 그림 14-18과와 같이 만드시오.

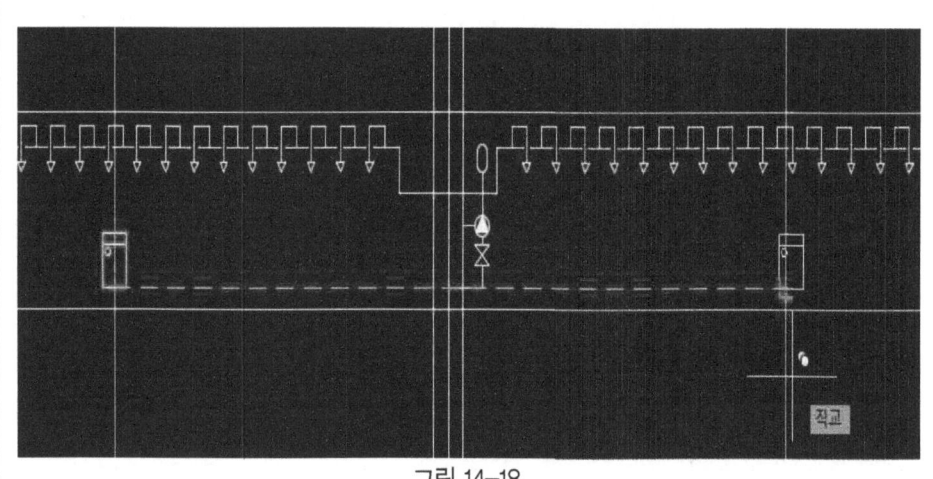

그림 14-18

CHAPTER 14 · 소화배관 계통도 설계

[그림 14-19]

 좌 클릭 → 임의의 첫점 좌 클릭 → Shift 2 (3 ` 5) 입력 → Enter↵
그림 14-19와 같이 그리시오.

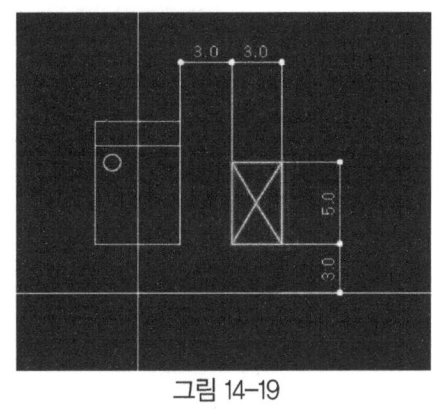

그림 14-19

[그림 14-20]
OFFSET(단축명령어 O)
명령어 입력
→ Enter↵ → 1.5 입력
→ Enter↵ → Enter↵
→ ①객체 좌 클릭 → 마우스 아래이동 → 좌 클릭 → Enter↵

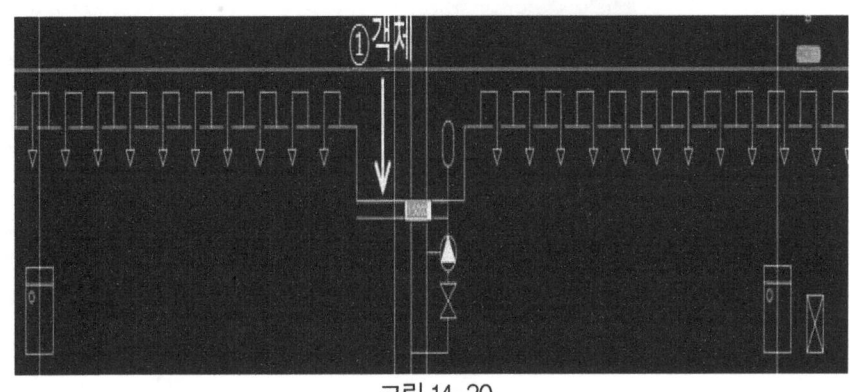

그림 14-20

[그림 14-21~14-22]
EXTEND(단축명령 EX)
명령어 입력 → Enter↵
→ 우측 옥내 소화전을 가로지르는 세로선 좌 클릭 → Enter↵
→ 소화배관이 되는 가로선 좌 클릭 → Enter↵

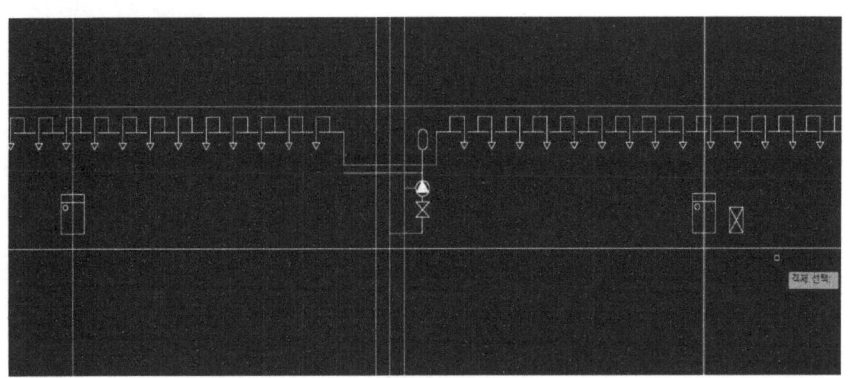

그림 14-21

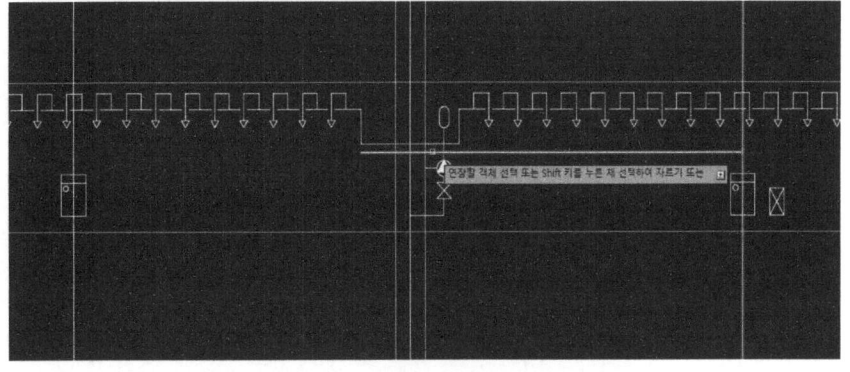

그림 14-22

[그림 14-23]
그림 14-21~14-22와 동일한 방법으로 그림 14-23과 같이 만드시오.

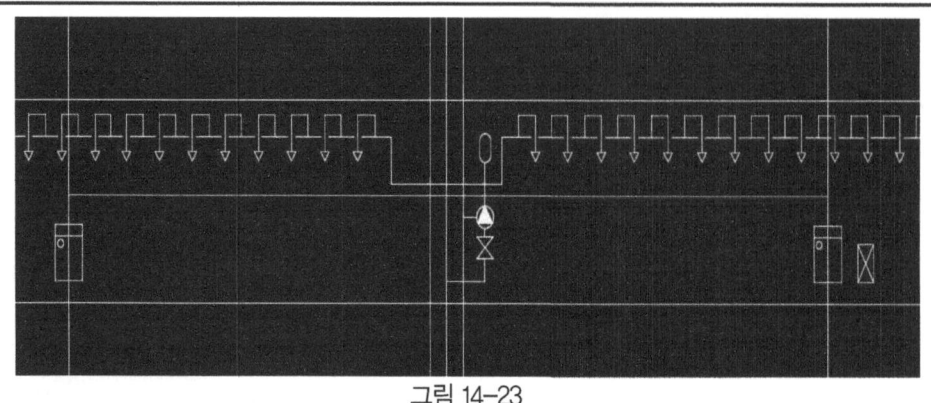
그림 14-23

[그림 14-24]
TRIM과 ERASE 명령어를 이용하여 그림 14-24와 같이 만드시오.

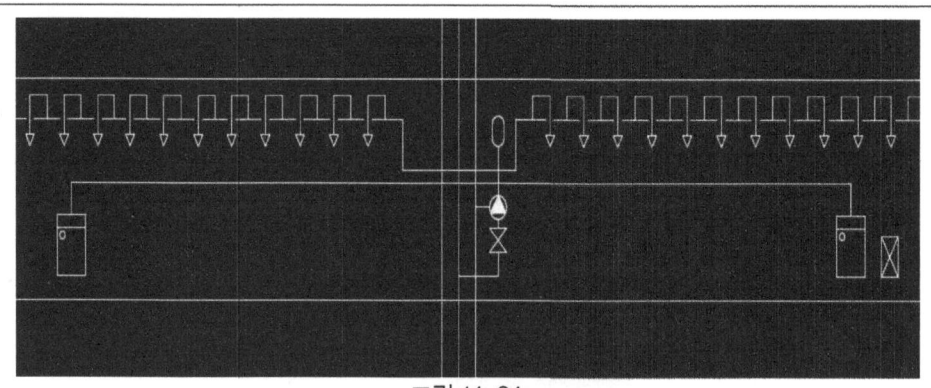
그림 14-24

[그림 14-25]

좌 클릭 → 교차점 좌 클릭 → 마우스 우측이동 → 1 입력 → Enter↵
(원을 4개 그린다.)

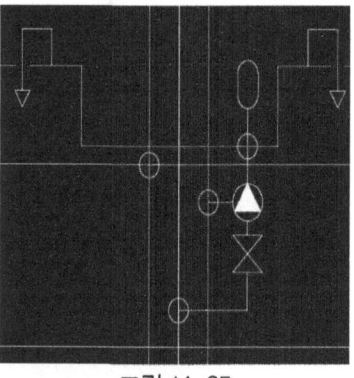
그림 14-25

[그림 14-26]
1~5층은 각층의 좌측 바닥 모서리를 기준으로 하고 지하층은 1층 천정 좌측 모서리를 기준으로 하여 그림 14-26과 같이 COPY 하시오.

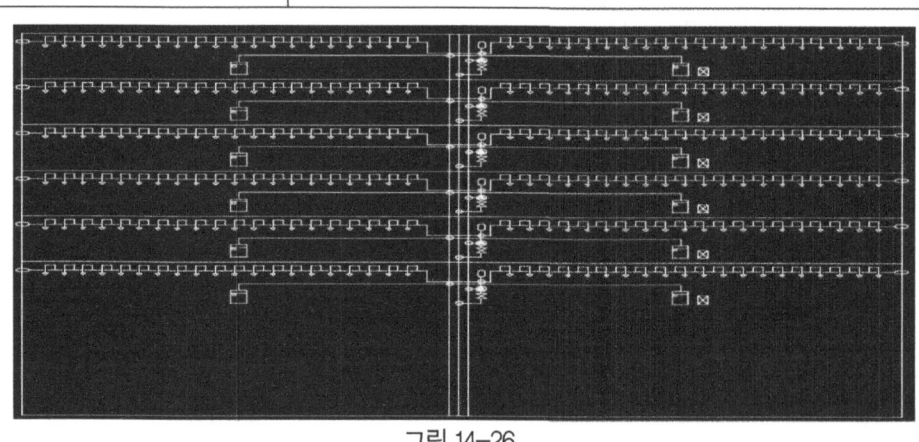
그림 14-26

CHAPTER 14 · 소화배관 계통도 설계

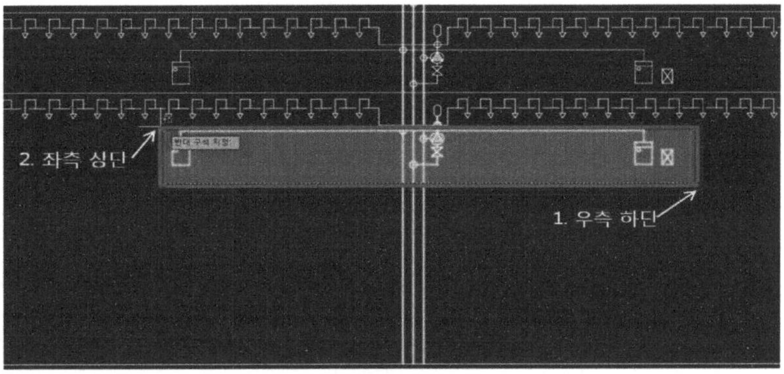

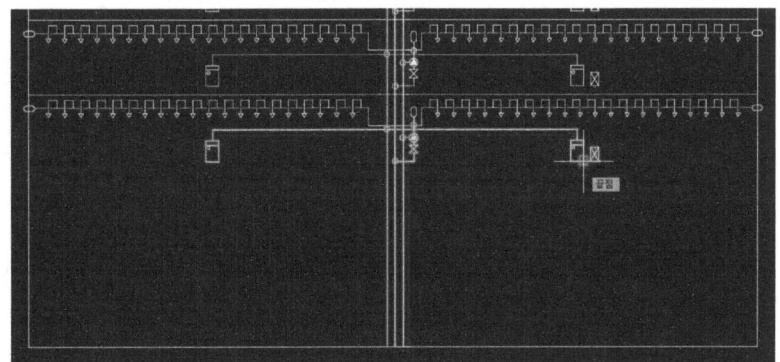

그림 14-27

[그림 14-27~14-29]
지하층의 옥내 소화전과 소화배관은 STRETCH를 이용하여 그림 14-29와 같이 바닥으로 이동시키시오.

STRETCH(단축명령어 S) 명령어 입력 → [Enter↵]
→ 그림 14-27과 같이 1에서 2로 드래그 → [Enter↵]
→ 끝점 좌 클릭 → 마우스 아래 이동 → 65 입력 → [Enter↵]

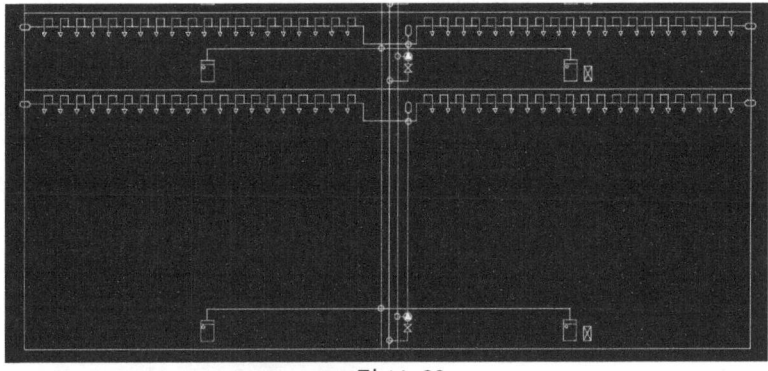

그림 14-28

그림 14-29

[그림 14-30]
그림 14-30과 같이 만드시오.

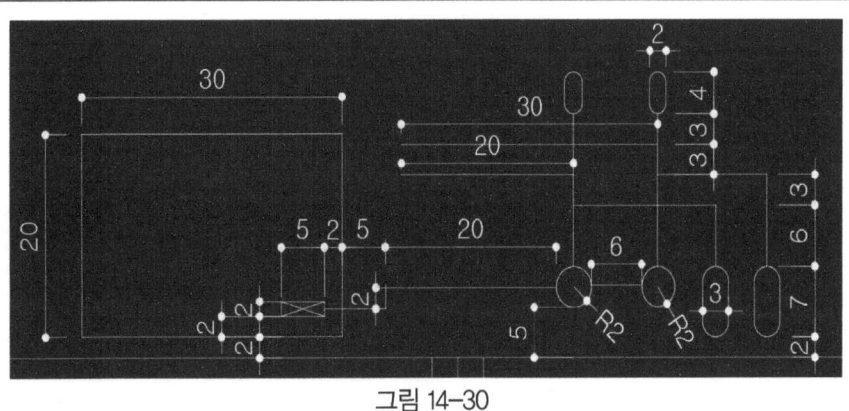

그림 14-30

[그림 14-31]

![모깎기] 좌 클릭
→ R 입력 → Enter↵
(모깎기 반지름 지정 문구 생성)
→ 0 입력 → Enter↵ → ①객체 좌 클릭 → ②객체 좌 클릭

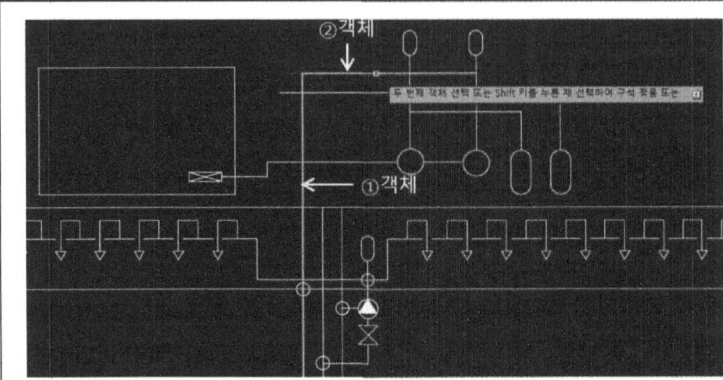
그림 14-31

[그림 14-32]
그림 14-31과 동일한 방법으로 우측 그림 14-32와 같이 만드시오.

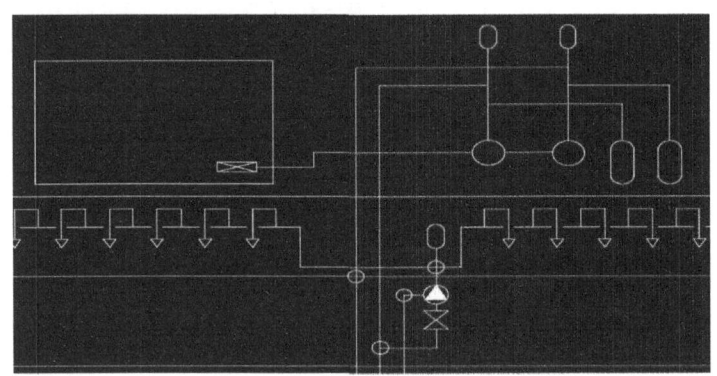
그림 14-32

[그림 14-33]
LAYER를 정리하여 그림 14-33과 같이 만드시오.

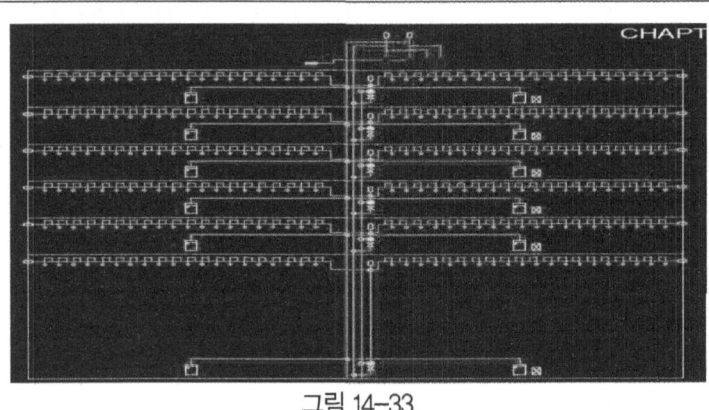
그림 14-33

[그림 14-34]

 좌 클릭하여 그림 14-34와 같이 만드시오.
문자크기 : 2.5

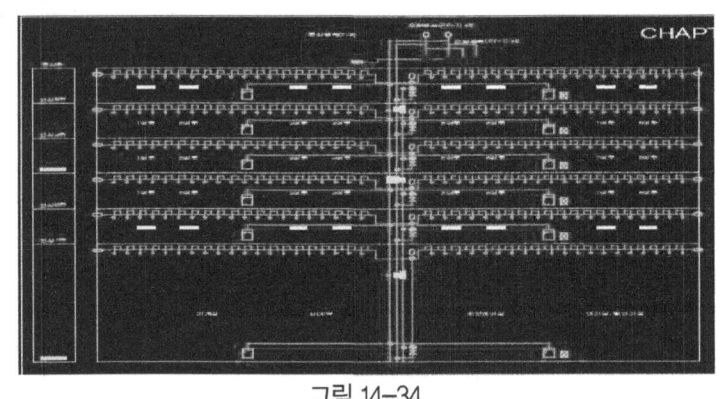
그림 14-34

[그림 14-35]

좌 클릭 → 교차점 좌 클릭 → 마우스 우측이동
→ 5 입력 → Enter↵
(원을 9개 그린다.)

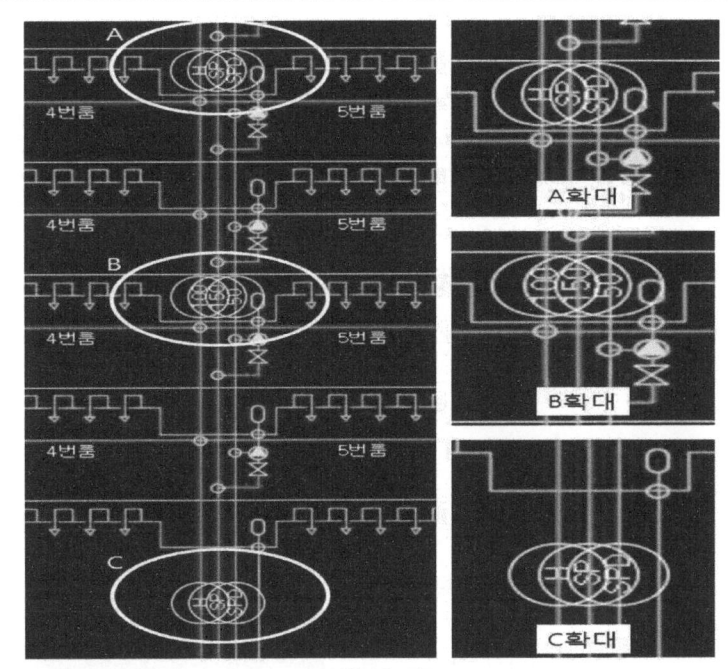

그림 14-35

[그림 14-36]
TRIM과 ERASE 명령어를 이용하여 그림 14-36과 같이 만드시오.

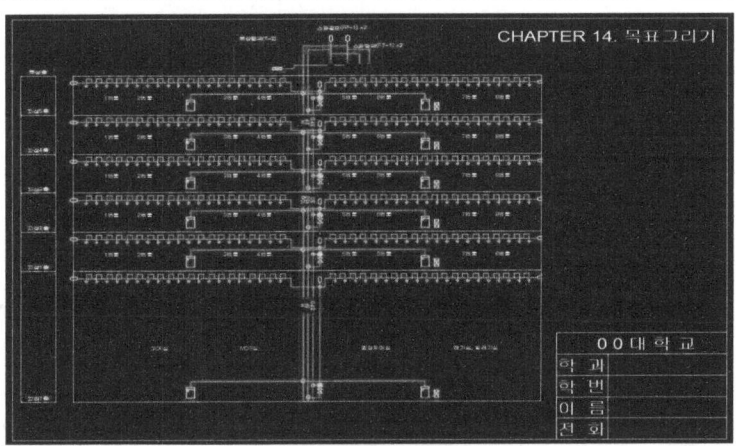

그림 14-36

[그림 14-37]
CHAPTER 08 에서 세로객체를 복사하여 그림 14-37과 같이 만드시오.

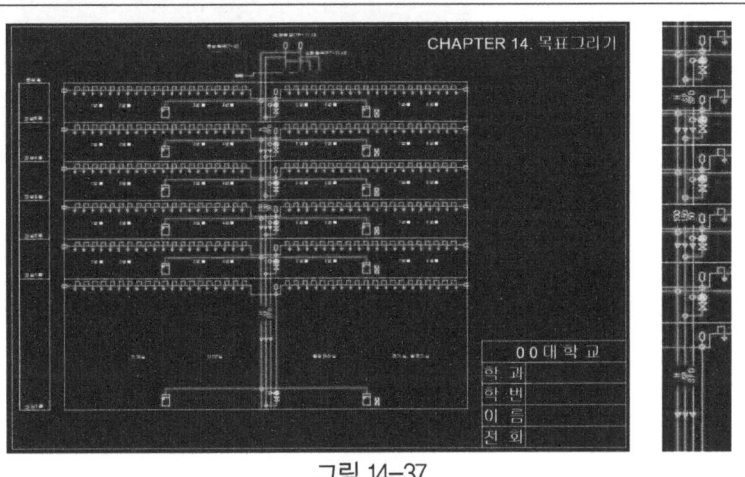

그림 14-37

[그림 14-38]

 과 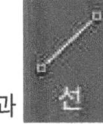 을 이용하여 그림 14-38과 같이 반지름 7 원과 선을 만드시오.

그림 14-38

[그림 14-39]

 좌 클릭하여 그림 14-39와 같이 만드시오.
제목 문자크기는 5, 나머지 문자는 1.75로 하시오.

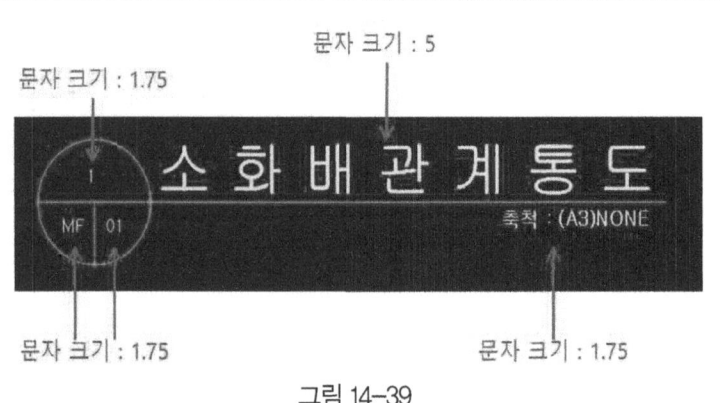

그림 14-39

그림 14-40과 같이 만드시오.
완성된 도면을 저장한다.

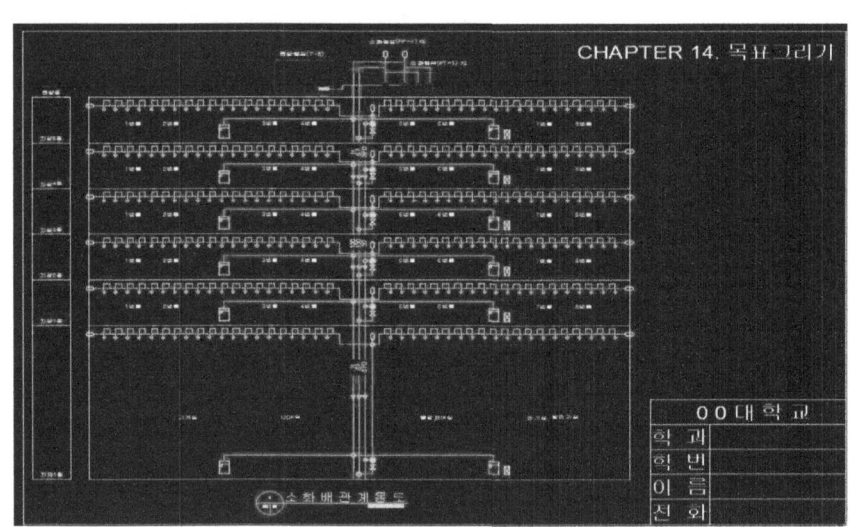

그림 14-40

파일명 : CHAPTER14_학번_홍길동(년/월/일)

CHAPTER 15

소화배관 평면도 설계

소화배관 평면도 설계

15-1 소화배관

소화배관 평면도는 각 실에 설치되는 소화배관과 스프링클러의 설치 상황을 나타내며 소화배관과 스프링클러의 물량을 산출할 때 사용한다.

15-2 소화배관 평면도 설계하기

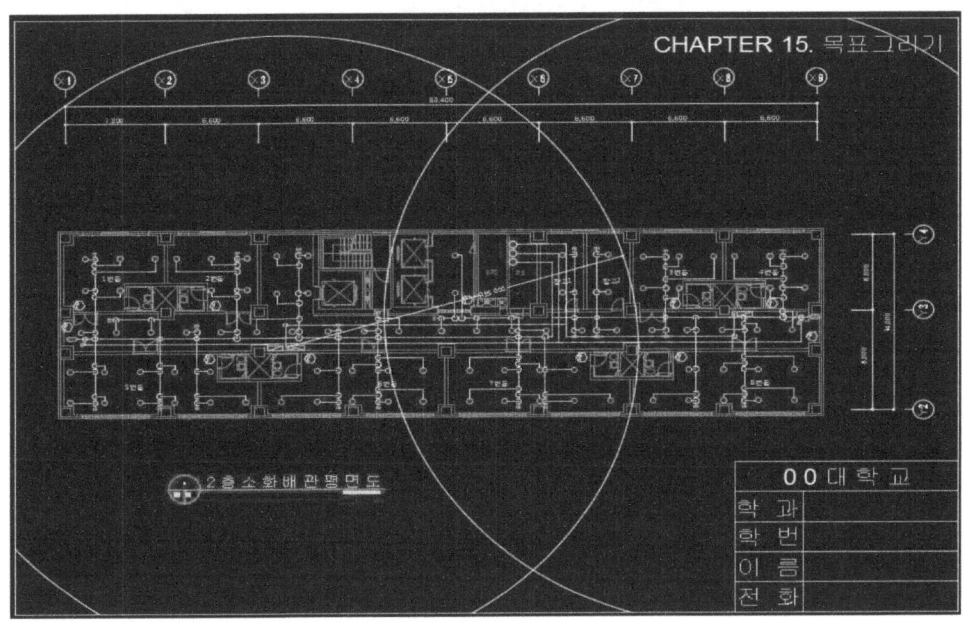

그림 15-1 목표 그리기
(부록 13 참조)

방 법	화 면
[그림 15-2] 그림 15-2의 도면에서부터 시작한다. → LTS 입력 → Enter↵ → 80 입력 → Enter↵ ※ 시작할 때 건축 도면 층의 Layer잠금을 누르고 시작한다.	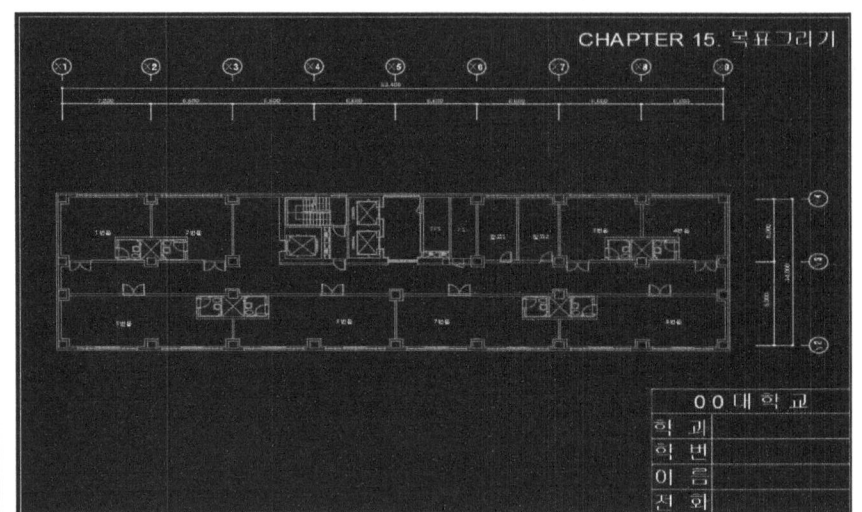 그림 15-2

[그림 15-3]

 좌 클릭
→ 좌 클릭 →
마우스 우측이동
→ 200 입력
→ Enter↵
최소반경 2300을
갖는 스프링클러
5개를 그림 15-3
과 같이 그리시오.

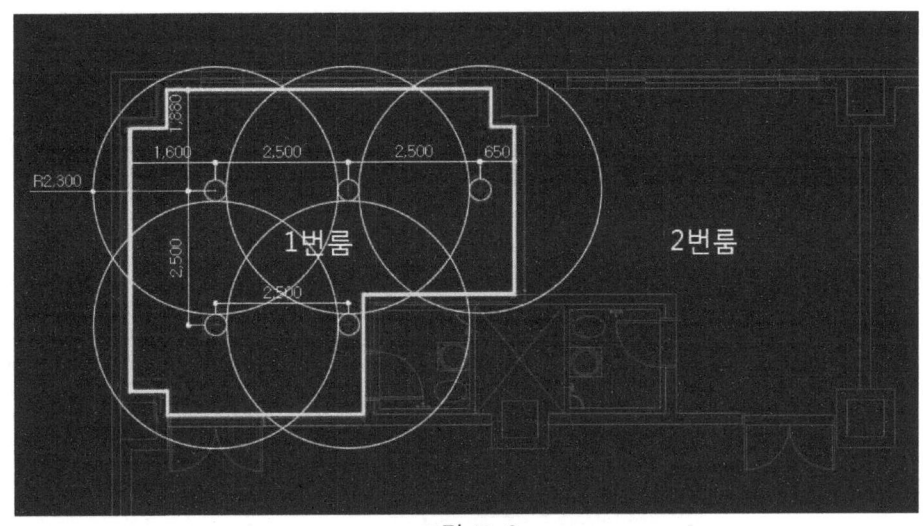

그림 15-3

※주의사항
1. 스프링클러의 반경은 2.3m로 한다. 2. 스프링클러의 반경으로 모든 실내를 커버하도록 한다.
3. 화장실은 스프링클러를 설치하지 않는다. (필요에 따라 설치할 수 있다.)

[그림 15-4]
그림 15-3과 동일한 방법으로 우측 그림 15-4와 같이 만드시오.

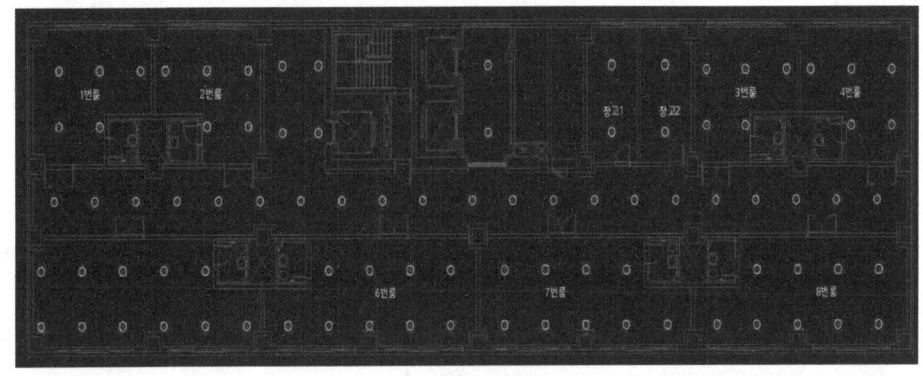

그림 15-4

[그림 15-5]

 좌 클릭
→ 좌 클릭
→ 마우스 우측 이동 → 250 입력
→ Enter↵
(P.S실에 반경 250
의 원을 그림 15-5
와 같이 그린다.)

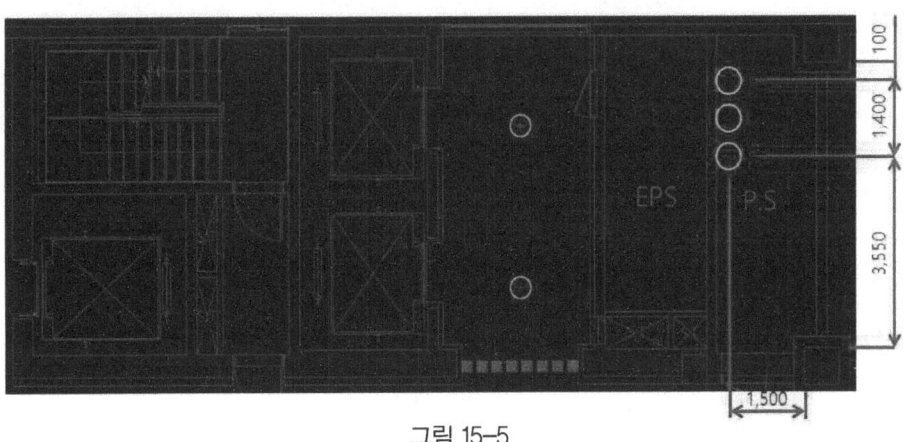

그림 15-5

[그림 15-6]

 좌 클릭하여 그림 15-6과 같이 만드시오.

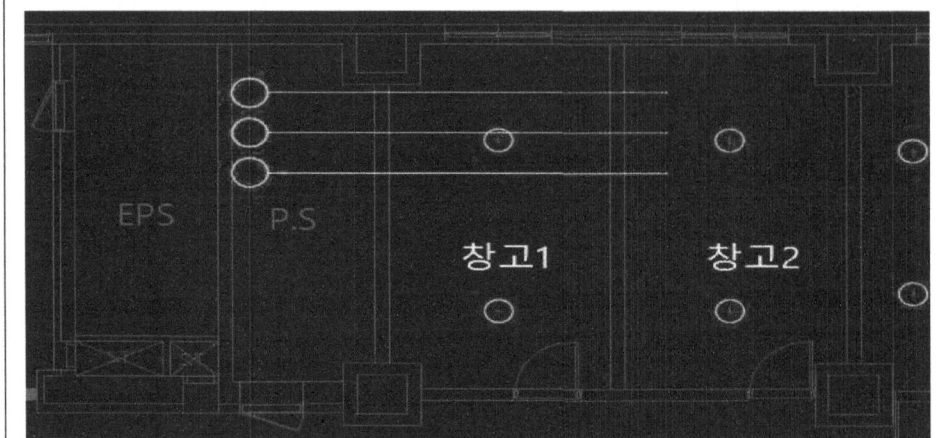

그림 15-6

[그림 15-7]

 좌 클릭하여 그림 15-7과 같이 만드시오.

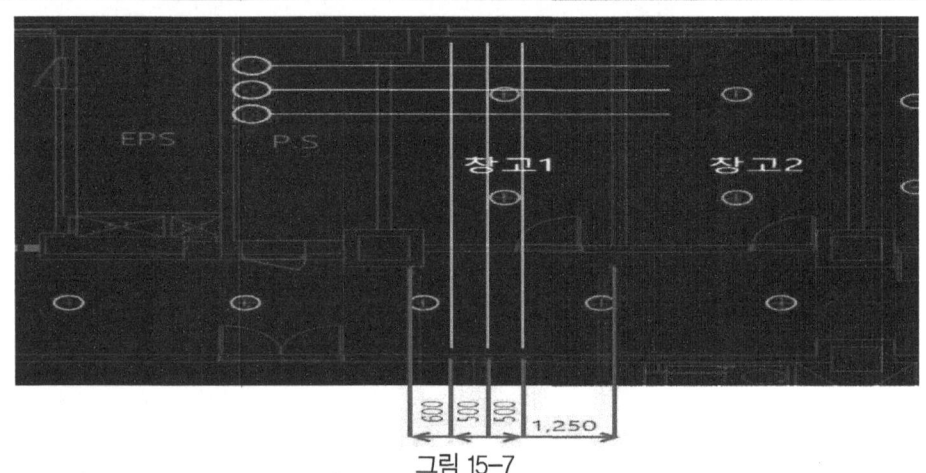

그림 15-7

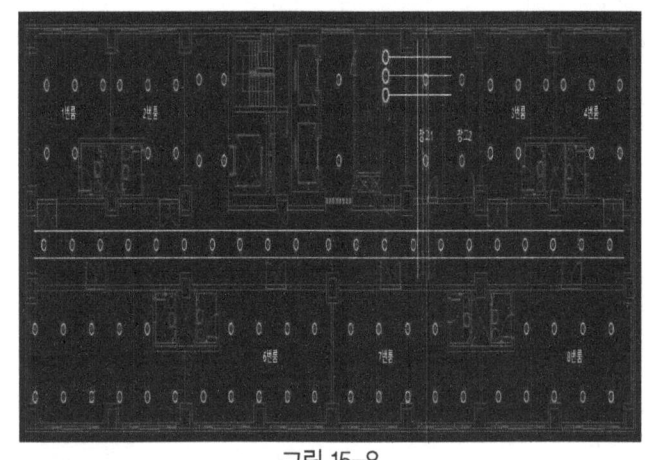

그림 15-8

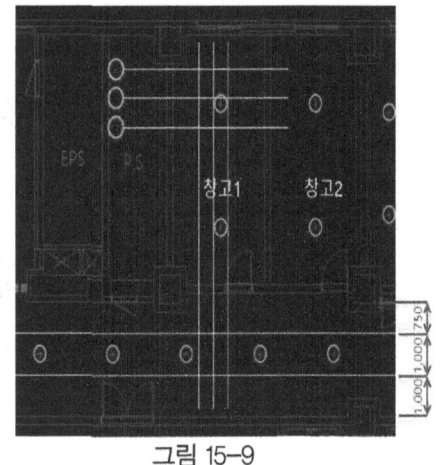

그림 15-9

[그림 15-8~15-9]

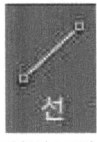 좌 클릭하여 그림 15-8과 같이 만드시오.
확대그림 15-9를 참조하시오.

[그림 15-10] OFFSET(단축명령어 O) 명령어 입력 → Enter↵ → 500 입력 → Enter↵ → ①객체 좌 클릭 → 마우스 위로이동 → 좌 클릭 → Enter↵	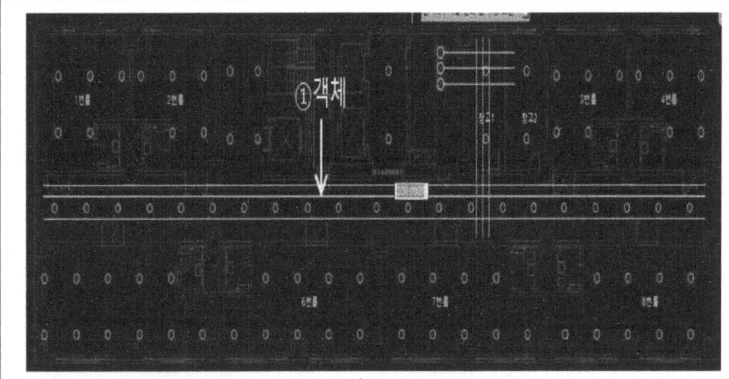 그림 15-10
[그림 15-11] OFFSET(단축명령어 O) 명령어 입력 → Enter↵ → 500 입력 → Enter↵ → ①객체 좌 클릭 → 마우스 아래이동 → 좌 클릭 → Enter↵	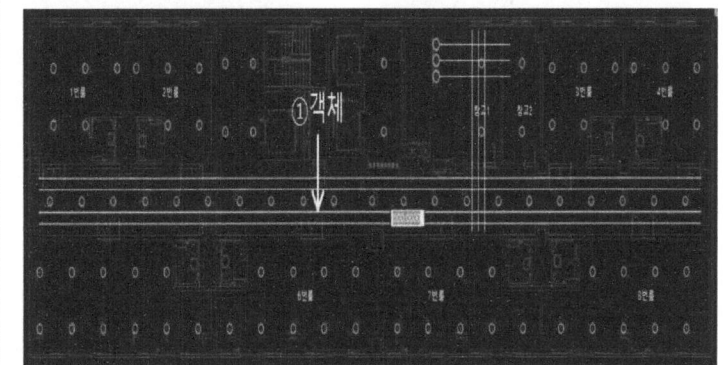 그림 15-11
[그림 15-12] TRIM과 ERASE을 이용하여 그림 15-12와 같이 만드시오.	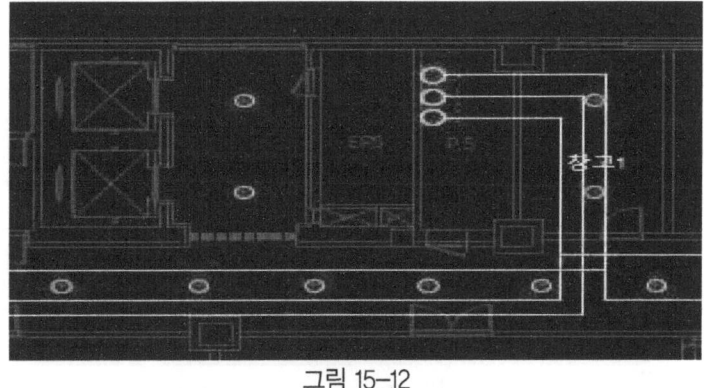 그림 15-12
[그림 15-13~15-4] , 그리고  을 이용하여 그림 15-13과 같이 만드시오.	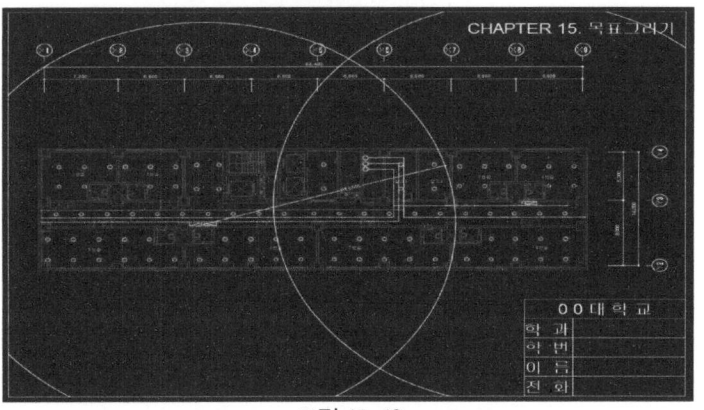 그림 15-13

확대그림 15-14의 ①과 ②와 같이 그리시오.

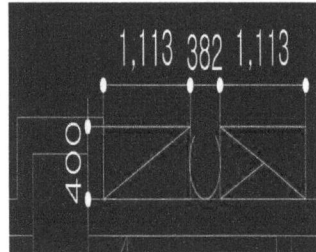

①번(옥내소화전, 방수기구함)확대

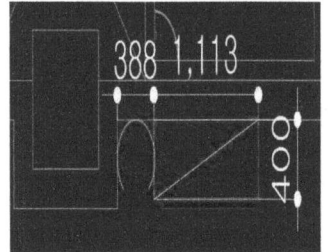

②번(옥내소화전)확대

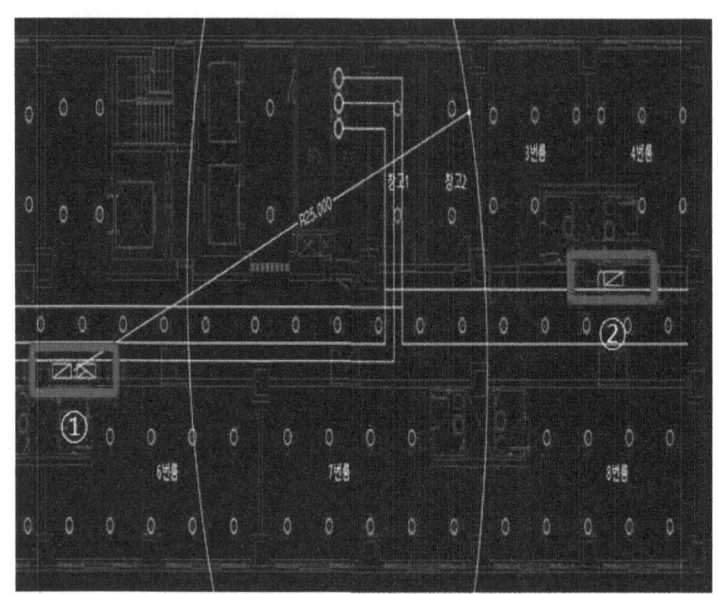

그림 15-14

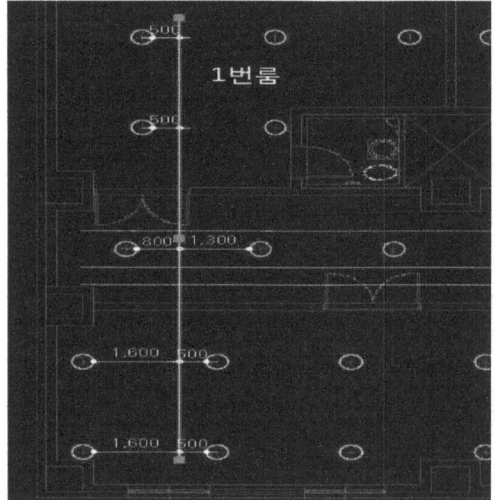

그림 15-15

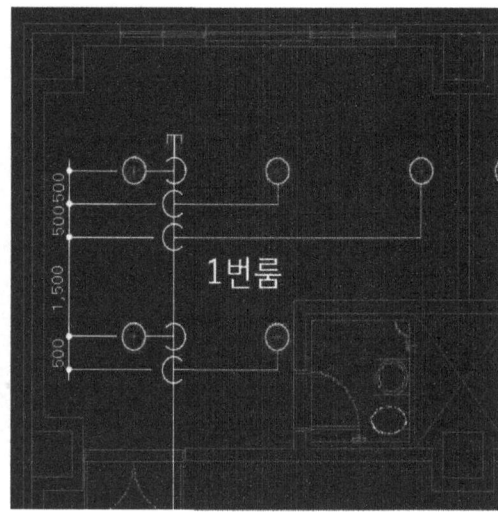

그림 15-16

[그림 15-15]

 좌 클릭하여 그림 15-15와 같이 만드시오.

※ 주의사항
도면을 출력할 때 선 간격이 너무 가까우면 보이질 않는다. 따라서 간격은 1/160(A3)일 때 객체와 선의 간격을 400~500으로 하는 것이 좋다.

[그림 15-16]
CHAPTER 09.와 동일한 방법으로 그림 15-16과 같이 그리시오.

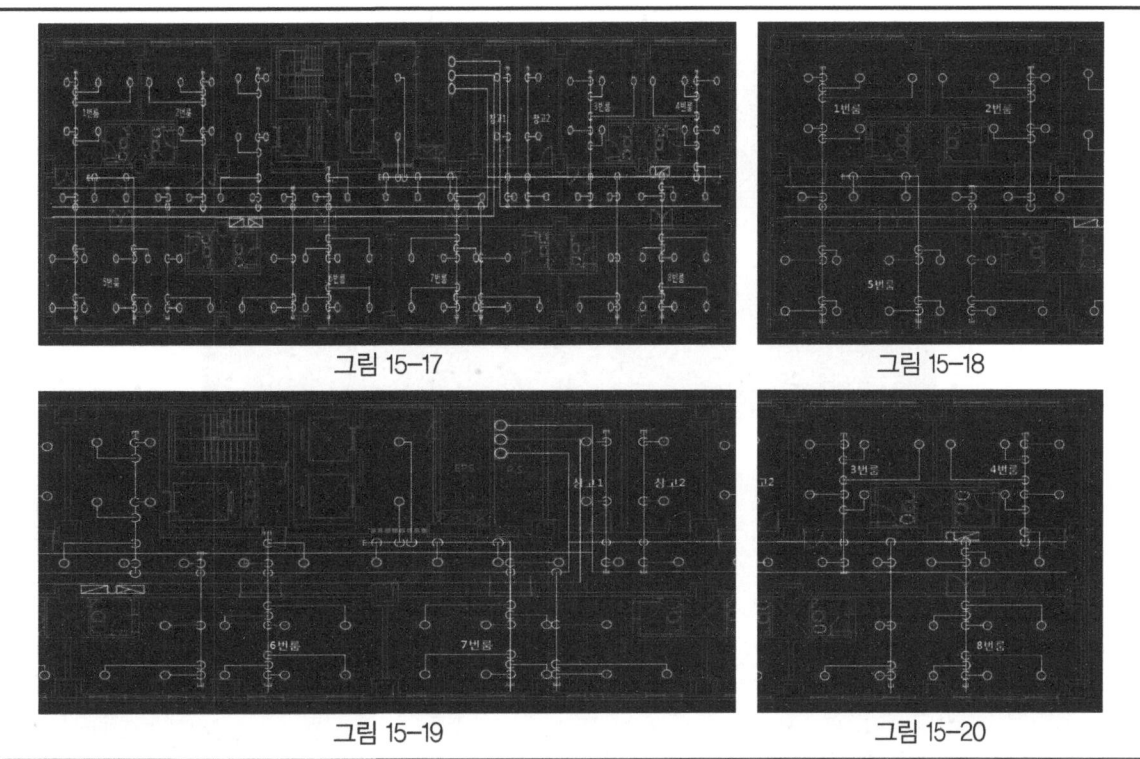

그림 15-17

그림 15-18

그림 15-19

그림 15-20

[그림 15-17~15-20]
그림 15-16과 동일한 방법으로 그림 15-17과 같이 만드시오. 확대그림 15-18 ~ 15-20과 같이 만드시오.

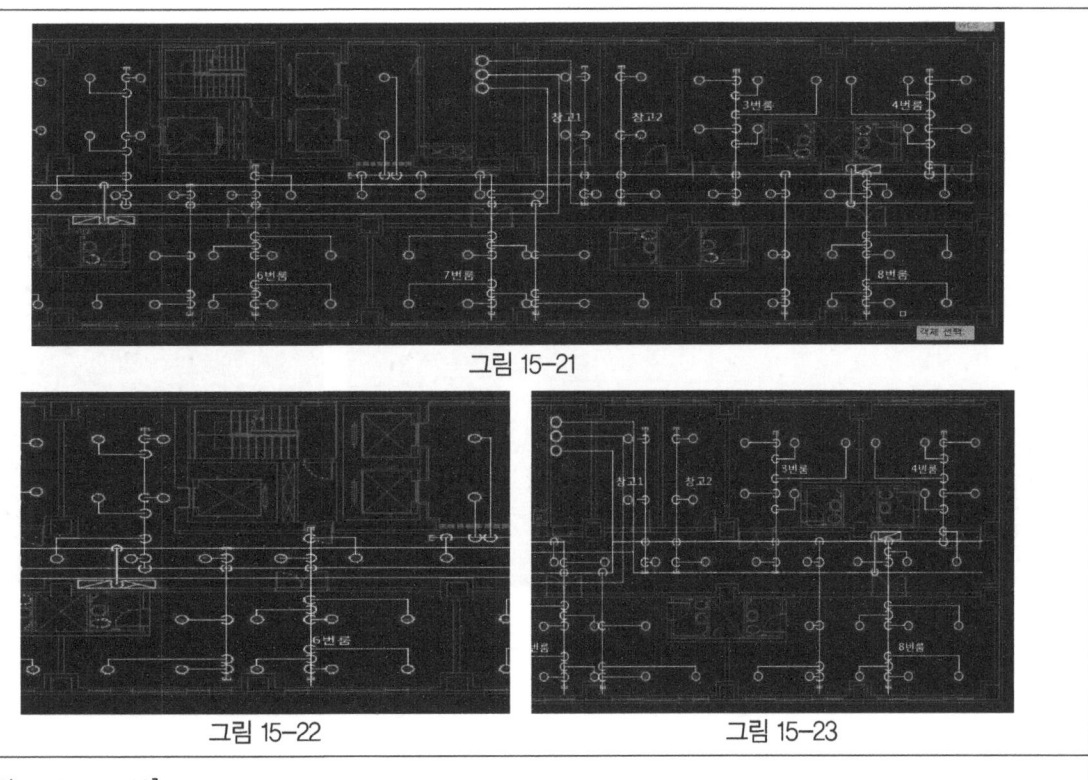

그림 15-21

그림 15-22

그림 15-23

[그림 15-21~15-23]
그림 15-16 동일한 방법으로 그림 15-21과 같이 만드시오. 확대그림 15-22 ~ 15-23과 같이 만드시오.

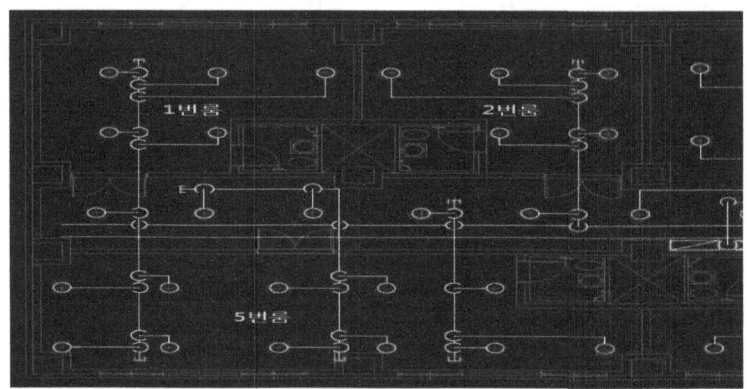
그림 15-24

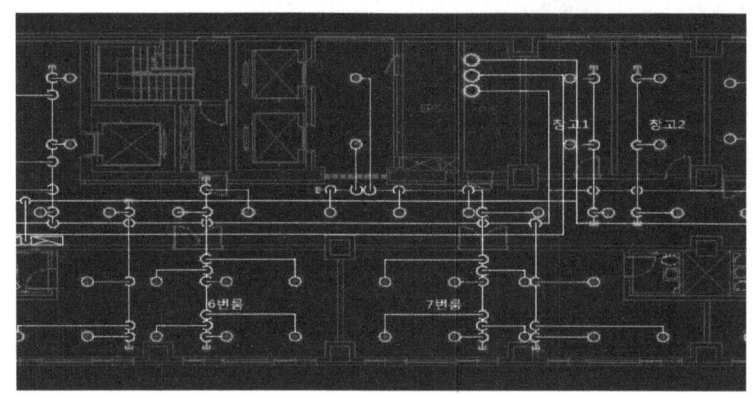
그림 15-25　　　　　　　　　　　　　　　　　　　그림 15-26

[그림 15-24~15-26]
TRIM과 ERASE를 이용하여 그림 15-24~15-26과 같이 만드시오.

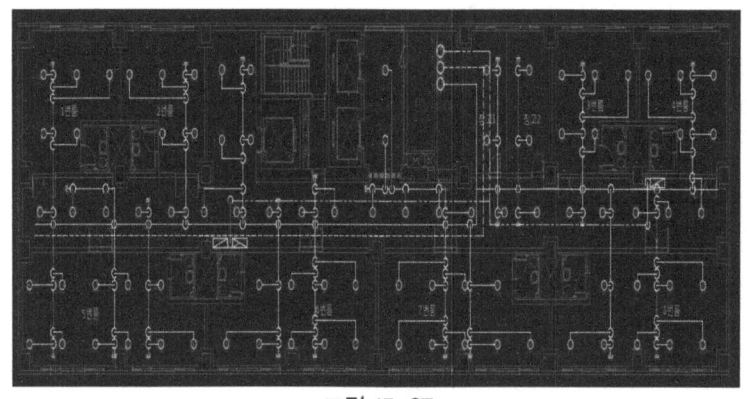
그림 15-27　　　　　　　　　　　　　　　　　　　그림 15-28

[그림 15-27~15-28]
LAYER 정리를 하여 그림 15-27과 같이 그리시오. 확대그림 15-28을 참조하시오.
(위에서부터 첫 번째인 옥내소화전 배관은 PHANTOM으로, 두 번째인 스프링클러 드레인 배관은 DASHED로, 세 번째인 스프링클러배관은 BY LAYER선으로 그리시오.)

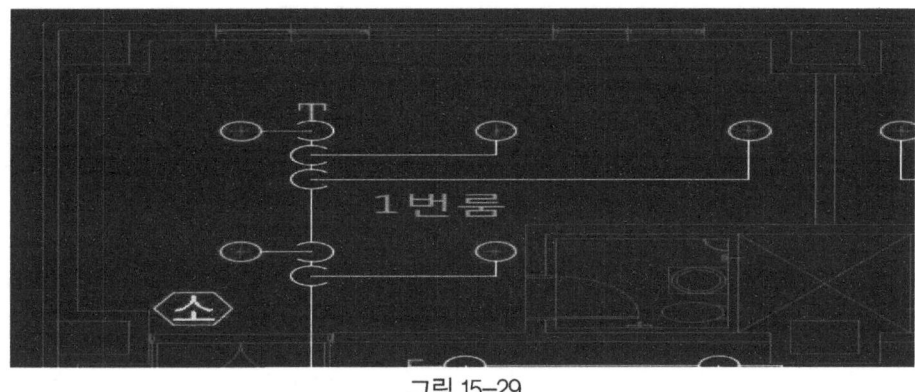
그림 15-29

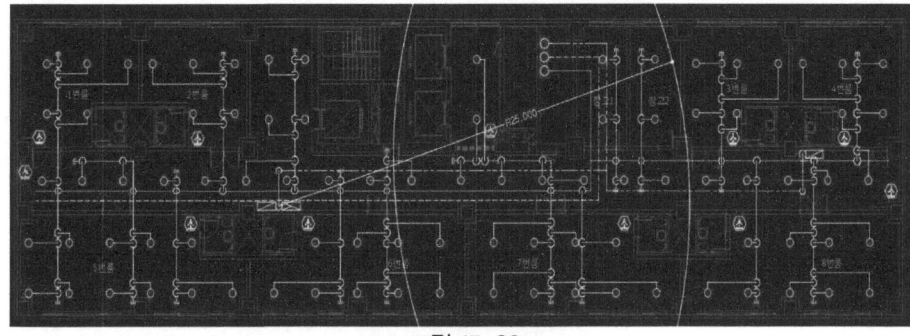
그림 15-30

[그림 15-29~15-30]
각 실마다 1개씩 "소"라는 기로를 배치한다. "소"는 "소화기"의 줄임말이며 직선거리 30m 또는 33㎡마다 1대 씩 설치한다. 그림 15-30과 같이 만드시오.

[그림 15-31~15-32]
기존에 작업했던 모양을 복사하여 그림 15-31과 그림 15-32와 같이 만드시오.

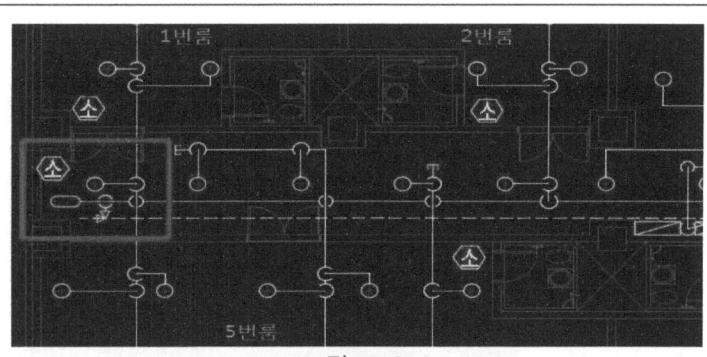
그림 15-31

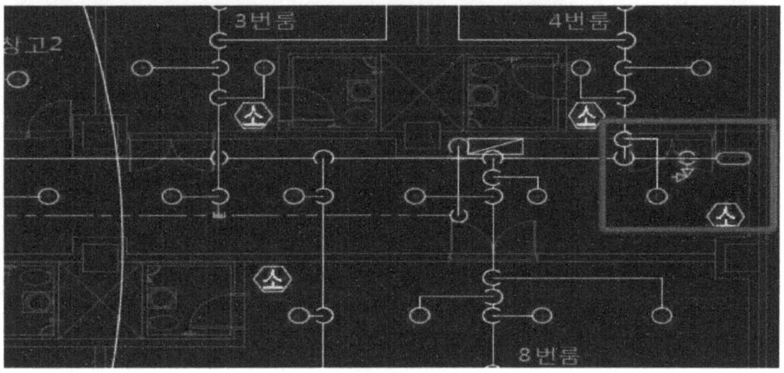

그림 15-32

[그림 15-33]

 좌 클릭하여 그림 15-33와 같이 만드시오.

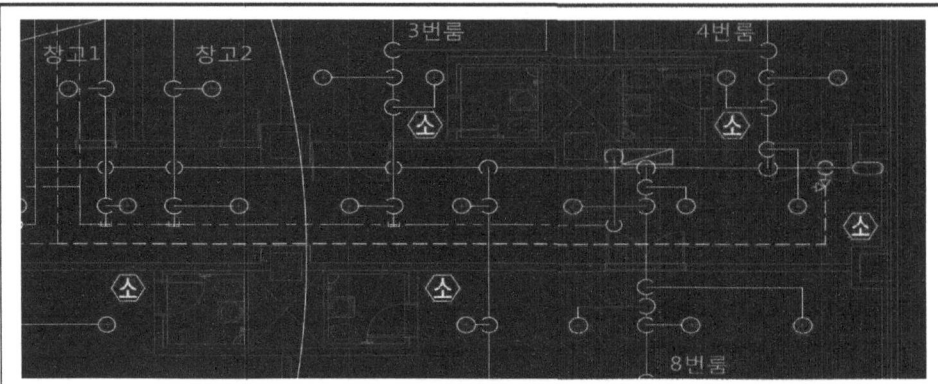
그림 15-33

[그림 15-34]

 과  을 이용하여 그림 15-34와 같이 반지름 1120 원과 선을 만드시오.

그림 15-34

[그림 15-35]

 좌 클릭하여 그림 15-35와 같이 만드시오.

제목 문자크기는 800, 나머지 문자는 240로 하시오.

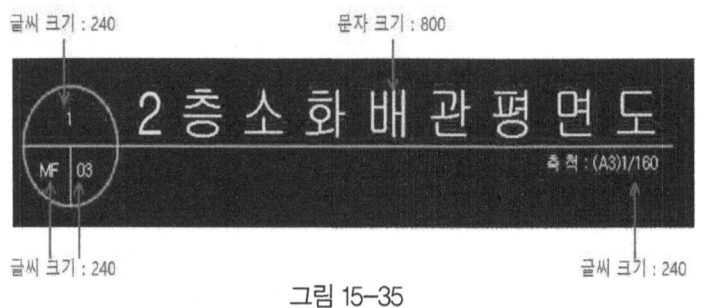
그림 15-35

그림 15-36과 같이 만드시오. 완성된 도면을 저장한다.

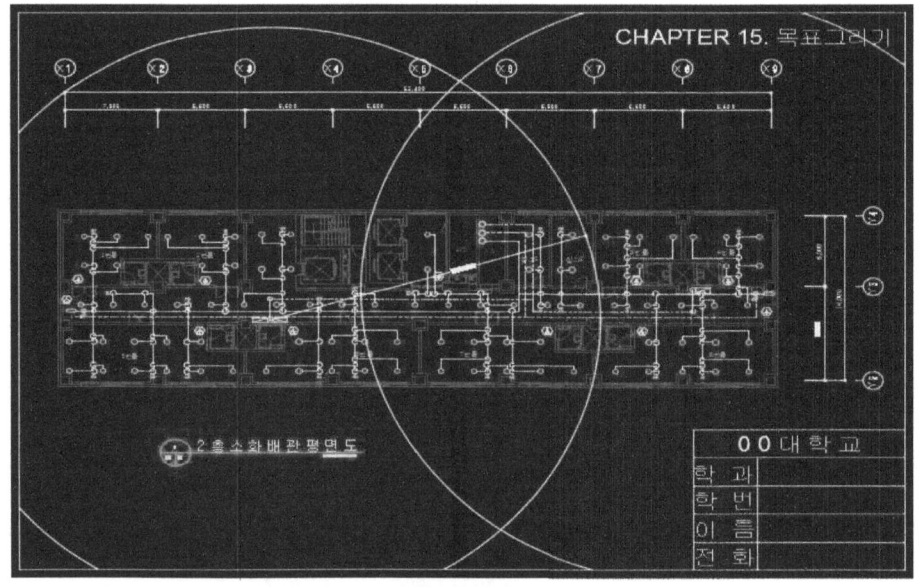
그림 15-36

파일명 : CHAPTER15_학번_홍길동(년/월/일)

CHAPTER 16

부록

CHAPTER 16 부 록

부록-1 OUTLINE BOX에 도형그리기

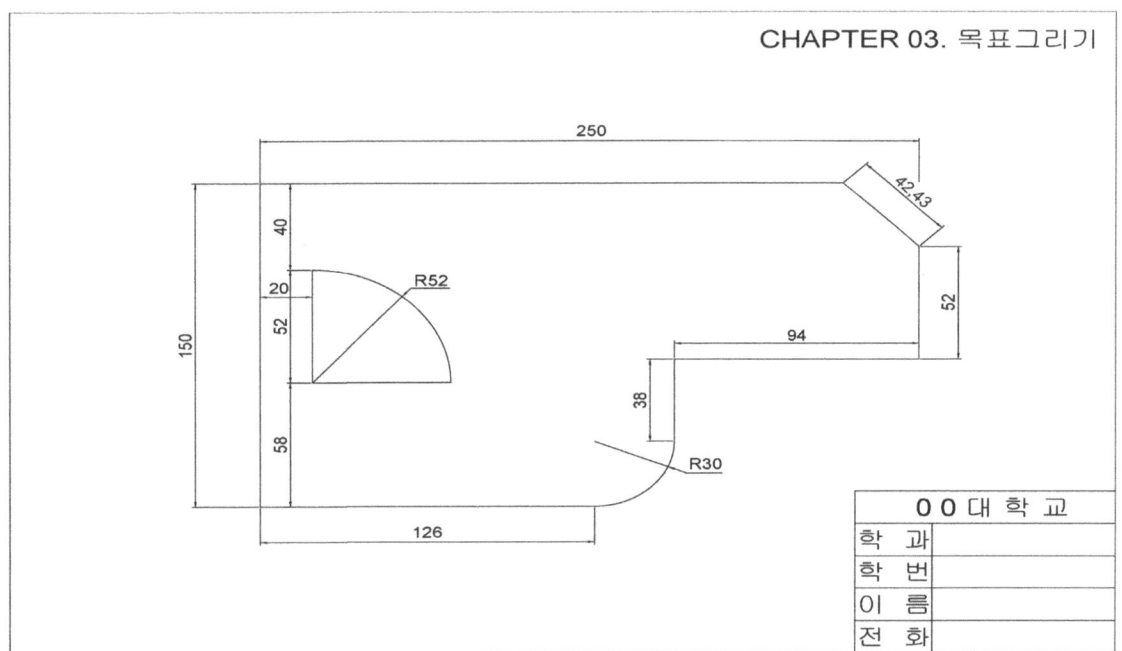

부록-2 도면목록표 설계

부록-3 범례표 설계

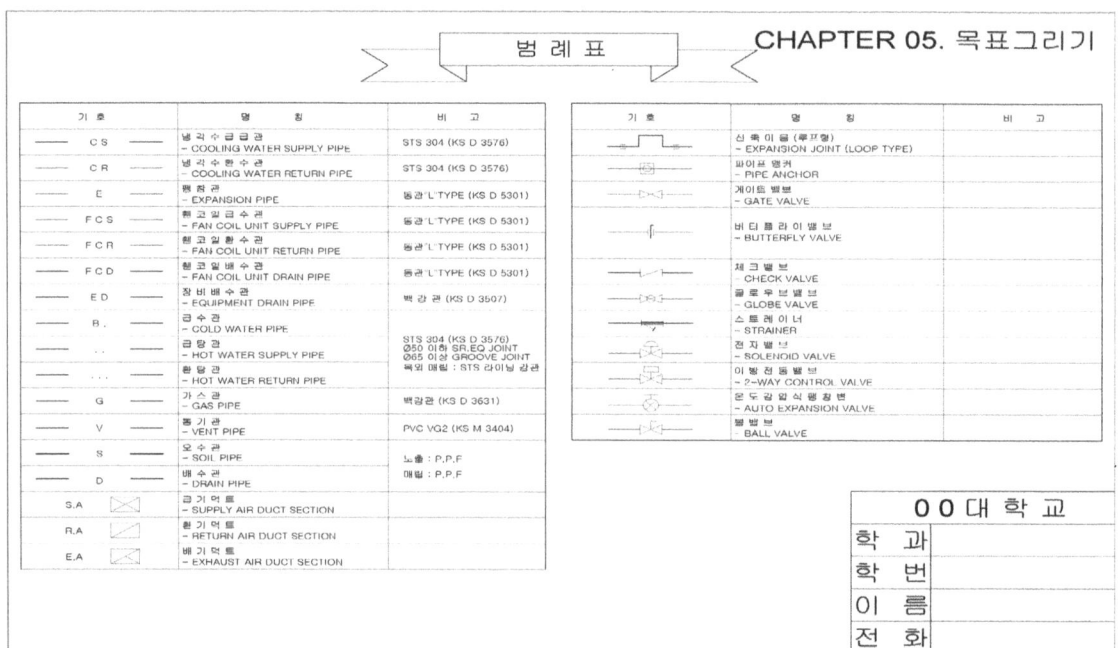

부록-4 공조덕트 흐름도 설계

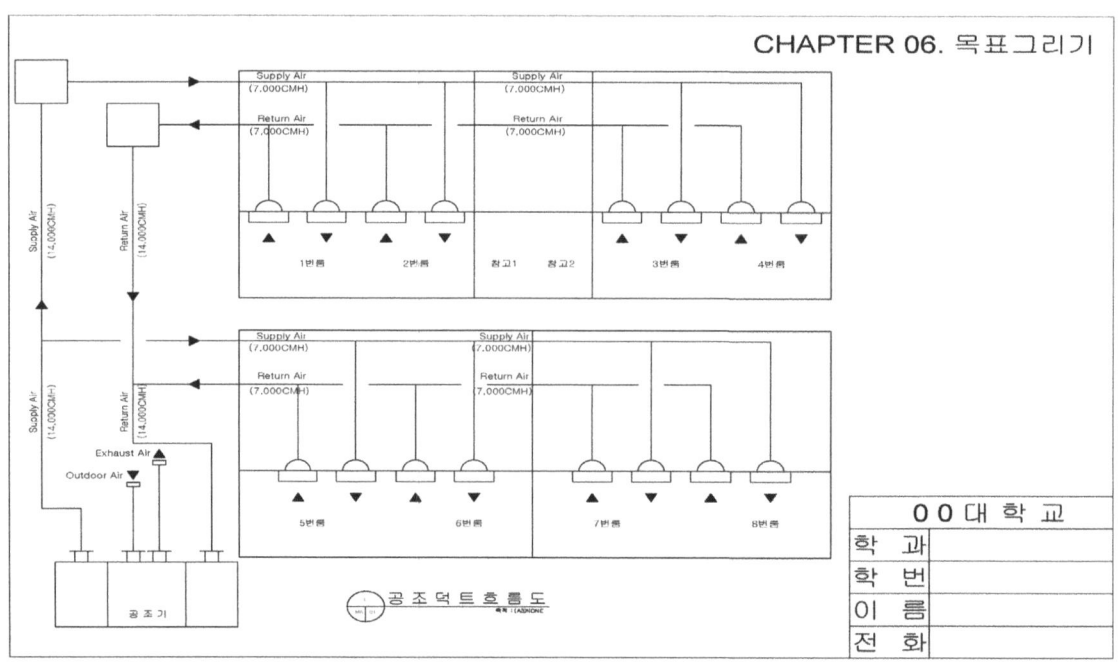

부록-5 공조덕트 평면도 설계

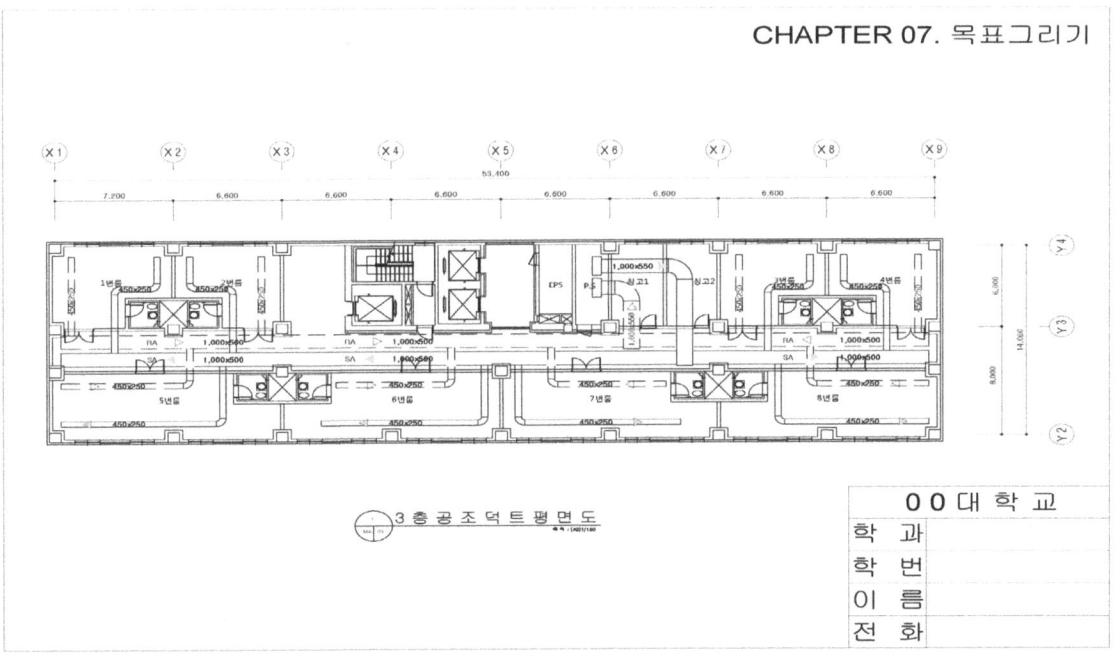

부록-6 공조배관 흐름도 설계

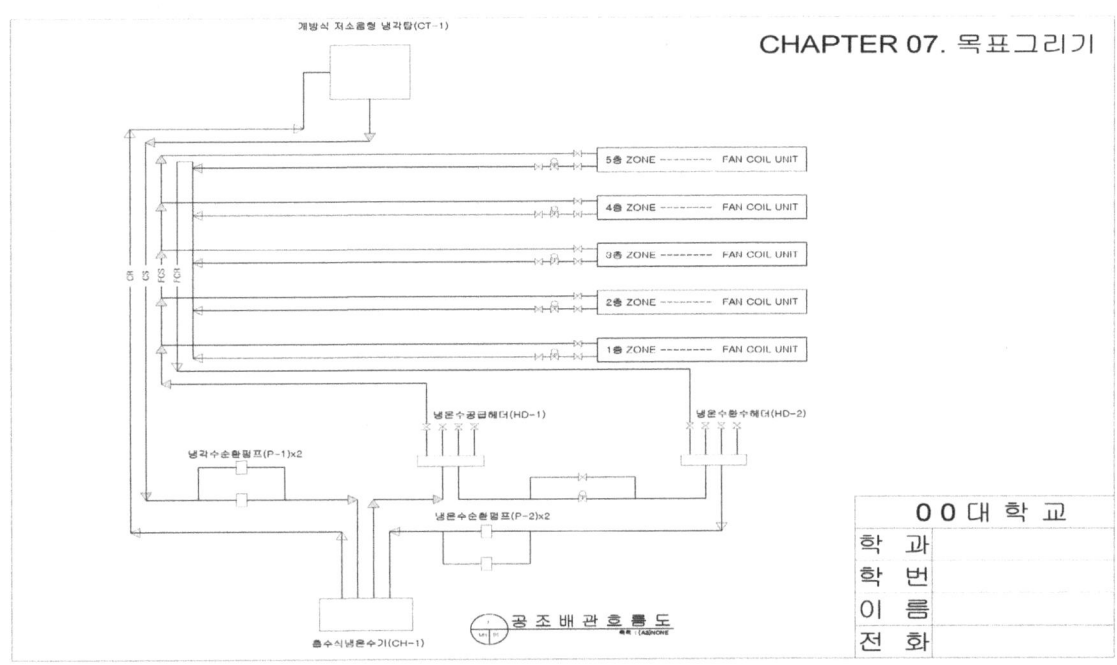

부록-7 공조배관 평면도 설계

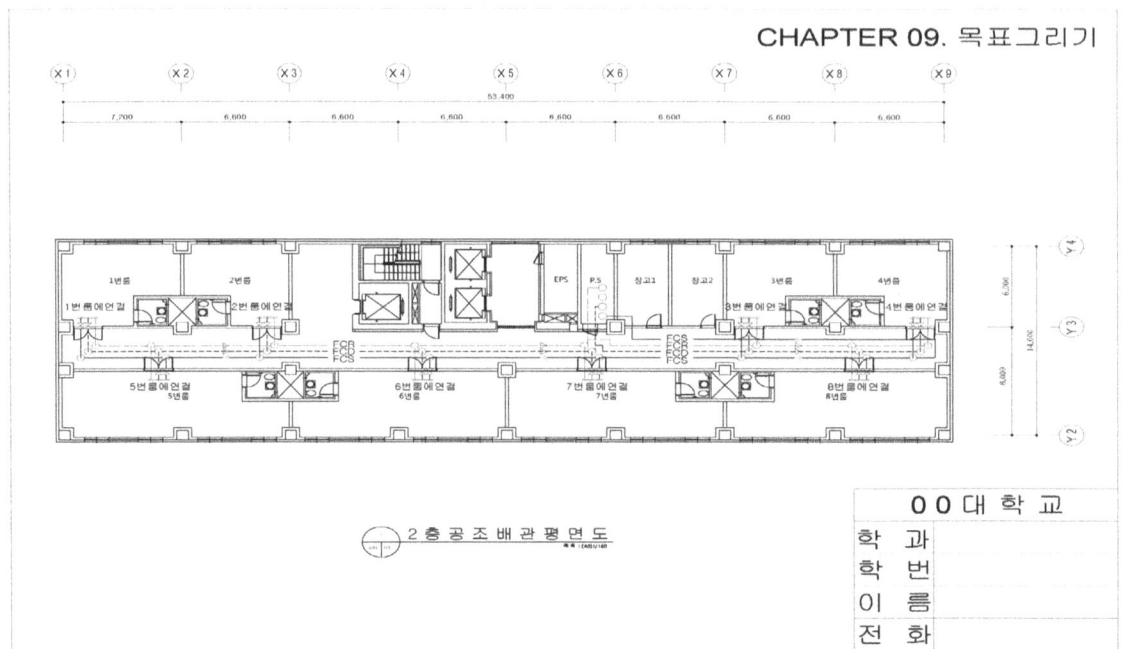

부록-8 급수급탕배관 계통도 설계

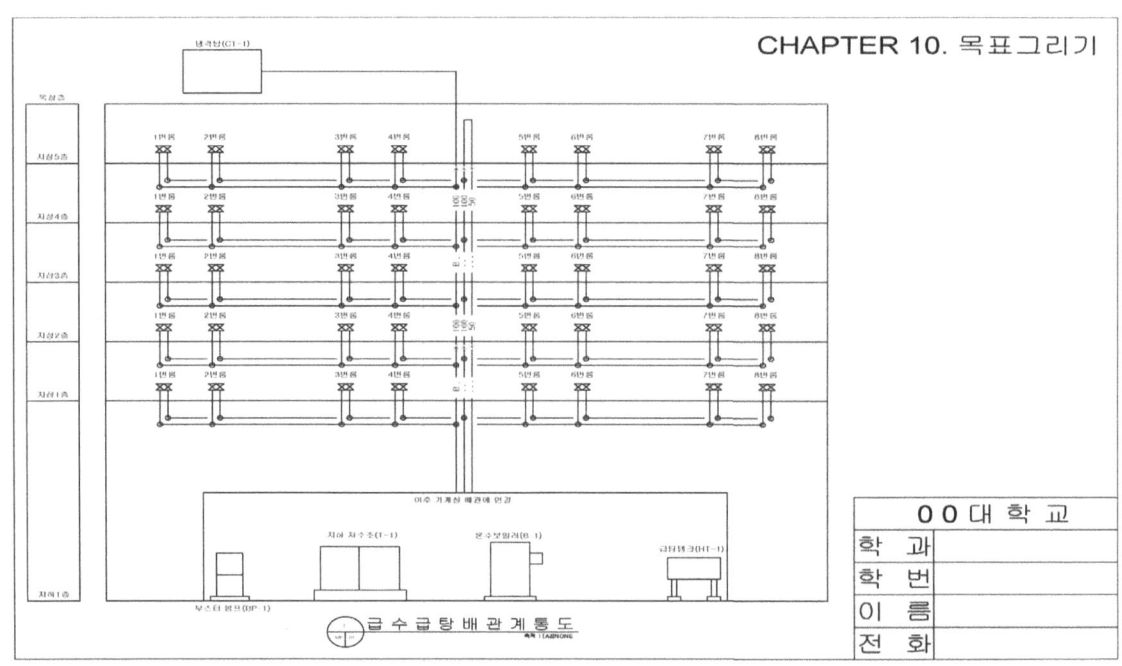

부록-9 급수급탕배관 평면도 설계

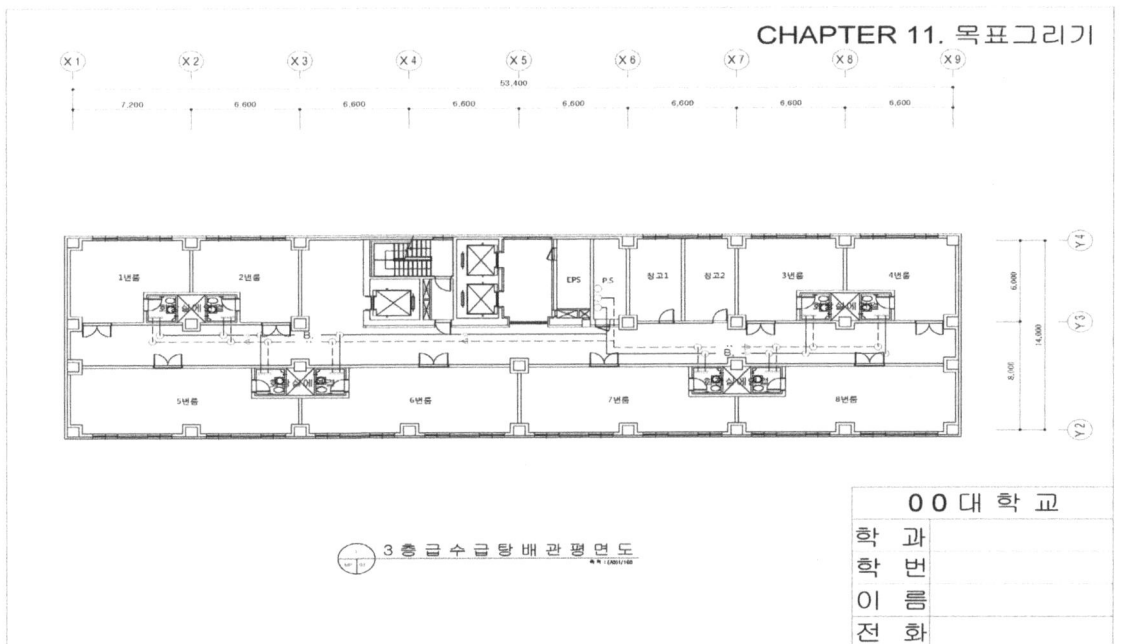

부록-10 가스배관 평면도 설계

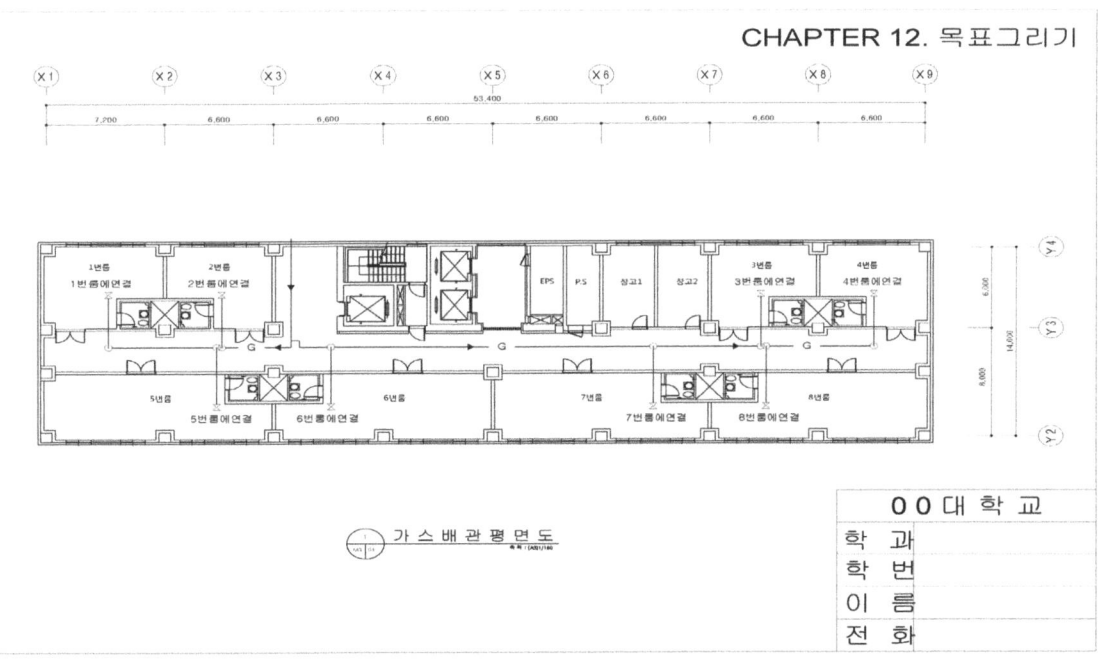

부록-11 기계실 장비 기초도 설계

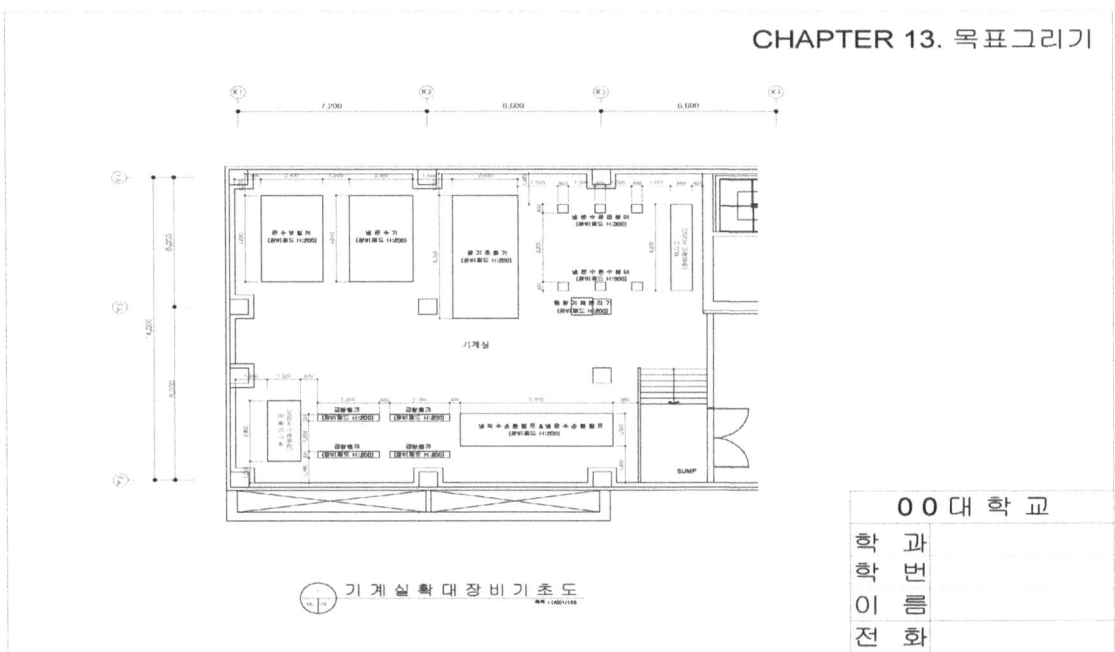

부록-12 소화배관 계통도 설계

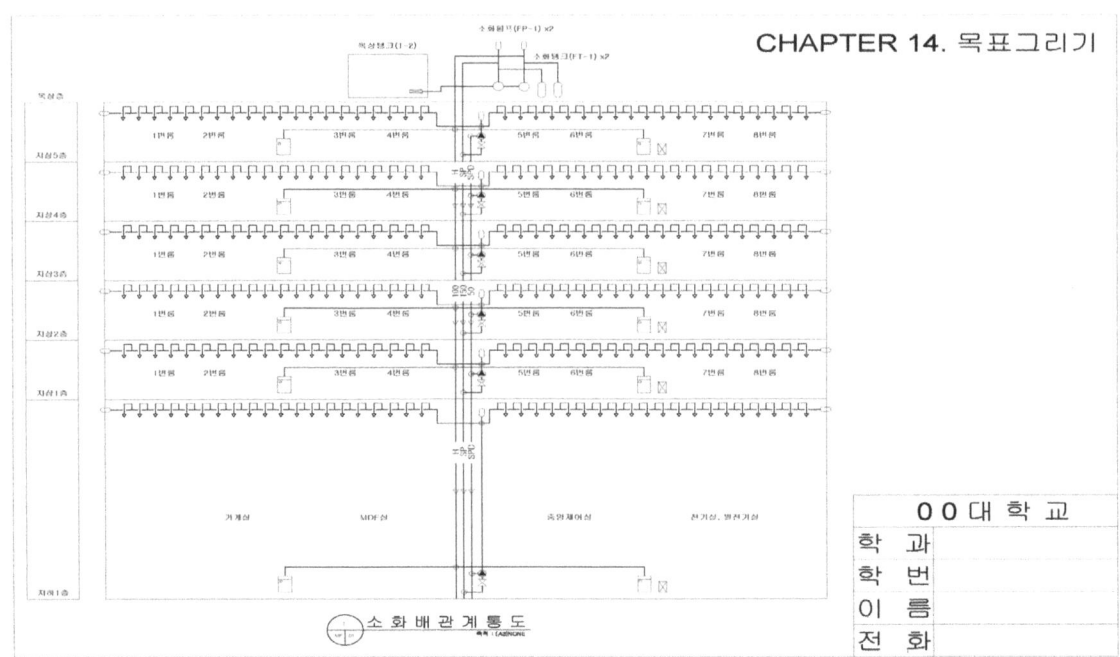

부록-13 소화배관 평면도 설계

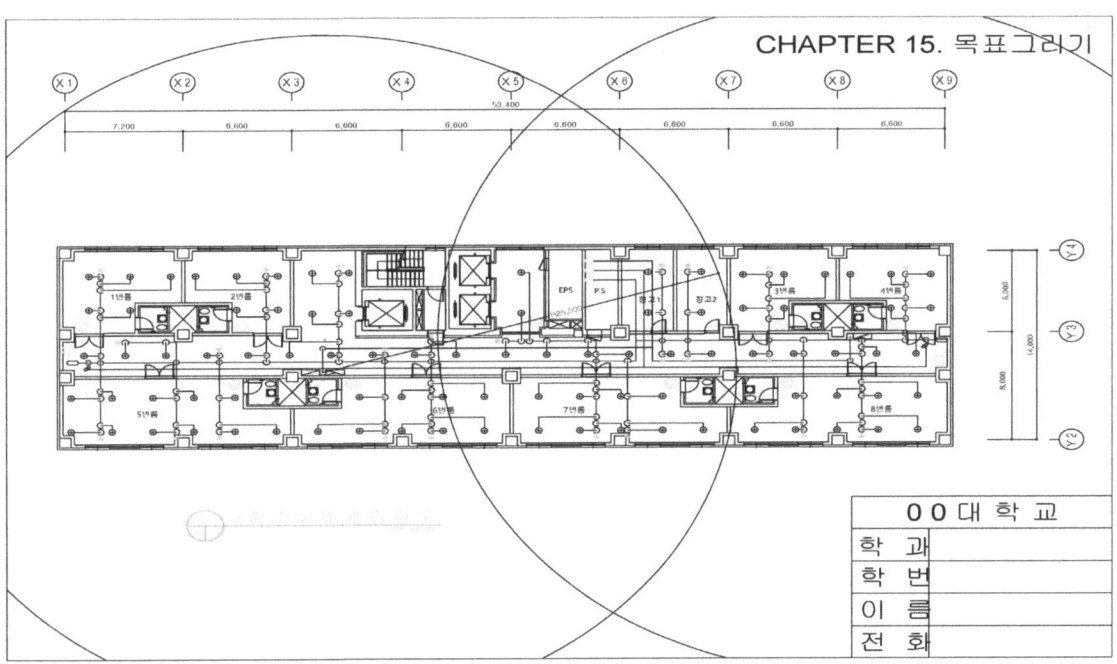

- 김명호 가천대학교 설비소방공학과 교수
- 박세은 가천대학교 설비소방공학과 공학석사
- 강동식 코오롱 글로벌(주) 건축신사업팀

■ 저서
- BIM 실무설비설계(건기원)
- 건축전기설비공학(건기원)
- 빌딩자동제어(건기원)
- 설비소방의 전기이론(건기원)
- AutoCAD 2009(건기원)
- 건축설비자동제어 용어사전(건기원)
- 빌딩설비백과(기문당)
- 건축전기설비 개론(웅보출판사)

동영상과 함께하는
실무설비 AUTO CAD

1판1쇄 인쇄 2021년 9월 10일
1판1쇄 발행 2021년 9월 20일

지은이 | 김명호. 박세은. 강동식
펴낸이 | 이주연
펴낸곳 | **명인북스**
등 록 | 제 409-2021-000031호

주 소 | 인천시 서구 완정로65번안길 10, 114동 605호 (마전동,검단1차 대주피오레)
전 화 | 032-565-7338
팩 스 | 032-565-7348
E-mail | phy4029@naver.com
정 가 | 18,000원

ISBN 979-11-89757-30-4(13540)

이 책에서 내용의 일부 또는 도해를 다음과 같은 행위자들이 사전 승인없이 인용할 경우에는 저작권법 제93조「손해배상청구권」에 적용 받습니다.
① 단순히 공부할 목적으로 부분 또는 전체를 복제하여 사용하는 학생 또는 복사업자
② 공공기관 및 사설교육기관(학원, 인정직업학교), 단체 등에서 영리를 목적으로 복제·배포하는 대표, 또는 당해 교육자
③ 디스크 복사 및 기타 정보 재생 시스템을 이용하여 사용하는 자

※ 파본은 구입하신 서점에서 교환해 드립니다.